Kunst-Reiseführer in der Reihe

Zur schnellen Orientierung – die wichtigste
des Schwarzwaldes und des Oberrheinlandes auf einen Blick:
(Auszug aus dem ausführlichen Ortsregister S. 314–320)

Allerheiligen	124	Hochsal	295
Alpirsbach	184	Hohengeroldseck, Burg	168
Baden-Baden	97	Kandern	287
Badenweiler	279	Karlsruhe	18
Bad Herrenalb	51	Kenzingen	175
Bad Krozingen	268	Kirchhofen	267
Bad Säckingen	296	Kirchzarten	231
Bad Teinach	74	Klosterreichenbach	183
Beuggen, Schloß	299	Lahr	164
Bernau	302	Landeck, Burg	175
Blansingen	284	Laufenburg	295
Breisach	260	Lautenbach	122
Bürgeln, Schloß	289	Lörrach	286
Burkheim	258	Merdingen	264
Calw	73	Niederrotweil	259
Elzach	171	Oberkirch	121
Emmendingen	174	Offenburg	113
Endingen	240	Pforzheim	61
Ettenheim	177	Rastatt	55
Ettlingen	30	St. Blasien	290
Favorite, Schloß	54	St. Märgen	234
Frauenalb	50	St. Peter	236
Freiburg	214	St. Trudpert	274
Freudenstadt	181	St. Ulrich	277
Gengenbach	127	Schliengen	285
Gernsbach	53	Schuttern	117
Gutach, Vogtsbauernhof	192	Schwarzach	106
Haslach	170	Sulzburg	270
Heitersheim	269	Tiefenbronn	66
Herbolzheim	176	Triberg	190
Hinterzarten	233	Waldkirch	171
Hirsau	68	Waldshut	293
Hochburg	172	Wolfach	209

In der vorderen Umschlagklappe: Übersichtskarte des Schwarzwaldes

In der hinteren Umschlagklappe: Zeittafel zur Geschichte

Karlheinz Ebert

Der Schwarzwald und das Oberrheinland

Wege zur Kunst zwischen Karlsruhe und Waldshut

Ortenau, Breisgau, Kaiserstuhl und Markgräflerland

DuMont Buchverlag Köln

Umschlagvorderseite: St. Trudpert im Münstertal (Foto: W. Stuhler, Hergensweiler)
Umschlagklappe vorn: St. Peter, Bibliothek (Foto: L. Geiges, Staufen)
Umschlagrückseite: St. Wilhelmertal und Feldberg (Foto: P. Klaes, Radevormwald)
Frontispiz S. 2: Burg Rötteln. Federzeichnung von Anton Winterlin (Öffentliche Kunstsammlung Basel)

© 1983 DuMont Buchverlag, Köln
5. Auflage 1987
Alle Rechte vorbehalten
Satz und Druck: Rasch, Bramsche
Buchbinderische Verarbeitung: Bramscher Buchbinder Betriebe

Printed in Germany   ISBN 3-7701-1230-X

Inhalt

Vorbemerkung	9

Ein Naturraum und seine verzwickte Geschichte 10

Zwischen Fächer und Dreistrahl: Badische Residenzen 18

Karlsruhe	18
Ettlingen	30
Ettlingenweier	49
Marxzell	49
Frauenalb	50
Bad Herrenalb	51
Gernsbach mit Schloß Eberstein	53
Schloß Favorite	54
Rastatt	55
Bickesheim	59
Moosbronn	60

Romantische Tälerfahrt an Nagold und Enz 61

Pforzheim	61
Tiefenbronn	66
Bad Liebenzell	68
Hirsau	68
Calw	72
Altburg	73
Kentheim	74
Bad Teinach	74
Zavelstein	76
Wildberg	77
Effringen	77
Nagold	77
Rohrdorf	78
Berneck	78
Altensteig	79
Wildbad	79
Neuenbürg	80

Weltbad im Weinland 97

Baden-Baden	97

Schwarzach 106
Achern 109
Sasbach 109
Ottersweier 110
Bühl 110
Neuweier 111

Im Herzen der Ortenau 112
Offenburg 113
Meißenheim 116
Schuttern 117
Niederschopfheim 118
Griesheim 118
Appenweier 119

Auf den Spuren Grimmelshausens 120
Oberkirch 121
Lautenbach 122
Allerheiligen 124
Zell a. H. mit Unterharmersbach 126
Gengenbach 127
Ortenberg 162
Durbach 162
Herztal 163

Der Hünersedel lädt zu sich ein 164
Lahr 164
Seelbach 167
Wittelbach 167
Burg Hohengeroldseck 168
Prinzbach 169
Steinach 169
Haslach 170
Elzach 171
Waldkirch 171
Hochburg 172
Tennenbach 173
Emmendingen 174
Burg Landeck 175
Kenzingen 175
Herbolzheim 176
Ettenheim und Ettenheimmünster 177

Mahlberg 179
Kippenheim 179

Unterwegs zu Bollenhüten und Bilderbuch-Höfen 181
Freudenstadt 181
Klosterreichenbach und Heselbach 183
Alpirsbach 184
Wittichen 188
Schenkenzell 188
Schiltach 188
Buchenberg 190
Triberg 190
Hornberg 191
Gutach 192
Hausach 192
Wolfach 209

Durch Himmel und Hölle in den Hochschwarzwald 212
Freiburg 214
Kirchzarten 231
Oberried 232
Breitnau 232
Hinterzarten 232
Friedenweiler 234
Urach 234
St. Märgen 234
St. Peter 236

Der Kaiserstuhl und sein kleiner Bruder 238
Umkirch 239
Neuershausen 239
Oberschaffhausen 240
Endingen 240
Kiechlinsbergen 258
Burkheim 258
Niederrotweil 259
Breisach 260
Merdingen 264
Munzingen 265

Schauinsland und Belchen lassen grüßen 266
Ebringen 267
Kirchhofen 267

Bad Krozingen	268
Heitersheim	269
Sulzburg	270
Staufen	272
St. Trudpert	274
St. Ulrich	277
Sölden	278

Streifzüge im Markgräflerland ... 279

Badenweiler	279
Hügelheim	282
Schliengen	283
Bad Bellingen	283
Blansingen	284
Istein	285
Inzlingen	285
Lörrach	286
Kandern	287
Liel	288
Niedereggenen	288
Schloß Bürgeln	288

Rund um den Hotzenwald ... 290

St. Blasien	290
Waldshut	293
Hochsal	295
Laufenburg	295
Bad Säckingen	296
Beuggen	299
Wehr	300
Schopfheim	300
Schönau	302
Bernau	302
Todtmoos	302

Erläuterung von Fachbegriffen	304
Literaturverzeichnis	308
Abbildungsnachweis	309
Register	310

Praktische Reisehinweise ... 321

Vorbemerkung

Der Schwarzwald ist, wie ein Blick auf die Karte zeigt, ein langgestrecktes, schmales Stück Landschaft, und dabei bleibt es auch, wenn man die Oberrheinebene mit hinzunimmt. Will man den ›Wald‹ mit seinen Sehenswürdigkeiten kennenlernen, dann muß man ihn sich, wie es auch die ersten Siedler taten, von den Tälern her erschließen, und hierbei möchte unser Buch Orientierungshilfe geben mit einer Gliederung, die das Gebiet in kleine, überschaubare Räume aufteilt und diese jeweils auch mit einer Übersichtskarte vorstellt. Dabei ist der allein maßgebende Gesichtspunkt die praktische Handhabung des Reiseführers.

Jedes Kapitel des Hauptteils ist zugleich als unverbindlicher, den Gebrauch des Buches in keiner Weise einengender Vorschlag zu verstehen, die darin ungefähr in ›Tagesrationen‹ zusammengefaßten Orte in der angegebenen Reihenfolge anzufahren und dabei landschaftlich schöne Strecken des Schwarzwalds und seines Vorlandes zu erleben. Daß man allerdings Städte wie Karlsruhe oder Freiburg mit allen ihren Kunstdenkmälern und Museumsschätzen wirklich kennenlernen und an einem einzigen Tag auch noch eine ausgedehnte Rundfahrt damit verbinden kann, wird niemand erwarten dürfen.

Ein Wort noch zu den Kirchen im Lande: hier gilt, wie auch in anderen Gegenden, die Regel nicht mehr unbedingt, daß katholische Gotteshäuser tagsüber grundsätzlich offen, evangelische außerhalb der Gottesdienste stets geschlossen sind. In Blansingen beispielsweise werden Besucher, die den Freskenzyklus in der evangelischen Pfarrkirche sehen wollen, per Anschlag am ›Schwarzen Brett‹ am Eingang jederzeit willkommen geheißen. In der evangelischen Schloß- und Stiftskirche Pforzheim dagegen sind sie an bestimmte (im folgenden mitgeteilte) Öffnungszeiten gebunden, während sie in Lahr – wiederum nur beispielsweise – die ehemalige Stifts- und jetzige evangelische Pfarrkirche meist geschlossen vorfinden werden. Ebenso gibt es für einige katholische Kirchen vergleichbare Regelungen, zum Teil auch in Abhängigkeit von der Jahreszeit. Fast überall aber findet man an geschlossenen Kirchen einen Hinweis, wo der Mesner oder die Kirchenpflegerin wohnt, wo das Pfarrhaus ist oder wo sonst man vielleicht einen Schlüssel erhält. Der Leser sei ausdrücklich ermutigt, von solchen Angeboten Gebrauch zu machen, denn man wird ihm, wie es nun einmal zur angestammten Wesens- und Lebensart in dieser südwestdeutschen Ecke gehört, freundlich, hilfsbereit und – wenn man will – auch gesprächig begegnen. Nur sind die Zeiten halt auch hier nicht mehr so, daß man immer und allenthalben Tür und Tor offenstehen lassen kann wie früher.

Wo altbekannte Orte durch Eingemeindung neue Namen erhielten, sind im Text die alten beibehalten, die neuen in Klammern angefügt. Das Register verzeichnet beide.

Ein Naturraum und seine verzwickte Geschichte

Es ist das gute Recht eines Menschen, die Heimat, in die er hineingeboren wurde, und die ihm auf vielen Wegen und Umwegen Gutes getan hat, als die schönste und beste aller Gegenden zu rühmen. Der Schwarzwald also mit seinen weit in die Tausenderregion hineinragenden Gipfeln, den dunklen, ›schwarzen‹ Wäldern, schattenreichen Tälern und kahlen Kuppen, mit geräumigen, zur Rheinebene sich öffnenden Tallandschaften und weiten, meist dicht besiedelten, Wald und Land aufs engste verklammernden Hochflächen am Oberlauf der Flüsse, mit vielen heilenden Quellen und heilklimatischen Kurorten noch dazu – ist das denn nicht das Nonplusultra einer Reise- und Ferienlandschaft? Und ließe sich hierzu noch ein reicherer Kontrapunkt denken als das dem westlichen Steilabfall des Gebirges vorgelagerte Oberrheinland, wo sich die fruchtbare Vorbergzone mit ihren Rebhügeln und Obstkulturen hineinverliert in die Ackerflächen, Wiesengründe und flußnahen Auwälder der Ebene, die Deutschlands wärmste Ecke ist?

Um nur ja nicht in den bereits drohenden schwärmerischen Tonfall mancher Reiseberichts und vieler Prospekte mit einzustimmen, sei nur so viel behauptet, daß der Schwarzwald zumindest eines der schönsten, vielgestaltigsten und abwechslungsreichsten deutschen Mittelgebirge ist. Nicht bestreiten lassen sich auch die Vorteile seiner südlichen Grenzlage nicht weit von der Burgundischen Pforte, die schon früh im Jahr mediterrane Wärme ins Land bringt. Doch es sind viele Faktoren, die dazu beitragen, daß der Schwarzwald optimale Voraussetzungen nicht nur für eine gezielte Klimatherapie, sondern viel allgemeiner für die nachhaltige Erholung des Menschen an Leib und Seele bietet. Davon soll u. a. in den ›Praktischen Reisehinweisen‹ noch die Rede sein.

Im Hauptteil des Buches wird der Leser möglicherweise einige Orte vermissen, die ihm in Verbindung mit dem Schwarzwald geläufig sind und ihres einschlägigen Besitzes wegen auch in einem Kunst-Reiseführer berücksichtigt werden müßten. Das hat seinen Grund darin, daß sich unser Buch im Norden und Osten, wo sich das Gebirge flach zum Kraichgau und zum schwäbischen Schichtstufenland hin abdacht und jeder Versuch einer Abgrenzung ›auf Sicht‹ problematisch wäre, an die geologischen, naturräumlichen Gegebenheiten hält. Sie ordnen die geschlossene Buntsandsteindecke dem Schwarzwald, die Muschelkalkformationen den schwäbischen Gäulandschaften, der Baar und dem Klettgau zu – gegebenenfalls auch im Widerspruch zu der einen oder anderen Ortsbezeichnung, der aus Gründen der Fremdenverkehrswerbung der Zusatz ›im Schwarzwald‹ angefügt ist. Jede farbige Landkarte verdeutlicht den Unterschied an der Dichte der Bewaldung und weist außerdem auf zwei Zonen hin, in denen der Muschelkalk ein beträchtliches Stück weit nach Westen vorspringt: im Freudenstädter und im Bonndorfer Graben. Hier erscheint das in der größten Längserstreckung auf der Linie Ettlingen – Säckingen 160 Kilometer messende, zwischen 30 und 50 Kilometer breite Gebirge merklich eingeschnürt.

Auch nach Westen, wo dies für unser Thema und seine räumliche Abgrenzung keine Bedeutung hat, ist nach den oben erwähnten Kriterien nicht alles Schwarzwald, was einem auf den ersten Blick so vorkommt. Die Vorberge und die meist von einer Lößschicht bedeckten, aus Muschelkalk, Jura oder Tertiär gebildeten Hügellandschaften, die überwiegend Weinbaugebiete sind, gehören tektonisch zum Oberrheingraben. Nur die Vorberge im Raum Lahr, Emmendingen und in der Kanderner Gegend schließen mit ihrem Buntsandstein-Aufbau unmittelbar an den Schwarzwald an. Entstanden ist diese ganze Vielfalt in vielen Einzelschritten während der Tertiärzeit. Damals wurde der Schwarzwald hochgewölbt, formten ihn ungeheure Kräfte im Innern der Erde und lange aufgestaute Spannungen zu einem riesigen Pultdach, brachen alte Strukturfugen im Granit und Gneis des Grundgebirges längs des Rheintals auf und sackte eben dieses Tal auf der anderen Seite des Längsrisses ein. Neue Verwerfungen entstanden, Gebirgsblöcke wurden gegeneinander verstellt, Trümmer des gewaltigen Kraftakts blieben entlang der Bruchzone stehen, mitgehobene Schollen bildeten die Vorberge.

Die Hebung erfaßte das Feldberggebiet am stärksten und betonte außerdem im Norden die Hornisgrinde. Zur Eiszeit bildeten die höchsten Erhebungen des neu entstandenen Gebirges natürlicherweise auch die ersten Ansatzpunkte für die Vergletscherung, deren Spuren nicht nur in der Form von Moränenwällen zurückgeblieben sind. Viel mehr hinterließ sie auch landschaftliche Kostbarkeiten wie den Titisee (Abb. 99) oder den in neuerer Zeit zur Energiegewinnung aufgestauten Schluchsee (Farbt. 54) als Reste langgestreckter Talgletscher oder die kleinen, wie dunkle, unergründliche Augen eingetieften Karseen (z.B. Feld-, Mummel- und Glaswaldsee) als letzte Rückzugsbastionen des Gletschereises.

Entstehungsgeschichte und geologischer Aufbau des Schwarzwaldes lassen seine immer noch nicht überall zu den Akten gelegte Gliederung in eine Nord- und eine Südhälfte als wenig sachdienlich erscheinen. Viel mehr wird den landschaftlichen Besonderheiten eine Dreiteilung gerecht, wie sie u. a. der Geologe Rudolf Metz zusammenfassend beschreibt. Im nördlichen Schwarzwald ist das Grundgebirge nur in tief eingeschnittenen Tälern und auf der Westseite freigelegt. Waldbestandene, aus Buntsandstein gebildete Hochflächen prägen hier überwiegend das Bild der Landschaft, die demgegenüber im mittleren Schwarzwald, im Einzugsbereich von Rench und Kinzig, ›zweistöckig‹ angelegt ist: Über Verebnungsflächen auf älteren Schichten des Deckgebirges bauen sich Höhenrücken aus Buntsandstein in einer charakteristischen Kastenform auf, während die Täler vielfach in den Grundgebirgssockel hinabreichen. Die Szenerie ist hier vielgestaltiger als im nördlichen Teil und wird zusätzlich belebt durch die meist steileren Bergformen des Porphyrs. Der südliche Schwarzwald schließlich besteht bis in die Höhen aus Grundgebirge, während der Buntsandstein nur noch

11

EIN NATURRAUM UND SEINE VERZWICKTE GESCHICHTE

Mittelalterliches Kurbad.
Holzschnitt

in dünn aufgelagerten Resten vorkommt. Kennzeichnend sind die runden, kuppigen Formen. Getrennt werden die drei Gebirgsteile im Norden durch die Wasserscheide zwischen Murg und Acher auf der einen, Rench und Kinzig auf der anderen Seite, im Süden durch die Fortsetzung des Bonndorfer Grabens über das Höllental und das Zartener Becken nach Freiburg.

Es hat unverhältnismäßig lange gedauert, bis sich der Mensch dieses ihm wohl unheimlich erscheinenden Naturraumes zum ersten Mal bemächtigte. Von der Steinzeit bis zur keltischen Epoche gibt es hier kaum eine Spur frühgeschichtlicher Besiedlung. Nur im Randgebiet bei Säckingen sind für das bäuerliche Neolithikum (etwa 3000–1800 v. Chr.) kleinere besiedelte Flächen nachgewiesen worden. Grabhügelgruppen am östlichen Schwarzwaldrand von der Würm im Norden bis zum Hochrhein folgen in der vorrömischen Metallzeit. Der griechische Philosoph Aristoteles (384–322 v. Chr.) muß von dem Gebirgszug im fernen Norden immerhin gewußt haben, und der Geograph Strabon, sein um die Zeitenwende lebender Landsmann, zeigt sich schon genauer informiert: Der ›hercynische Wald‹ sei ziemlich dicht und an sehr steilen Stellen mit hohen Bäumen bewachsen, und es befänden sich nahe daran die Quellen des Jster (der heutigen Donau) und des Rheins, zwischen beiden aber ein See (der Bodensee). Vier Jahrhunderte danach berichtet der spätere römische Kaiser Julian, der den hercynischen Wald der Griechen und Römer, den ›Mons abnoba‹, wie ihn Tacitus nannte, als Statthalter in Germanien kennengelernt hatte: »... In diesem Wald habe ich unglaubliche Naturszenen gesehen. Wer das Thessalische Tal Tempe oder die Engpässe bei Thermopyle oder den großen gefürchteten Berg Taurus in Asien für schwer gangbar hält, hat nur einen kleinen Maßstab für die Unzugänglichkeit des hercynischen Waldes...«

Auch die Römer schienen wenig Lust zu haben, über ihre Gutshöfe in den freundlichen Vorbergen und ihre komfortablen Badeanlagen bei den Quellen von Badenweiler und Baden-Baden hinaus nähere Bekanntschaft mit dem gebirgigen Hinterland zu machen. Immerhin umschlossen sie den Schwarzwald Schritt für Schritt mit ihren Straßen, deren eine im Westen Ladenburg am Neckar über Offenburg mit Basel verband, während eine andere von Basel linksrheinisch nach Zurzach führte und eine dritte die Verbindung des Stützpunktes Windisch (Vindonissa) im Aargau mit Cannstatt über Hüfingen und Rottweil herstellte. Damit waren wenigstens einige Wege für die spätere Besiedlung vorgebahnt. Darüber hinaus wurde der menschenleere Raum zum erstenmal durch eine Querachse gegliedert, als die Römer Straßburg und ihre Oberrheinstraße über das Kinzigtal an die Ostlinie und die Kastelle an der oberen Donau anschlossen.

Die Landnahme der Alamannen seit etwa dem Jahr 260 signalisierte den Anfang vom Ende der römischen Herrschaft, das eineinhalb Jahrhunderte später besiegelt wurde. Die alamannischen Gaue Ortenau und Breisgau, Baar und Albgau organisierten sich unter herzoglicher Führung; der letztgenannte wurde indes den Alamannen bald wieder von den Franken abgenommen. Doch erst mit der völligen Integration des alamannischen Herzogtums in den fränkischen Staat unter karolingischen Hausmeiern kam Leben in das immer noch siedlungslose Waldgebirge. Die Klöster nicht nur als Heilsboten des Christentums, sondern auch als Vorposten staatlicher Macht gingen voran: St. Trudpert im Münstertal, Ettenheimmünster und Gengenbach bildeten eine erste Gründungs- und Siedlungswelle in der Randzone des

Titelkupfer zum ›Abentheuerlichen Simplicissimus‹ des Johann Jakob Christoph von Grimmelshausen

EIN NATURRAUM UND SEINE VERZWICKTE GESCHICHTE

Der Seppenhof in Zarten, erbaut um 1590

Schwarzwaldes. Ihre Einwirkung blieb zunächst beschränkt auf die immer noch randnahen Teile der Täler und die unmittelbar angrenzenden Höhen. Die ottonischen Klostergründungen in Waldkirch, St. Blasien (wo zuvor schon eine Mönchssiedlung bestanden hatte) und Sulzburg verstärkten die Stoßrichtung in den Raum hinein, doch erst eine dritte Welle, zu der Hirsau, Reichenbach (Klosterreichenbach), St. Georgen, St. Ulrich, St. Peter, Alpirsbach, Grafenhausen, Weitenau, Sölden und St. Märgen gehören, erreicht Zentren des inneren Schwarzwaldes.

Inzwischen verdanken die Klöster ihre Existenz nicht mehr nur königlicher Förderung oder der Gunst von Gründern, die Herzöge oder Bischöfe sind, sondern auch einem selbstbewußt gewordenen Adel – wie z. B. St. Peter den Zähringern, Alpirsbach den Zollern oder Hirsau den Calwer Grafen. Ihren Besitz, der zunächst überwiegend im Altsiedelland liegt, mehren sie durch Rodungen, ihre Größe und ihren Einfluß durch Tochtergründungen. Der Adel bleibt für seinen Teil ebensowenig untätig und versucht allenthalben, durch Rodungen sein Eigentum zu vergrößern. So ergibt sich zu Beginn des 12. Jahrhunderts »ein bereits weithin erfaßter oder im Ausbau begriffener Raum« (Ottnad).

Die karolingischen Reichsteilungen hatten Alamannien, das spätere Schwaben, den Ostfranken zugeschlagen; Versuche in jener Zeit, wieder ein alamannisches Herzogtum zu gründen, scheiterten. Ende des 11. Jahrhunderts kam Schwaben an die Staufer. Der Zähringer Berthold II., der aus dem ihm übertragenen, wohl aber nie in Besitz genommenen Herzogtum Kärnten sich den Titel aneignete, hatte zu Gunsten des Staufers Friedrich I. auf das zunächst von ihm angestrebte Herzogtum Schwaben verzichtet. Von nun an spielten die Zähringerherzöge um so mehr im südlichen Mittelschwarzwald und auf der Baar eine dominierende Rolle. Hier wie im Breisgau und am Rheinknie bauten sie ihre Herrschaft konsequent aus, während ihre mit der Markgrafenwürde von Verona bedachten Vettern sich auf den westlichen Gebirgsrand bis hinauf nach Ettlingen konzentrierten.

Für den Schwarzwald hatte eine große Zeit seiner Geschichte begonnen. Städte wurden gegründet, Burgen errichtet, das Land dichter besiedelt, Verkehrslinien ausgebaut, Wald und Weide in eine ökonomische Nutzung eingebracht, Naturschätze erschlossen und der Bergbau gefördert. In der großen Auseinandersetzung um das schwäbische Herzogtum zwischen Zähringern und Staufern wurde der Schwarzwald zu einem Faktor von politischem Gewicht, zu einer mächtigen Barre zwischen den staufischen Gebieten im Elsaß und den innerschwäbischen zwischen Fils und Rems (Ottnad).

Rheinschnellen bei Laufenburg. Stich von Wilhelm F. Gmelin nach Benjamin Rudolphe Comte, 1789

EIN NATURRAUM UND SEINE VERZWICKTE GESCHICHTE

Kurtzer Begriff
aller derer
Freyheiten/ PRIVILEGIEN,
und
Sonderbahrer Begnadigungen/
Wormit
Der Durchleuchtigste Fürst und Herr/
HERR
CARL,
Marggraff zu Baden und Hochberg/ Land-
Graff zu Sausenberg/ Graff zu Spönheim und E-
berstein/ Herr zu Rötelen/ Badenweiler/ Lahr und Mahl-
berg/ rc. Der Röm. Kayserl. und Königl. Cathol. Mayest.
wie auch des Löbl. Schwäbischen Craysses bestellter respective
General-Feld-Marschall und General-Feld-Zeugmeister/
auch Obrister über ein Keyserl. Regiment
zu Fuß/ rc.
Die Jenige/ welche hinkünfftig bey und neben
Dero Neu-Erbauenden Lust-Hauß
Carols Ruhe
Mit Anbauung Neuer Behausungen rc.
Sich niederlassen werden/
augusehen gedencket.
Gedruckt zu Durlach/ durch Theodor Hechten.

Titelseite des Privilegienbriefes, mit dem Markgraf Karl Wilhelm von Baden-Durlach den Zuzug von Bürgern in die neugegründete Stadt Karlsruhe begünstigte (Generallandesarchiv Karlsruhe)

Mit dem Aussterben der Zähringer 1218 ändert sich die Situation schlagartig. Ein Territorium von einer für jene Zeit beispiellosen Geschlossenheit zerbricht. In den Kampf um das Erbe greifen jetzt nachdrücklich die Staufer ein und versuchen vor allem, das rechtsrheinische Reichsgut und die Klostervogteien der Zähringer an sich zu bringen. Sie haben damit nur teilweise und auch nur vorübergehend Erfolg. Noch vor dem Tod des letzten Staufers Konradin ist der Zähringer-Nachlaß im wesentlichen aufgeteilt. Neben den badischen Markgrafen und den Grafen von Freiburg werden die Grafen von Urach-Fürstenberg seine Hauptnutznießer. Die Letzteren haben zwar nur Besitz auf der Baar und im Hegau, aber sie verstehen es, ihn kraftvoll zu einem Fürstentum auszubauen.

Die markgräfliche Linie hatte sich schon 1190, also vor dem Zähringer Erbfall, in die beiden Linien Baden und Hachberg, eine untere und eine obere Markgrafschaft geteilt. Baden erweiterte im 13. Jahrhundert seinen um die Burg Baden gelegenen Kernbesitz in Richtung Ettlingen, Durlach und Pforzheim. Es gewann ferner die Grafschaft Alt-Eberstein sowie einigen abseits gelegenen Besitz um Lahr und Mahlberg hinzu. 1415 und 1503 erlangte Baden auch die Herrschaft Hachberg und die Markgrafschaft Sausenberg der anderen Linie, doch kam es schon 1535 zu einer neuen Teilung in Baden-Baden und Baden-Durlach. Es blieb also im badischen Raum für eine lange Zeit bei Kleinstaaten, die allenfalls in dem einen oder anderen ihrer Repräsentanten, jedoch nicht als Mächte politisches Gewicht hatten. Erst 1771 wurden beide Markgrafschaften durch Erbvertrag wieder miteinander vereinigt.

Auch keiner anderen der südwestdeutschen Dynastenfamilien war es nach dem Ende der Zähringer und der Staufer gelungen, das schwäbische Herzogtum wieder aufleben zu lassen, ja gerade im schwäbischen Kernland hatte eine heillose territoriale Zersplitterung eingesetzt.

Das gab den Habsburgern zunächst als Grafen, dann als Königen und österreichischen Herzögen um so bessere Chancen, vom Elsaß und von der Schweiz her als neue politische Kraft in den Schwarzwald vorzudringen und hier neben Freiburg und dem Breisgau auch die Herrschaft Hauenstein mit St. Blasien, den Hochschwarzwald über St. Peter und St. Georgen bis zur Villinger Baar und sogar ein Stück des Fürstenbergischen Besitzes an sich zu bringen. Neben ihnen, den Markgrafen und den Fürstenbergern hatten die kleineren Herren, der Landadel, die Klöster und die Bischöfe nur noch räumlich beschränkten Einfluß.

Es kann nicht Aufgabe einer knappen und in vielem auch vereinfachenden Übersicht zur Geschichte des Schwarzwaldes sein, auf das nie aufhörende Hin und Her der Veränderungen durch Erwerb oder Verlust von Besitzungen der kleinen wie der großen Herren im Lande einzugehen. Darüber sind dicke Bücher geschrieben worden, durch die sich hindurchzufinden alles andere als eine bequeme Lektüre ist. Wir schließen viel mehr ab mit einem kurzen Blick auf die Neuordnung Europas im Gefolge der Französischen Revolution, die im deutschen Südwesten zu einer beispiellosen Flurbereinigung führte und ohne Rücksicht auf historische Gegebenheiten und ohne legitime Grundlagen per Federstrich die Herrschaftsverhältnisse umkrempelte. Die wiedervereinigte, aber territorial vielteilig gebliebene badische Markgrafschaft und das vorher schon kompakter abgerundete Herzogtum Württemberg bekamen enormen Gebietszuwachs und gingen aus der Neuordnung als Großherzogtum Baden und Königreich Württemberg von Napoleons Gnaden hervor – beide als in der Fläche geschlossene Mittelstaaten. Der Reichsdeputationshauptschluß von 1803, der Preßburger Frieden von 1805 und die Rheinbundakte von 1806 waren die entscheidenden Wegmarken dieser Entwicklung, doch selbst in der kurzen Zeitspanne nach dem Preßburger Frieden war es noch einmal zu heftigen Meinungsverschiedenheiten zwischen Württemberg und Baden gekommen, weil die Königlichen einige Friedensbestimmungen nach ihrem Sinn auslegten und sich noch ein paar kräftige Stücke aus dem Schwarzwaldkuchen herauszuschneiden gedachten – zum Schaden der Großherzoglichen, versteht sich. Napoleon sprach ein Machtwort, und der größte Teil des Schwarzwaldes blieb bei Baden. Heute gehört er in seiner ganzen Größe und Schönheit zum neuen Bundesland Baden-Württemberg, und alle sind's zufrieden.

Zwischen Fächer und Dreistrahl: Badische Residenzen

Karlsruhe – Ettlingen mit Ettlingenweier – Marxzell – Frauenalb – Bad Herrenalb – Gernsbach mit Schloß Eberstein – Schloß Favorite – Rastatt – Durmersheim-Bickesheim – Moosbronn

Über die Frage, ob die ehemalige großherzoglich-badische Residenz Karlsruhe mit ihren östlichen und südöstlichen Vororten näher den ersten Vorbergen des Schwarzwaldes oder den letzten Ausläufern des Kraichgaus ist, läßt sich trefflich streiten. Dessenungeachtet darf Karlsruhe von sich behaupten, es liege nicht nur am Rhein, sondern zumindest auch am äußersten Schwarzwaldrand. Die Rolle der Nachbarstadt Ettlingen, via Albtal das ›eigentliche‹ Einfallstor zum Gebirge zu sein, bleibt davon unberührt.

Kaum 25 Kilometer weiter nach Süden, in Rastatt, erwartet uns eine andere, markgräflich-badische Residenz. Beide verbindet neben den verwandtschaftlichen Beziehungen ihrer Gründer ein im Ansatz gleiches städtebauliches Konzept, das sich in Rastatt freilich noch auf einen Straßen-Dreistrahl nach Versailler Muster mit dem Schloß als Schnittpunkt beschränkt, während es in Karlsruhe zu der einzigartigen Fächergeometrie von 32 aus allen Himmelsrichtungen schnurgerade auf den Schloßturm zulaufenden Straßen und Alleen weiterentwickelt ist. Dreistrahl und Fächer sind letzte Konsequenzen eines Prinzips, das die Gnadensonne des absoluten Herrschers im Zentrum des bürgerlichen Gemeinwesens leuchten, aber auch seine Macht dem Bürger alle Tage bewußt werden ließ.

Karlsruhe

Zur Vorgeschichte Karlsruhes gehören das am Rand der Rheinebene und des vorderen Pfinztals liegende Durlach sowie der weiträumige Hardtwald, der auch heute noch große Flächen der Ebene bedeckt. Das 1196 erstmals genannte Durlach erhält um 1200 Stadtrecht und kommt 1219 an die badischen Markgrafen. Nach der Erbteilung von 1535 werden zunächst (Baden-) Baden und Pforzheim Hauptstädte der oberen und unteren Markgrafschaft, doch schon dreißig Jahre später verlegt Karl II. seine Residenz von Pforzheim nach Durlach.

1715 kommt es gleichsam aus dem Nichts heraus zu der neuen Stadtgründung, die Karlsruhe heißen wird. Markgraf Karl Wilhelm von Baden-Durlach legt am 17. Juni den Grundstein zu einem achteckigen Turm in der Absicht, »zu dero künftigen Ruhe und Gemütsergötzung eine fürstliche Residenz in dem sogenannten Hardtwald nahe bei Mühlburg aufzubauen«. Ein Gnadenbrief verspricht den hierher zuziehenden Bauwilligen zahlreiche Freiheiten. Schon zwei Jahre später wird ›Carols-Ruhe‹ Landeshauptstadt, 1718

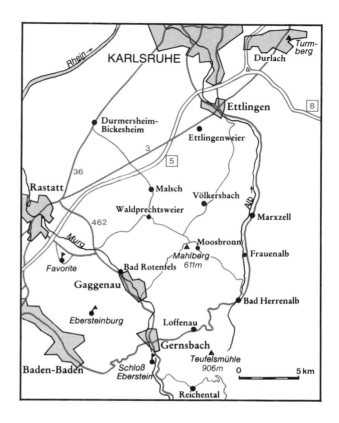

Rundreise zu fünf Schlössern

ist der erste Schloßbau fertiggestellt. Die Geometrie der Schloßanlage gibt zugleich die Orientierung für die Stadtbebauung. Die im stumpfen Winkel an den Mitteltrakt anschließenden Seitenflügel des ›Favoritebaus‹ bestimmen nämlich das Kreissegment des Fächers, innerhalb dessen sich die Stadt zu entwickeln hat, während alles übrige zu einer mehr oder weniger naturnahen Park- und Waldlandschaft umgewandelt werden soll. Als Querachse schließt fürs erste die alte Mühlburger Allee, die heutige Kaiserstraße, den Fächer nach Süden ab, während zwei Ringstraßen, der innere und der äußere ›Zirkel‹, die Konzentration der Stadtanlage auf das Schloß noch einmal betonen (Abb. 5).

1752 beginnt am Schloß, das in Teilen ebenso einfach wie schnell als Fachwerkbau errichtet worden war, eine jahrzehntelange Umbauperiode, die auch auf die bürgerliche Stadt übergreift; die alten Häuser werden nach und nach durch solide Steinbauten ersetzt. 1765 kommt es zu einer ersten Stadterweiterung, 1771 erhält Karlsruhe neuen Zuzug, nachdem die baden-badische Markgrafschaft mit dem Tode des Markgrafen August Georg an die baden-durlachische Linie gefallen war. Im ersten Viertel des 19. Jahrhunderts gewinnt

ZWISCHEN FÄCHER UND DREISTRAHL: BADISCHE RESIDENZEN

Der Baumeister Friedrich Weinbrenner (1766–1826), der das klassizistische Gesicht Karlsruhes prägte und mit seiner Schule das Bauwesen im alten Lande Baden nachhaltig beeinflußte. Nach einer Zeichnung von Feodor Iwanowitsch, 1809 (Archiv der Stadt Karlsruhe)

sich die Stadt durch den zum Leiter des öffentlichen Bauwesens bestellten Architekten Friedrich Weinbrenner ihre weiträumigen Plätze und das klassizistische, wenn auch immer noch vom Barock mitgeformte Gesicht. 1803 wird Markgraf Karl Friedrich Kurfürst, 1806 Herr des neu geschaffenen Großherzogtums Baden.

Der Zweite Weltkrieg schlägt Karlsruhe tiefe Wunden; große Teile der Kernstadt bilden einen einzigen Trümmerhaufen. Aber das Schloß, ohne das der ›Fächer‹ seinen Bezugspunkt, die Stadtanlage ihren Sinn verloren hätte, ersteht neu in seinen alten Formen. Viele andere repräsentative Bauten erhalten zumindest ihre Fassaden zurück, wieder anderes wie z. B. die südliche Randbebauung des Schloßplatzes wird demgegenüber noch in jüngster Zeit verunstaltet.

Das heutige Bild des *Schlosses* gibt die Situation nach dem Umbau in der zweiten Hälfte des 18. Jahrhunderts wieder (Farbt. 2). Drei Entwürfe von Balthasar Neumann, weitere Pläne von Leopoldo Retti, Mauritio Pedetti und Philippe de la Guépière waren in der Diskussion. Friedrich von Keßlau, der das Projekt schließlich übernahm, brachte die besten Ideen aus allen diesen Entwürfen auf einen gemeinsamen Nenner und kam damit dem dritten Neumannschen Vorschlag am nächsten. Christoph Melling und Ignaz Lengelacher schufen den Skulpturenschmuck, Lengelacher insbesondere auch die mythologischen Figuren am Zugang zum Schloß. Das Standbild Karl Friedrichs in der Mittelachse modellierte Ludwig Schwanthaler nach einem Entwurf von Heinrich Hübsch.

Der zuerst nach französischem Geschmack angelegte, dann zum englischen Park verwandelte Schloßgarten (Abb. 1) ist seit seiner Einbeziehung in eine Bundesgartenschau erneut verändert. Geblieben sind darin jedoch eine Reihe von Denkmälern, im anschließenden Fasanengarten auch das von Keßlau erbaute, der Chinamode des späten 18. Jahrhunderts anhängende Fasanenschlößchen. Ganz am Ende dieses östlichen Gartenteils wurde 1889–96 die neugotische *Grabkapelle der Großherzöge* erbaut.

Im Schloß ›residiert‹ jetzt das *Badische Landesmuseum,* eine hochbedeutende, an Eleganz und Wirkung der Präsentation nicht leicht zu übertreffende Sammlung vor- und frühge-

Der Karlsruher Fächer – Grundriß einer Stadt und Symbol fürstlicher Selbstherrlichkeit (Badische Landesbibliothek Karlsruhe)

schichtlicher Funde, antiker Kunst, hervorragender Skulpturen vom frühen Mittelalter bis zum Klassizismus, von Münzen, Kunstgewerbe und Volkskunst – neben noch vielerlei anderem nicht zu vergessen die Türkenbeute des Markgrafen Ludwig Wilhelm.

ZWISCHEN FÄCHER UND DREISTRAHL: BADISCHE RESIDENZEN

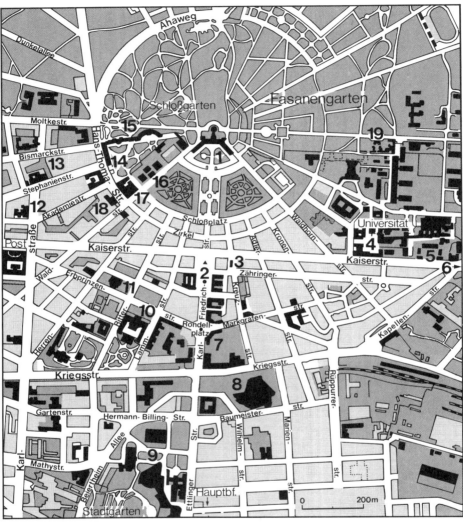

Karlsruhe 1 Schloß 2 Marktplatz mit Rathaus, evangelischer Stadtkirche, Pyramide und Marktbrunnen 3 Kleine Kirche 4 Universität (Hauptbau) 5 Ehemaliges Jagdzeughaus 6 St. Bernhardus-Kirche 7 Rondellplatz mit ehem. Markgräflichem Palais und Verfassungsobelisk 8 Badisches Staatstheater 9 Schwarzwaldhalle 10 Landessammlungen für Naturkunde 11 Stadtpfarrkirche St. Stephan 12 Prinz-Max-Palais (Stadtgeschichtliche Sammlungen und Städtische Galerie) 13 Münzstätte 14 Orangerie 15 Gewächshäuser am Botanischen Garten 16 Bundesverfassungsgericht 17 Staatliche Kunsthalle 18 Schwedenpalais 19 Fasanenschlößchen

Die Mittelachse des Schlosses setzt sich fort zum bürgerlichen Mittelpunkt der Stadt, dem *Marktplatz* mit Friedrich Weinbrenners vornehmer klassizistischer *Rathausfassade* (Abb. 3), der antikischen Tempelfront der *Evangelischen Stadtkirche* (s. Abb. 5, links oben), in deren Vorhallen-Krypta ihr Erbauer, der nämliche Weinbrenner ruht, und mit der *Pyramide* an der Stelle der abgebrochenen Konkordienkirche über der Gruft des Stadtgründers. Den *Marktbrunnen* krönt ein Standbild des Großherzogs Ludwig nach einem Entwurf Weinbrenners. Nur wenige Schritte auf der Kaiserstraße in östlicher Richtung sind es zur *Kleinen Kirche,* die Wilhelm Jeremias Müller im frühklassizistischen Stil entwarf. Von ihm stammt auch das ehemalige, jetzt in das Universitätsgelände integrierte *Jagdzeughaus,* eine schöne Gebäudegruppe des spätbarocken Klassizismus am östlichen Ende der Kaiserstraße beim (nicht mehr vorhandenen) Durlacher Tor, dessen alter Platz von dem neugotischen Bau der katholischen *St. Bernharduskirche* (1896–1901) überragt wird. Der Hauptbau des ehemaligen Polytechnikums, der heutigen *Universität* (Kaiserstraße 12) ist ein Werk des 1827 als ›Architekt der Residenzstadt Karlsruhe‹ berufenen Heinrich Hübsch.

Vom Durlacher Tor weiter auf der Durlacher Allee gelangt man zur *Lutherkirche,* einem Zentralbau von Robert Curjel und Carl Moser in reinem Jugendstil, dann südwärts bei der Gottesauer Straße zum Gelände des *Schlosses Gottesaue,* das älter als die Stadt ist, um 1590 nach Plänen des Straßburger Baumeisters Johannes Schoch an der Stelle eines 1094 gestifteten, 1556 säkularisierten Benediktinerklosters entstand und nach seiner Zerstörung 1689 verändert wiederaufgebaut wurde. 1944 wurde es wieder Ruine; in den Schloß-Neubau wird 1988 die Staatliche Musikhochschule einziehen.

Südlich des Marktplatzes erinnert auf dem Rondellplatz ein *Obelisk* an die erste badische Verfassung von 1818. Der ehemalige Weinbrenner-Bau des *Markgräflichen Palais* präsentiert sich heute mit der halbrund in das Rondell einschwingenden alten Platzfassade und neuen Seitenflügeln als architektonischer Zwitter.

Noch weiter in südlicher Richtung, am ehemaligen Ettlinger Tor, beherrscht der von Helmut Bätzner über einem unregelmäßigen polygonalen Grundriß errichtete Neubau des *Badischen Staatstheaters* die Platzanlage. Ein anderes interessantes Beispiel moderner Architektur ist die schon 1953 Aufsehen erregende *Schwarzwaldhalle* von Erich Schelling am Festplatz. Über einem ovalen Grundriß überspannt sie mit einem ungestützten Hängedach eine Fläche von rund 3000 Quadratmetern.

An der Erbprinzenstraße, die vom Rondell nach Westen zieht, öffnet sich der *Friedrichsplatz* mit dem Gebäude der *Landessammlungen für Naturkunde* auf der Südseite – einem Werk des Architekten Joseph Berckmüller, der aus der Weinbrenner-Schule kam, hier aber auf den anderen Weg der Neurenaissance geriet. Die Sammlungen, die auf das Naturalienkabinett des Markgrafen Karl Friedrich von Baden und der Markgräfin Karoline Luise zurückgehen, bieten auf 3800 Quadratmetern Schaufläche eine der reichhaltigsten Übersichten auf die Sammelgebiete Geologie, Paläontologie, Mineralogie, Zoologie, Entomologie und Botanik.

Ein Stück weiter auf der Erbprinzenstraße tritt die katholische Stadtpfarrkirche *St. Stephan* (s. Abb. 5, oben) ins Bild – auch sie eine Schöpfung Friedrich Weinbrenners aus den

Karlsruhe, Weinbrenners klassizistische Marktplatz-Anlage. Nach einer Lithographie von K. Müller, 1828 ▷

ZWISCHEN FÄCHER UND DREISTRAHL: BADISCHE RESIDENZEN

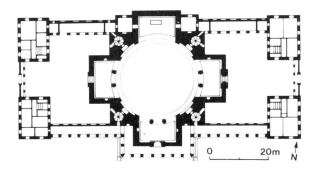

Karlsruhe, katholische Stadtpfarrkirche St. Stephan nach Friedrich Weinbrenners ursprünglichem Plan

Jahren 1809–14. Ausgangspunkt für seinen Entwurf war das römische Pantheon, das er mit dem griechischen Kreuz unter der gewaltigen, einst durch Säulen in den Kreuzarmen zusätzlich abgegrenzten Kuppelrotunde kombinierte. Das 19. Jahrhundert hat dieses Konzept mehrfach verändert und in seiner Wirkung abgeschwächt, der Zweite Weltkrieg es schmerzvoll zum Teil zurückkorrigiert. Stehengeblieben sind damals allein die nackten Mauern und der (von Weinbrenner ursprünglich nicht vorgesehene) Turm. Das schöne Buntsandsteinmauerwerk hat man beim Wiederaufbau unverputzt gelassen, es mit einer Kuppelschale in Stahlbeton überdeckt und damit einen Raum von jetzt wahrhaft römischer

Karlsruhe, katholische Stadtpfarrkirche St. Stephan und Ständehaus um 1830 (Archiv der Stadt Karlsruhe)

Karlsruhe, Orangeriegebäude und Botanischer Garten. Nach einer Lithographie von G. M. Kurz

Monumentalität gewonnen (Abb. 2) – nicht in allen Einzelheiten vielleicht nach Weinbrenners Sinn, aber doch verständlich als respektvolle Huldigung an den Genius, ohne den die ganze Stadt nicht geworden wäre, was sie immer noch ist. Zum Eindruck der Monumentalität in St. Stephan trägt nicht zuletzt auch eine Raumausstattung bei, die nur wenige, aber markante Akzente setzt – insbesondere mit einem Gobelin-Triptychon nach Entwürfen von Emil Wachter an der Chorwand und mit Kreuzwegstationen des Karlsruher Bildhauers Emil Sutor.

Die Erbprinzenstraße führt von St. Stephan weiter zur Karlstraße, die nordwärts – am *Prinz-Max-Palais* mit den reichhaltigen *Stadtgeschichtlichen Sammlungen* und der ebenso bemerkenswerten *Städtischen Galerie* vorbei – genau auf das Mittelstück der *Münzstätte* (Abb. 4) zuläuft, des letzten von Weinbrenner entworfenen Baus und des einzigen in Karlsruhe, der den Zweiten Weltkrieg überstand. Friedrich Fischer hatte ihn nach dem Tode Weinbrenners zu Ende geführt.

Von hier aus nach rechts der Stephanienstraße folgend, kommt man zur *Orangerie* von Heinrich Hübsch, die der *Staatlichen Kunsthalle* zugehört. Ihr hat Hübsch im rechten Winkel eine Folge von *Gewächshäusern*, unterbrochen durch einen doppeltürmigen Torbau zum Schloßpark, angegliedert. Sie umschließt mit der Orangerie und der Kunsthalle den *Botanischen Garten*, an dessen Übergang zum Schloßplatz das im Zweiten Weltkrieg zerstörte ehemalige *Hof- und Landestheater* stand. Mit ihm hatte Hübsch 1851–53 eines der in Architektur und Ausstattung schönsten Theater Deutschlands geschaffen – wie andere Hübsch-Bauten ein Beispiel ausdrucksvollen romantischen Stils. Seine Stelle nimmt jetzt die

ZWISCHEN FÄCHER UND DREISTRAHL: BADISCHE RESIDENZEN

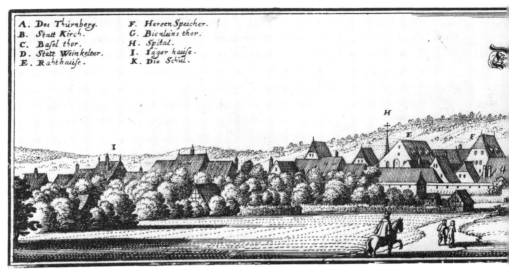

Das alte Durlach, heute Stadtteil von Karlsruhe. Kupferstich von Matthäus Merian

von Paul Baumgarten entworfene, kühn gegliederte Gebäudegruppe des *Bundesverfassungsgerichts* ein.

Die ebenfalls nach Plänen von Hübsch gestaltete, Formen der italienischen Renaissance nachempfindende *Kunsthalle* ist für Kunstfreunde unumgänglich. Schon das große Fresko auf der oberen Innenwand des Treppenhauses und die Dekoration mehrerer Räume im Erdgeschoß durch Moritz von Schwind sind sehenswert, und um vieles mehr sind es die Bestände der Gemäldegalerie mit hervorragenden Beispielen altdeutscher Malerei, darunter Hauptwerken von Lukas Cranach dem Älteren, Hans Baldung und Grünewald, mit bedeutenden Franzosen und Niederländern, mit Stilleben des 18. Jahrhunderts, deutscher Malerei des 19. Jahrhunderts, mit Thoma, Feuerbach, Trübner und anderen. Die jüngere Kunst, vor allem das deutsche 20. Jahrhundert, und ein Kindermuseum sind in der Orangerie untergekommen. – Für einen vor kurzem fertiggestellten Neubau gegenüber der Kunsthalle wurde die Fassade des sogenannten *Schwedenpalais* gerettet und mit ihr die Erinnerung an einen der geglücktesten Bauten von Wilhelm Jeremias Müller auf der Schwelle vom Barock zum Klassizismus bewahrt.

Wer die Zeit hat, auch der Mutterstadt Karlsruhes, dem 1938 eingemeindeten **Durlach,** einen Besuch abzustatten, wird dort ein reizvolles altes Stadtbild vorfinden und auch noch einen alten, den Basler Torturm. Im Westturm der *Evangelischen Stadtkirche* am Marktplatz steckt noch ein Rest Mittelalter, während das Langhaus nach dem Stadtbrand von 1689 neu

aufgebaut wurde, doch dies auf eine merkwürdige Art und Weise: 1698, als damit begonnen wurde, baute man barock, und überdies waren die Baumeister Italiener. Doch beides hielt sie offenbar nicht von gotischen Strebepfeilern und Spitzbogenfenstern ab. Auch zwischen toskanischen Säulen und flacher Decke klingen im Innern noch gotische Formvorstellungen nach. Über die Gründe kann man lange rätseln. Weniger rätselhaft ist, warum die nahebei am gleichen Straßenzug gelegene *Karlsburg* kein richtiges Residenzschloß mehr wurde, obwohl Domenico Egidio Rossi dieses schon als große barocke Ehrenhofanlage geplant hatte. Da war eben die Gründung Karlsruhes dazwischen gekommen. Ohnedies hatte nur ein Gebäudewinkel am sogenannten ›Prinzessinenbau‹ das Brandjahr 1689 überlebt. Hier ist heute das überwiegend heimatgeschichtlich orientierte, auch die zu ihrer Zeit berühmte Durlacher Fayence-Manufaktur würdig repräsentierende *Pfinzgau-Museum* untergebracht. Zur Zeit wird der Schloß-Torso durchgreifend restauriert. Zudem ist er an der Fassadenfront des Rossi'schen Kavalierbaus um eine Achse erweitert worden.

Ein Ausflug auf den nahegelegenen *Turmberg* lohnt sich, wenn nicht unbedingt wegen des mehrfach ausgebauten und zum Aussichtsturm gewordenen Bergfrieds einer ansonsten untergegangenen Burg des späten 12. Jahrhunderts, so doch gerade um der großartigen Aussicht willen, die sich dort bietet: auf die alte und die junge Stadt, die Hügel des Kraichgaus und die Vorberge des Schwarzwaldes, die Rheinebene, den Pfälzerwald und die Vogesen. Am schönsten ist es auf dem Turmberg in der Abenddämmerung eines klaren Tages, wenn sich in der Tiefe das Lichtermeer entzündet.

ZWISCHEN FÄCHER UND DREISTRAHL: BADISCHE RESIDENZEN

Ettlingen

In eine Mauer des Ettlinger Rathauses über der Albbrücke ist ein im ersten oder zweiten Jahrhundert n. Chr. gemeißeltes Reliefbild des römischen Wassergottes Neptun eingelassen, als dessen Stifter ›dem kaiserlichen Hause zu Ehren‹ sich auf dem gleichen Stein ein gewisser Cornelius Aliquandus ›namens der Schifferschaft‹ verewigt hat. Eine weitere, weniger ernstzunehmende Inschrift behauptet, die Stadt sei anno 1111 v. Chr. von Trojanern gegründet worden. Die aus Ettlingen stammenden Humanisten und Reformatoren Caspar Hedio und Franz Irenicus hatten mit ihrer verwegenen Behauptung nichts anderes im Sinn, als nach damaliger Humanistenart der Heimatstadt eine hellenische Vergangenheit anzudichten.

Wahr ist demgegenüber, daß beträchtliche Funde von stein- und bronzezeitlichem Gerät auf eine sehr frühe Besiedelung schließen lassen, doch gibt es konkretere siedlungsgeschichtliche Anhaltspunkte erst seit der Römerzeit. Aus wieder ans Tageslicht gebrachten Resten von Häusern und Badeanlagen, aus Gefäßen und Scherben, Ziegeln und Altarsteinen läßt sich mosaikartig das Bild einer kleinen römischen Siedlung mit Amtshaus und Gutshof rekonstruieren. Römer, Alamannen und Franken greifen in die Geschichte dieses Gemeinwesens ein, das 788 als Etiningen im Güterverzeichnis des elsässischen Klosters Weißenburg erscheint, von Otto dem Großen Marktrecht erhält und von König Heinrich VI. 1191/92 zur Stadt erhoben wird. 1219 gibt Kaiser Friedrich II. Ettlingen als Reichslehen den Markgrafen von Baden, deren beide Linien es künftig wechselnd in Besitz nehmen werden. Übel mitgespielt haben der Stadt vor allem die Kriege des 17. Jahrhunderts, am schlimmsten der Pfälzische Erbfolgekrieg, der das mittelalterliche Ettlingen vernichtete.

Kern des ältesten Teils der Stadt links der Alb ist der Marktplatz mit dem Rathaus und der in unmittelbarer Nachbarschaft gelegenen katholischen *Martinskirche,* deren Gründungsbau noch vorkarolingisch ist und mit den Fundamenten in römische Ruinen und ein merowingisches Gräberfeld hineinreicht. Von der Kirche des 12. Jahrhunderts sind der Unterbau des quadratischen Chorturms und Mauerteile der später vergrößerten Sakristei erhalten geblieben. Im Zuge der Erweiterung des einschiffigen Baus zur dreischiffigen Basilika erhielt der Turmchor im 13. Jahrhundert ein Wölbsystem mit der Ebersteiner Rose als Schlußstein. Die Erhebung zur Stiftskirche anno 1459 zog den Anbau des Hohen Chors nach sich – eines guten Stücks spätgotischer Architektur mit schönem Sterngewölbe, reich verzierten Schlußsteinen und Konsolen, mit Fischblasenmaßwerk an den dreigeteilten Fenstern. Die Glasgemälde wie auch die Gewölbeausmalung kamen 1870 neu hinzu. Die Sakristei und das Treppentürmchen an der Nordseite gehören dagegen zur Bauzeit des Stiftschors, ebenso das Sakramentshäuschen. Mittelalterlich sind Fresken und Rankenwerk, die bei der jüngsten Innenrenovation von Chor und Chorturm entdeckt wurden.

Dem Stadtbrand des Jahres 1689 fiel das Langhaus zum Opfer. Nach Plänen von Johann Michael Ludwig Rohrer wurde es durch einen schlichten Saal mit Muldendecke ersetzt und 1739 geweiht. Das barocke Raumbild hielt freilich dem Restaurierungseifer des 19. Jahrhunderts nur mäßig stand und macht heute einen eher nüchternen Eindruck. Daran ändern auch

30

Caspar Hedio. Nach einer Zeichnung von Hans Baldung Grien, Kunsthalle Karlsruhe

die um 1930 nacherworbenen Seitenaltäre, der linke aus Bellinzona, der südliche oberrheinisch, wenig. Draußen bekam der auf einem quadratischen Unterbau ruhende, 1358 mit einem Achteckgeschoß aufgestockte Turm noch eine hübsche barocke Haube obenauf. Das Schaustück jedoch ist die großzügig gegliederte, durch Riesenpilaster dreigeteilte Barockfassade. In einer Nische unter dem geschweiften Giebelaufsatz fand eine Statue des heiligen Martin mit Bettler Platz, darunter das prachtvolle Allianzwappen Baden-Baden/Sachsen-Lauenburg (Abb. 8). In einer Inschriftkartusche ist der Name der Bauherrin, der badischen Markgräfin Sibylla Augusta von Sachsen-Lauenburg, Gattin des ›Türkenlouis‹, verewigt.

Das *Rathaus,* ein vornehmer barocker Neubau von 1737/38 aus heimischem Sandstein, wurde vermutlich von Johann Peter Ernst Rohrer entworfen. Ein dekorativer Altan, die wappengezierte Tür darüber, im mittleren Feld des mächtigen Volutengiebels die Figur des heiligen Georg und schließlich, den Giebelaufbau überragend, eine Justitia sind die Hauptakzente der reich gegliederten Architektur, in der sich stadtbürgerliches Selbstbewußtsein spiegelt (Abb. 6). Seitlich schließt das Rathaus an den Stadtturm an, dessen mittelalterlicher Unterbau 1737–39 ein Achteckgeschoß und eine welsche Haube aufgesetzt bekam.

Auf dem Marktplatz ziert den *Marktbrunnen* von 1494 eine gute Figur des Ritters Georg (seit 1959 Kopie, Original im Schloß). Auf dem Weg vom Marktplatz hinüber zum Schloß begegnet einem auf einem weiteren Brunnen (datiert 1549) der *Ettlinger Narr* (Abb. 9). Es ist der ›Hansele von Singen‹, ehemals Hofnarr des Markgrafen Ernst und heute steinerner Patron der Ettlinger Fastnacht (Kopie; das Original im unteren Foyer von Musen- und Asamsaal im Schloß).

Um vollends bei den Brunnen zu bleiben: der stattlichste aus der Zeit vor der Zerstörung der Stadt ist der *Delphinbrunnen* an der Wand des ›Hohen Turms‹ im Schloßhof, ein erstrangiges Werk von Johannes Schoch, dem aus Königsbach stammenden Baumeister, der u. a. das alte Rathaus (heute Handelskammer) in Straßburg und den Friedrichsbau beim

ZWISCHEN FÄCHER UND DREISTRAHL: BADISCHE RESIDENZEN

Heidelberger Schloß schuf. Um das Jahr 1612 vermittelt dieser Brunnen zwischen den strengeren Formen der Renaissance und den aufkommenden Tendenzen eines mehr auf schmückende Formen bedachten Barock.

Zum ersten Mal wird 1412 ein *Schloß* in Ettlingen erwähnt. Aus noch früherer Zeit sind die unteren Teile des ›Hohen Turms‹, eines ehemaligen Bergfrieds mit seinem Quadermauerwerk stehen geblieben. Das dreiflügelige ›Neue Schloß‹, das Markgraf Philibert nach einem Brand zwischen 1558 und 1561 im Renaissancestil errichten ließ, ging 1689 bis auf die Umfassungsmauern verloren. 1728–33 wurde es als Witwensitz für die Markgräfin Sibylla Augusta nach Plänen von Johann Michael Ludwig Rohrer wiederhergestellt und zur Vierflügelanlage erweitert. Zwei nach außen gerichtete runde Ecktürme am Südflügel, drei achteckige Treppentürme zum Innenhof und der Rest des alten Bergfrieds sind besonders markante Architektur-Elemente der Schloßanlage. Ihren Hauptakzent bildet Rohrers im Südtrakt zum Innenhof sich öffnendes Barockportal mit einem auf vier Säulen ruhenden Balkon über der Freitreppe, dekoriert das Ganze mit dem nun schon bekannten badisch-sächsischen Allianzwappen (Abb. 7).

Im Zuge der jüngsten, vor kurzem erst abgeschlossenen Restaurierung wurde auch die in Resten vorgefundene Scheinarchitektur wiederhergestellt, die Lucca Antonio Colomba auf die Hofseite des südlichen, einst von der Markgräfin bewohnten ›Fürstenflügels‹ gemalt hatte. In diesem Trakt war von Rohrer ein repräsentatives Treppenhaus eingebaut worden; Donato Riccardo Retti versah es – wie auch die Wohn- und Repräsentationsräume – mit hervorragenden Stukkaturen. Zum Glück hat sich von dem feinen Bandelwerk, den originellen animalischen und vegetabilischen Stuck-Motiven vieles erhalten und restaurieren lassen, während die Fresken Colombas großenteils verlorengingen.

Das Schloß, das mit der Stadtbücherei, dem Albgau-Museum und den Sammlungen der nach dem Bildhauer Karl Albiker benannten Stiftung, seit 1983 auch einer Galerie mit rund 100 Ölbildern und zahlreichen Grafiken von Karl Hofer, darüber hinaus als Ort von Schloßkonzerten, Schloßfestspielen, Wechselausstellungen und vielerlei anderen Veranstaltungen zum kulturellen Mittelpunkt Ettlingens wurde, birgt in seinem Nordtrakt als kostbaren Besitz Decken- und Wandfresken von Cosmas Damian Asam und seinen Gehilfen, eine Apotheose des heiligen Johann Nepomuk mit Szenen aus seiner Legende (Abb. 10). Dieses einzig erhaltene Asam-Werk am Oberrhein, das in knappen drei Monaten entstand und von Dehio zu Recht als eine Virtuosenleistung bezeichnet wird, überwölbte ursprünglich die durch drei Stockwerke reichende Schloßkapelle. Eine später eingezogene Zwischendecke unterteilte die 1809 exsekrierte Kapelle in den heutigen (unteren) Musensaal und den zum städtischen Fest- und Konzertraum gewordenen *Asam-Saal* mit der bemalten Kuppeldecke (Farbt. 1). Besucher des *Albgaumuseums* mit seinen vielseitigen Beständen von der Vor- und Frühgeschichte bis zu Dokumentationen heimlichen Kunstsinnes und Gewerbefleißes haben auch Gelegenheit, den Asam-Saal zu sehen, dessen Restaurierung Theo Sprenzinger nach achtzehn arbeitsreichen Jahren im Frühjahr 1983 abschloß.

Die Wohnhäuser im Stadtkern, soweit sie noch in altem Erhaltungszustand sind, entstammen vornehmlich dem 18. Jahrhundert. Die Stadt Ettlingen hat sich auf ein

1 KARLSRUHE Schloß mit Schloßgartensee

2 KARLSRUHE St. Stephan   3 KARLSRUHE Rathaus
4 KARLSRUHE Münzstätte

5 KARLSRUHE Schloßbezirk und Innenstadt

6 ETTLINGEN   Rathaus und Stadtturm

8 ETTLINGEN   Allianzwappen a. d. Martinskirche

7 ETTLINGEN   Schloß, Portal im Innenhof

9 ETTLINGEN   Der Narr vom Narrenbrunnen

10 ETTLINGEN Schloß, Deckenfresko im Asam-Saal

11 FRAUENALB Ruine der Klosterkirche

12 HERRENALB Paradies-Ruine der ehemaligen Zisterzienserabtei und heutige Pfarrkirche

13 GERNSBACH Liebfrauenkirche und Storchenturm
14 HERRENALB Durchblick ins Paradies   15 GERNSBACH Ehemaliges Rathaus

16 Schloss Favorite

17 Rastatt Schloß

18 Rastatt Schloßkirche

19 RASTATT St. Alexander, Westfassade   20 RASTATT Kapelle Maria Einsiedeln
21 PFORZHEIM Altenstädter evangelische Pfarrkirche (St. Martin), Fresken

22 PFORZHEIM Evangelische Schloß- und Stiftskirche (St. Michael), Grabdenkmal

23 Tiefenbronn St. Maria Magdalena, Magdalenenaltar von Lucas Moser

24　Hirsau　Ruinen der Klosteranlage und des Herzoglichen Schlosses
25　Hirsau　St. Aurelius

26 HIRSAU Kreuzgang und Eulenturm

27 ZAVELSTEIN
28 ALTBURG Evangelische Pfarrkirche
   (St. Martin), Stifterbild

29 KENTHEIM Gottesackerkirche

ehrgeiziges Projekt der Stadtsanierung eingelassen, das vom ersten Bekanntwerden an Diskussionen auslöste. Von manchen allzu ›fortschrittlichen‹ Architekten wird es wegen seiner angeblich ›anpasserischen‹ Tendenzen zwar verteufelt, von der Bevölkerung aber um so mehr angenommen. Die Folge: die Stadtflucht hat sich umgekehrt, die erneuerte, aber in ihrem Charakter unveränderte Altstadt wurde zu einem der begehrtesten Wohngebiete Ettlingens. Ein Lehrstück, das einem Reisenden auf den Fährten der Kunst nicht vorenthalten werden sollte.

Ettlingenweier (Ettlingen)

Unmittelbar südlich von Ettlingen schließt sich das eingemeindete Ettlingenweier an. Von seiner alten gotischen *Kirche* zeugt heute noch der untere Teil des Westturms, dem von 1788 an ein neues Gotteshaus angebaut und eine barocke Haube aufgesetzt wurde. Abgesehen davon, daß die dem heiligen Dionysius geweihte Saalkirche seit ihrer jüngsten Restaurierung insgesamt ein rechtes Schmuckstück ist, gibt es zwei, wenn nicht mit Rücksicht auf die schöne Kanzel von 1760 sogar drei triftige Gründe, von ihr Notiz zu nehmen. Der erste ist der barocke Hochaltar des Schreiners Johann Bergör und des Bildhauers Johann Christoph Möckel mit einer neuerdings erst richtig gedeuteten Darstellung der letzten Marienwallfahrt, die der heilige Johann Nepomuk zum böhmischen Gnadenort Alt-Bunzlau unternahm. Der Altar kam seinerzeit aus der exsekrierten Kapelle des Ettlinger Schlosses, wo er mit seinem plastischen Bildwerk Asams gemalten Nepomuk-Zyklus thematisch ergänzt hatte, nach Ettlingenweier.

Der andere Grund ist die Orgel eines Meisters namens Johann Caspar Fohmann – die einzige Orgel in Baden vor 1750, die heute außer über ihre Originalregister auch noch über ihr spielbares Rückpositiv verfügt. Nicht nur, daß ein kundiger Organist aus diesem Instrument köstliche Klangwirkungen zaubern kann – es ist mit seinem hochgetürmten Doppelgehäuse auch prachtvoll anzuschauen. Ursprünglich war die Orgel um 1740 von der Äbtissin Gertrudis von Ichtratzheim für die Klosterkirche Frauenalb (s. S. 51) gestiftet worden. Nach der Säkularisation stand sie wie alles übrige Klostergut zum Verkauf und wurde zu besonders günstigen Bedingungen für Ettlingenweier erworben.

Marxzell

Der kleine Ort inmitten des Albtals, zu dessen Teilgemeinden Pfaffenrot, die Heimat der Vorfahren von Carl Benz gehört, ist vor allem durch sein privates Fahrzeugmuseum bekannt geworden. Die Vergangenheit der ein wenig abseits inmitten des ehemaligen Friedhofs liegenden Kirche ist, wie die Herkunft des Ortsnamens von einer Markuszelle richtig vermuten läßt, klösterlich geprägt. *St. Markus* ist aus einer älteren Anlage hervorgegangen,

ZWISCHEN FÄCHER UND DREISTRAHL: BADISCHE RESIDENZEN

von der nur der mittelalterliche Chorturm verblieb. Mit dem spätbarocken Neubau (1773–82) verband der Architekt Leonhard Stahl eine Umorientierung: Das Untergeschoß des Chorturms wurde jetzt Vorhalle. Falls man die Kirche geöffnet vorfindet, sieht man sich an die frühere Chorfunktion des Vorraums sogleich erinnert durch das auf Maskenkonsolen ruhende Kreuzrippengewölbe. Die frühklassizistische Altareinrichtung und die Kanzel wurden um 1790 ins neue Langhaus eingebracht, das Tabernakel schon drei Jahrzehnte früher.

Nach der Auflösung der Abtei Frauenalb wurden die Gebeine der Äbtissinnen und Nonnen aus der Klostergruft auf den Marxzeller Friedhof übergeführt. Auch die Grabdenkmäler fanden hier eine neue Bleibe, teils an der Südwand von St. Markus, teils an der südlichen Friedhofsmauer.

Frauenalb (Marxzell)

Auf dem Weg von Marxzell talaufwärts erscheinen nach wenigen Kilometern zwischen den engen Waldhängen die Zwillingstürme der ehemaligen *Klosterkirche Frauenalb* – eine Ruine nur und trotz allem ein Bauwerk, dessen vergangene Schönheit in immer noch kraftvollen Umrissen die Zeiten überdauert hat. Man richte nur einmal den Blick aus der Südostecke des Innenhofs, wo noch Mauerteile der Konventgebäude stehengeblieben sind, hinüber zu den Langhauswänden mit der vorspringenden Turmfront (Abb. 11), oder man sehe sich die Westfassade an, wie sie unterm Volutengiebel mit seiner geschwungenen Spitze die Türme mit starken Gesimslagen zusammenhält: das ist auch im Niedergang noch großartige Architektur. Der Vorarlberger Baumeister Peter Thumb hatte die Pläne für den von 1727 an errichteten Neubau gefertigt, und wenn nicht schon vorher, so spätestens bei diesem Stichwort muß einem die verblüffende Ähnlichkeit der Frauenalber Zweiturmfassade mit St. Peter im Hochschwarzwald (s. S. 236; Farbt. 31), aber auch mit der ehemaligen Abteikirche im elsässischen Ebersmünster auffallen.

In der Tat stammen alle drei Kirchen aus derselben Hand, und alle drei folgen, wenn auch in Varianten, dem Vorarlberger Wandpfeilerschema, wie es sich aus der Frauenalber Ruine noch ablesen läßt. Eine örtliche Besonderheit ist im übrigen ein Portal in der Mitte des Langhauses, das sich nach Norden zu den Schaffnergebäuden hin öffnete und durch seine lebhafte Formensprache überrascht. Eine kleine Vorstellung von der Ausstattung dieses untergegangenen Barockjuwels, an der wie im Ettlinger Schloß Donato Riccardo Retti und Luca Antonio Colomba beteiligt waren, vermittelt die im Gefolge der Säkularisation nach Ettlingenweier verbrachte Orgel (s. S. 49).

Erhalten geblieben sind nach einer Feuersbrunst im Jahr 1853 allein der einfache, dreigeschossige Abteibau von 1672 mit Krüppelwalmdach und hausteingerahmten Toren und Fenstern neben einigen weiteren Bauten des alten Klosterbezirks, ferner der gegenüber von Kirche und Abteibau in drei Terrassen ansteigende Abteigarten. Er wird oben

50

Prospekt des Klosters Frauenalb, 18. Jahrhundert (Generallandesarchiv Karlsruhe)

abgeschlossen von der vornehm-gefälligen Architektur des ›Gartenhauses‹, das man heute doch eher schon eine stattliche Villa nennen würde (jetzt Privatbesitz).

Der große Brand war nur der Schlußpunkt des schändlichen Umgangs mit einer Klosteranlage gewesen, die nacheinander Staatsdomäne, Militärlazarett, Versteigerungs- und Spekulationsobjekt, schließlich Tuchfabrik, Brauerei und am Ende sogar noch Steinbruch für die Dörfler in der Umgebung war. Heute bringt eine ›Stiftung Frauenalb‹ hohe Beträge auf, um die Ruine als Kulturdenkmal zu erhalten.

Das Benediktinerinnenkloster Frauenalb wurde um 1158 als Hauskloster der Grafen von Eberstein gegründet, 1589 aufgehoben, 1631 wieder von Nonnen in Besitz genommen. Gegen Ende des 17. Jahrhunderts setzte zur Amtszeit der Äbtissin Margarethe von Greith neue Bautätigkeit ein, die Gertrudis von Ichtratzheim schließlich mit der barocken Klosterkirche krönte.

Bad Herrenalb

Am Anfang des Albtals, wo sieben kleinere Schwarzwaldtäler ineinander münden, hatte die spätere Gründung Frauenalb bereits ein älteres Bruderkloster, ebenfalls eine Stiftung der Ebersteiner, für die das Jahr 1149 überliefert ist. Dieses zisterziensische Herrenalb ist heute vielbesuchtes Heilbad und heilklimatischer Kurort, Mittelpunkt auch eines Wandergebiets mit nahezu unbegrenzten Möglichkeiten.

ZWISCHEN FÄCHER UND DREISTRAHL: BADISCHE RESIDENZEN

Durch Schenkungen und Käufe hatte das Kloster Herrenalb ansehnlichen Besitz und im Zusammenhang damit auch eine politische Bedeutung erlangt, die es im 15. Jahrhundert zur Reichsunmittelbarkeit aufsteigen ließ. Im 13. Jahrhundert war es in den Schutz der Markgrafen von Baden übergegangen, verlor dann aber seine starke Position gegen Ende des 15. Jahrhunderts an die stärkere Hausmachtpolitik der Württemberger, die Herrenalb 1497 den Reichsstand wieder nahmen. Bauernkrieg, Reformation und Schwedenbrand waren weitere Stufen des Abstiegs.

Vom ersten romanischen Kirchenbau haben die Westwand mit ihrem rundbogigen, von schlanken Säulchen und Kelchkapitellen gerahmten Stufenportal sowie die Außenwände der ehemaligen Vorhalle überdauert. Auch die Mauern der linken Seitenkapelle und der Sakristei der heutigen Kirche sind noch ein Rest aus der Gründungszeit, während der spätgotische Chor 1427/28, Turm und Schiff 1739 neu gebaut wurden. Das bedeutendste Kunstwerk, das die Kirche birgt, ist ein reich geschmücktes Denkmal für den in Pforzheim begrabenen Markgrafen Bernhard von Baden (gest. 1431) an der Chor-Nordwand, eine vor allem in Erfindung und Ausführung des Dekors vorzügliche Steinmetzarbeit aus der Straßburger Schule. Auch einige Grabsteine wie z. B. die Grabplatte des Speyerer Bischofs Konrad von Eberstein verdienen Aufmerksamkeit.

Seit der jüngsten Restaurierung ist, wenn auch zunächst nur bei geführten Besichtigungen, so doch in absehbarer Zeit wohl auch als Andachtsraum die alte Münstersakristei (um 1245) wieder zugänglich, ein im Süden angebauter, tiefer gelegener Raum, der vielleicht einmal eine Totenkapelle war. Kreuzrippengewölbe, sorgfältig gearbeitete Schlußsteine mit der fünfblättrigen Rose der Ebersteiner Grafen, Grabplatten für Herrenalber Äbte, ein Altarstein und die Fußbodenplatten aus alter Zeit geben dieser Sakristei eine ganz eigentümliche Atmosphäre.

Das vor der teilweisen Zerstörung überwölbte Paradies, Vorhalle und Zugang zur Kirche, ursprünglich einmal ein Ort der Besinnung und der kultischen Reinigung, war im mittelalterlichen Herrenalb wohl auch ein Schauplatz für geistliche Spiele und Prozessionen. Heute entzückt der Rest dieses Bauwerks den Betrachter je länger, desto mehr (Abb. 12, 14). Das macht vor allem die für eine romanische Anlage ungewohnte Leichtigkeit, die von den vielen und auf vielerlei Weise angeordneten Säulen und Säulengruppen in den Bogenöffnungen herrührt. Der hohe Giebel mit dem spätgotischen Maßwerkfenster und dem steinernen Dachreiter darüber kam erst später hinzu. Der Giebelraum diente den Mönchen von 1462 an als Oratorium.

Merkwürdig kommt es einem wohl vor, daß zwar die Ostwand des Paradieses zugleich die Westwand der Kirche gewesen sein muß, die Portalachsen jedoch gegeneinander verschoben sind. Das hat seinen Grund darin, daß in diese Baugruppe von Süden her ein Teil der Klausur hereinragte und die Vorhalle deshalb nur so breit wie Mittel- und nördliches Seitenschiff der Kirche gebaut werden konnte. Eine recht einfache Erklärung also für den merkwürdigen Fall!

Gernsbach und Schloß Eberstein

Auf dem Weg von Bad Herrenalb über das ›Käppele‹ nach Gernsbach liegt an der Abfahrt zum Murgtal das malerische Fachwerkdorf **Loffenau,** in dessen heute *evangelischer Kirche* der alte Chorturm des 13. Jahrhunderts weiterbesteht. In seinem Erdgeschoß hat, wenn auch stark restauriert, ein im 15. Jahrhundert gemalter Freskenzyklus von seltener Vollständigkeit überdauert (Kirchenväter und Evangelistensymbole im Gewölbe, Heiligkreuz-Legende, ›Credo-Apostel‹, Hostienmühle, Muttergottes im Strahlenkranz u.a.m. an den Wänden).

Das gegen 1248 zur Stadt erhobene Gernsbach, von dessen mittelalterlicher Befestigung der Storchenturm (Abb. 13 links) und der Wehrturm der Liebfrauenkirche zurückblieben, war einst Mittelpunkt der Grafschaft Eberstein. Der Stadtkern mit seinen biederen Bürgerhäusern und üppigem Fachwerk, dessen heutiges Bild die Situation nach mehreren verheerenden Stadtbränden wiedergibt, hat seine Dominante in dem schlanken, hochgiebeligen ehemaligen *Rathaus* (Abb. 15) am Marktplatz. Es war 1617/18 von Johann Jakob Kast, dem Hauptschiffer der für den damaligen Wohlstand der Stadt ausschlaggebenden Murgflößerei, als Privathaus erbaut worden und gilt als eines der schönsten Bauwerke der schon zu Formen des Barock hin tendierenden Spätrenaissance in Süddeutschland. Als Baumeister wird Johannes Schoch vermutet. Bei Sicherungs- und Erneuerungsarbeiten in den Jahren 1975–79 stellte sich nicht nur heraus, daß das Kast-Haus an der Stelle eines noch größeren spätgotischen Vorgängerbaus errichtet worden war, sondern auch, daß es – vermutlich 1642, als die Franzosen Gernsbach weitgehend zerstörten – ausgebrannt gewesen und dann mehrere Jahrzehnte lang als ungedeckte Ruine dagestanden haben muß. Heute befinden sich darin ein Restaurant, eine Pächterwohnung und ein städtischer Saal für kulturelle Veranstaltungen.

Die ›obere‹, die *Liebfrauenkirche* (Abb. 13), die mit ihrem mächtigen quadratischen Westturm die ganze Stadt überragt, ging in der zweiten Hälfte des 14. Jahrhunderts wohl aus der ehemaligen Ebersteiner Burgkapelle hervor. Vier der sieben Joche des dreischiffigen gotischen Langhauses gehören in diese Entstehungszeit; die drei anderen kamen 1833 im Zuge einer neugotischen Erweiterung hinzu, wobei auch der alte Chor ersetzt wurde. Eine gründliche bauliche Sanierung und Restaurierung in den Jahren 1970/71 unter Leitung des Rastatter Architekten Heinz Gaiser hat mit der weitgehenden Eliminierung der neugotischen Ausstattung den gotischen Raum wieder um so reiner hervorgehoben und ihn zugleich mit neuzeitlichen Elementen zu einer geglückten Einheit verbunden. Geblieben sind die guten Stücke der älteren Ausstattung, so u. a. eine jetzt von dicken Farbschichten befreite Pietà aus dem frühen 16. Jahrhundert, das fragmentarische Steinrelief eines Heiligen Grabes aus gleicher, Taufstein und Weihwasserbecken aus etwas späterer Zeit, sowie die spätgotischen Figuren der drei Heiligen Sebastian, Christophorus und Georg, hervorragende Bildwerke aus dem Umkreis des Nicolaus Gerhaert. Wertvollster Besitz ist ein Glasfenster mit der Kreuzigungsgruppe aus den Jahren um 1460.

53

ZWISCHEN FÄCHER UND DREISTRAHL: BADISCHE RESIDENZEN

Dies ist auch die Erbauungszeit der ›unteren‹ *Pfarrkirche St. Jakob* (evangelisch), deren sterngewölbter Chor 1462 errichtet wurde. Das einschiffige Langhaus erhielt sein Spiegelgewölbe und seine bäuerlichen Malereien gut hundert Jahre später. Sehenswürdig ist hier ein Sakramentshaus aus der frühen Schule des Nicolaus Gerhaert. – Von den Gernsbacher Brunnen ist insbesondere der *Marktbrunnen* mit spätgotischem Becken, Renaissance-Säule und hochbarocker Nepomuk-Figur zu nennen – eine ebenso interessante wie handwerklich bedeutende Steinmetzarbeit.

Südlich der Stadt, hoch über dem Murgtal, war das heutige *Schloß Eberstein* (Neu-Eberstein) seit etwa der Mitte des 13. Jahrhunderts bis 1660 die Burg der Grafen von Eberstein. Seither markgräflich-badisch, wurde sie von 1798 an – teilweise unter der Leitung von Friedrich Weinbrenner – völlig umgebaut. Der 1874 abgebrochene Bergfried ist seit 1950 wieder neu zur Stelle. Im Schloßhof, der nicht allgemein zugänglich ist, befindet sich eine 1464 datierte steinerne Kreuzigungsgruppe, die ursprünglich im Kloster Herrenalb stand, stilistisch dem Sakramentshaus in der Gernsbacher Jakobskirche nahe verwandt und der Gerhaert-Schule zuzurechnen ist.

Schloß Favorite (Rastatt/Niederbühl-Förch)

Nahe bei dem Ort Kuppenheim, ziemlich versteckt in altem Baumbestand und im ehemaligen, jetzt völlig veränderten Barockgarten, ist einer der reizvollsten höfischen Wohnsitze Alt-Badens zu entdecken: Favorite, das 1710–12 errichtete Sommer-Lustschloß der Markgräfin Sibylla Augusta. Äußerlich ist es eine nicht eben sehr bedeutende, eher provinzielle Dreiflügelanlage mit einem kleinen Hof und doppelläufiger Freitreppe zu einem Vorbau auf der Nordseite (Abb. 16). Der Baumeister war Johann Michael Ludwig Rohrer, doch die Ideen zu seinen Plänen hatte ihm die Markgräfin selbst geliefert und in vielem dabei an ihre böhmische Heimat, an Schloß Schlackenwerth gedacht. Selbst der eigenartige Fassadenbewurf mit Kieselsteinen und kleinen Granitstückchen vergegenwärtigte für sie ein Stück Jugenderinnerung.

Der ganze Zauber von Favorite entfaltet sich erst in den fast unverändert gebliebenen Innenräumen, den symmetrisch angeordneten Zimmerfluchten und Appartements mit dem großen Speise- und Gartensaal als Mittelpunkt. Hier tut sich eine wahre Schatzkammer der Kleinkunst und der Dekoration auf: Gemächer mit chinesischen Papier- und Seidentapeten, Blumenzimmer mit Bandelwerkspalier aus Papiermaché und Stoffblumen, Delfter Kacheln, venezianische Spiegel mit feiner Malerei, Perlstickereien auf Wandteppichen, farbig getönter Stuck an den Decken, Fußböden aus eingelegtem Stuckmarmor, Estriche in Marienglas, Vasen, Figuren, eine Sammlung wertvollster Porzellane und Fayencen u.a.m. Sogar die Schloßküche mit ihrem Vielerlei von kupfernem und zinnernem Geschirr, von Schüsseln, Terrinen und böhmischem Glas ist noch ein Prunkstück zum Vorzeigen. Die Sala terrena,

*Die junge Markgräfin Augusta Sibylla.
Nach einem zeitgenössischen Stich, 1693*

der Gartensaal, wird im Sommer öfters zum Treffpunkt von Musikfreunden, die aus der weiten Umgebung zu abendlichen Serenaden hierher kommen.

Die niedrigen Arkadenbauten im Park, die zum Teil wohl als Orangerien genutzt wurden, die kleinen Kavalierhäuser und die schlichte *Magdalenenkapelle*, ein achteckiger, überkuppelter Zentralbau, vervollständigen das architektonische Umfeld des Schlößchens. In eben diese Kapelle, in der mehrere kleine Kabinette die Vorstellung einer Büßer-Einsiedelei vermitteln, zog sich die fromme Fürstin oft zu Betrachtung, Gebet und manchmal wochenlanger Askese zurück – ein heute nicht mehr ganz mühelos begreifbarer Gegensatz zur Sinnenfreude und Prachtentfaltung gleich nebenan. (Öffnungszeiten: Von März bis September di–so 9–12 Uhr und 14–18 Uhr; Oktober und November di–so 9–12 Uhr und 13–17 Uhr. Führung stündlich, die letzte jeweils 11 und 17 (16) Uhr.)

Rastatt

Nicht weit von der Mündung der Murg in den Rhein, der sich in jenen Zeiten noch unbegradigt und in viele Flußläufe verzweigt durch die Ebene wand, gab es ein Dorf Rastetten vermutlich schon lange vor seiner ersten Nennung in einer Urkunde des Jahres 1085. Der spätere Marktort wurde Stadt um die Wende vom 17. zum 18. Jahrhundert, als Markgraf Ludwig Wilhelm von Baden, der ›Türkenlouis‹, seine Residenz von Baden-Baden hierher verlegte und zugleich den Wiederaufbau Rastatts aus den Trümmern des orléanischen Krieges betrieb – jenes Feldzuges, in dem die allerchristlichste Majestät Ludwig XIV.

ZWISCHEN FÄCHER UND DREISTRAHL: BADISCHE RESIDENZEN

die Kurpfalz, das Fürstbistum Speyer und die badischen Markgrafschaften mitsamt Schloß und Stadt Baden niederbrennen und verwüsten ließ.

Jetzt begann für Rastatt erst recht eine bewegte Zeit seiner Geschichte. 1714 wurde der Rastatter Friede geschlossen, der den Spanischen Erbfolgekrieg beendete. Vom Spätherbst 1797 bis zum Frühjahr 1799 tagte der Rastatter Kongreß, der im Anschluß an den Frieden von Campoformio zwischen Frankreich und Österreich die Abtretung des linken Rheinufers durch das Deutsche Reich an Frankreich bewilligte, und in dessen Folge der Reichsdeputationshauptschluß von 1803 die deutschen Reichsstände für ihre linksrheinischen Verluste mit enteigneten (›säkularisierten‹) geistlichen Besitztümern entschädigte. In den 40er Jahren des letzten Jahrhunderts wurde Rastatt Bundesfestung. Bis auf das Kehler und das Karlsruher Tor, die als Zeugen jener Zeit bis heute und weiter instandgehalten werden, hat man nach dem deutsch-französischen Krieg 1870/71 und der Angliederung von Elsaß-Lothringen das jetzt überflüssig gewordene Bollwerk wieder abgetragen. Seinerzeit kaum erbaut, war die Festung übrigens den badischen Aufständischen der 48er Revolution zur letzten Zuflucht geworden, bevor der Traum von einer Deutschen Republik, die Hoffnung auf Einigkeit, Recht und Freiheit im Sommer 1849 blutig endete.

Schon aus diesen wenigen historischen Fakten läßt sich gut begreifen, wie im Grunde beziehungsreich heute in Rastatt ein *Wehrgeschichtliches Museum* und die vom Bundesarchiv eingerichtete *Erinnerungsstätte an die Freiheitsbewegungen in der deutschen Geschichte* gemeinsam unter dem einen Dach des *Schlosses* untergebracht sind. Rastatter Vergangenheit und insbesondere die badische Revolution werden indes auch im benachbarten *Stadt- und Heimatmuseum* (im barocken Vogelschen Haus, Herrenstraße 11) anhand vieler interessanter Dokumente belegt.

Dem allgemeinen Drang des Barockzeitalters, Residenzen aus bergiger Umgebung hinauszuverlegen in die für repräsentative Schloß- und Stadtanlagen besser geeignete Ebene, hatte der Türkenlouis zunächst in Ettlingen folgen wollen. Für Rastatt gab er an den Baumeister Domenico Egidio Rossi ›nur‹ ein Jagdschloß in Auftrag. Doch dann überlegte er sich's anders: das schon beinahe fertige Schloß wurde zum größeren Teil wieder abgerissen, und jetzt kam Rossi erst so richtig in das Fahrwasser, das seiner barocken Kraftnatur entsprach. Er entwarf Pläne nicht nur für den größeren Neubau, sondern gleich für die ganze Stadtanlage, in deren Kern der auf einer leichten Erdwelle erhöht gelegene Fürstensitz sich mit dem Ehrenhof zur Stadt hin öffnen und zugleich im Schnittpunkt des einleitend schon erwähnten Straßen-Dreistrahls liegen sollte (s. S. 18).

Quer zum Dreistrahl, parallel zur Schloßfront legte Rossi in Rastatt den seitlich vom Rathaus und der Stadtkirche begrenzten Marktplatz an – einen kraftvollen stadtarchitektonischen Gegenakzent zum Schloß, hinter dessen Rückfront sich ehedem eine weiträumige Gartenanlage erstreckte. Von ihr ist nur das Parterre geblieben, das im Zuge der seit Ende der sechziger Jahre und wohl noch eine längere Zeit dauernden Instandsetzungs- und Restaurierungsmaßnahmen ebenfalls erneuert werden soll.

Nach rund sieben Jahren Bauzeit war das Rastatter Schloß, nächst Mannheim das größte in Südwestdeutschland, im Herbst 1705 wenigstens so weit fertiggestellt, daß der damals

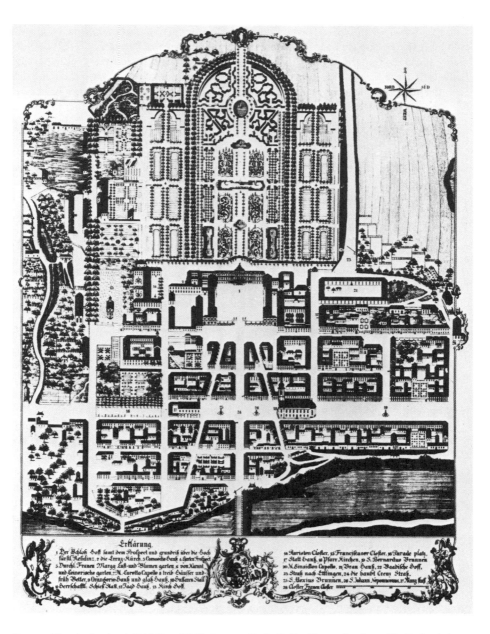

Rastatt, Plan der Stadt mit Schloß und Schloßgarten, Ende 18. Jh. (Generallandesarchiv Karlsruhe)

ZWISCHEN FÄCHER UND DREISTRAHL: BADISCHE RESIDENZEN

schon schwerkranke Markgraf seine Hofhaltung hierher verlegen konnte. Knappe einein-halb Jahre später starb er. Seine Witwe Sibylla Augusta führte den Bau zu Ende, jedoch nicht mehr mit dem ihr zu selbstherrlich gewordenen Rossi. Mehrfacher Wechsel in der Bauleitung hatte jedoch kaum Einfluß auf das von Rossi festgelegte Konzept, an das sich auch der spätere Anbau des Südflügels durch den aus Ettlingen stammenden Balthasar-Neumann-Schüler Ignaz Franz Krohmer hielt.

Es ist, betritt man den von figurenbesetzten Balustraden gesäumten Aufgang zum Ehrenhof, schon ein imponierendes Bild, wie die langgestreckten, von Arkadengängen begleiteten zweigeschossigen Flankenbauten den Fürstentrakt als Dominante hervortreten lassen. Mit seinem breiten Portikus, den gliedernden Pilastern, der von Figuren bekrönten Dachbalustrade, einem Dreiecksgiebel über dem Mittelrisalit und dem auf der Laterne des geschwungenen Turmdachs zum Himmel weisenden ›Goldenen Mann‹ (Kopie einer Jupiterfigur des Augsburgers Johann Jakob Vogelhund, Original im Treppenhaus) ist dieser Trakt Kernstück eines Ensembles von unverkennbar italienischem Charakter (Abb. 17).

Aus dem Erdgeschoß mit Eingangshalle und Gartensaal (hier schließt sich auch die schon erwähnte ›Erinnerungsstätte‹ an, während sich das Wehrgeschichtliche Museum im südli-chen Flankenbau befindet) führen zwei Treppen zur derzeit noch nicht wieder geöffneten Beletage. Vorsaal, zweigeschossiger Hauptsaal, die Wohn- und Repräsentationsräume sind mit reichster Stuckdekoration, einer Fülle figürlichen Schmucks und guten Deckengemäl-den versehen – das meiste aus der Hand italienischer Künstler.

Johann Michael Ludwig Rohrer gliederte 1719 bis 1721 dem von der Markgräfin bewohnten Nordtrakt die *Schloßkirche* an, eine zum Zentralraum tendierende Wandpfeiler-anlage, in der Raumgefühl, Lichtführung, Materialpracht und Sinn für harmonische Farbgebung vorzüglich zusammenwirken (Abb. 18). Beherrschender Mittelpunkt ist der theatralisch auf eine Bühne gestellte, über zwei Treppen zu begehende Hochaltar mit einer Nachbildung der Scala Santa im römischen Lateran dahinter. Johann Christoph Möckel schuf den schönen silbergefaßten Holzkruzifixus auf dem Hochaltar, während Giovanni Battista Artario in Verbindung mit dem figürlichen Stuck an den Altären genannt wird. Als Maler hatte die Markgräfin Johann Hiebel und Johann Ongers aus Böhmen hergeholt. Wer die meisterhafte Schmiedearbeit der Kanzel fertigte, ist ungewiß.

Das *ehemalige Piaristenkloster* gegenüber der Schloßkirche, ein schlichter, doch gut gegliederter Bau von Johann Peter Ernst Rohrer, beherbergt heute das Gymnasium. Wenig unterhalb, an der Ecke Lyceum-/Herrenstraße, ist die ehemalige Franziskanerkirche, ein recht bescheidenes Gotteshaus nach einem Entwurf von Rossi, jetzt *evangelische Stadtkir-che*. Weiter nördlich an der Ecke Herren-/Engelstraße steht inmitten eines alten Friedhofs *St. Bernhard*, die älteste Rastatter Kirchengründung, deren jetziger Bau zeitlich vom gotischen Mittelalter (Chor) bis ins späte 18. Jahrhundert (Turm) herüberreicht.

Die eine der beiden am Marktplatz symmetrisch einander zugeordneten Schaufronten gehört zu der schon von Rossi vorgesehenen, doch erst von J. P. E. Rohrer erbauten, 1764 geweihten katholischen Stadtkirche *St. Alexander*. Während die elegante eintürmige Fassade (Abb. 19) noch unverkennbar dem Barock anhängt, wirkt der von hohen Seitenemporen

58

gesäumte, der Stuckdekoration entbehrende, in seiner schon sehr betonten Geradlinigkeit auf den Klassizismus verweisende Innenraum überraschend nüchtern. Bemerkenswert ist vor allem der Hochaltar.

Vom *Rathaus* (1750 nach einem gemeinschaftlichen Plan der Brüder Rohrer) ist nur die dem Markplatz zugewandte Seite mit Erdgeschoßarkaden, kleinem Balkon, Dreiecksgiebel und Uhrtürmchen noch ganz original. Wiederum symmetrisch zwischen den Schaufassaden sind der *Johann-Nepomuk-Brunnen* (1734) und der *Alexiusbrunnen* (1737/38) angeordnet, beide von J. P. E. Rohrer. Ein dritter, der *Bernhardusbrunnen*, steht jenseits der Stadtkirche auf der hier immer noch platzartig erweiterten Kaiserstraße. Er trägt ein Standbild des 1770 selig gesprochenen Markgrafen Bernhard von Baden und wurde um 1771 von Ignaz Lengelacher geschaffen.

Folgt man der Kaiserstraße vollends bis zur Kapellenstraße, die zugleich Ortsdurchfahrt der B 3/36 ist, und hält sich dann links, so trifft man auf die früher ohne trennende Straße in den Schloßbezirk mit eingebundene, von der Markgräfin 1715 gestiftete *Einsiedeln-Kapelle* (Abb. 20). J. M. L. Rohrer bildete sie der Gnadenkapelle im schweizerischen Maria Einsiedeln nach; der italienische Einfluß auf die reich dekorierte Fassade ist offensichtlich.

Unmittelbar hinter der Kapelle, auf dem Plateau des hier angelegten Terrassengartens, hat Rohrer 1722 mit der zierlichen, im Innern jetzt schmucklosen *Pagodenburg*, einer Nachbildung des gleichnamigen Lustschlößchens im Nymphenburger Schloßgarten, einen weiteren Wunsch der Markgräfin erfüllt, ohne deren persönliche Handschrift das gebaute Rastatt gewiß um vieles ärmer geblieben wäre.

Bickesheim (Durmersheim)

Im nördlichen Ortsteil der Gemeinde Durmersheim, dicht bei der B 36 zwischen Rastatt und Karlsruhe, gingen der *Wallfahrts- und* (seit 1965) *Pfarrkirche Unserer Lieben Frau* von Bickesheim eine Kapelle und nach 1256 eine von Markgraf Rudolf I. gestiftete Kirche voraus. Der Grundriß des heutigen Seitenschiffs, einige Mauerteile, die Rundpfeiler, beide Triumphbögen und vor allem der frühgotische Katharinenchor reichen bis in jene Periode zurück, während Hochchor, Hauptschiff und Sakristei in die erste Hälfte des 15. Jahrhunderts zu datieren sind. Von mehreren Teilumbauten und Erneuerungen in den folgenden Jahrhunderten griffen am stärksten in den Jahren 1908–09 die Verlängerung und Erhöhung des Hauptschiffs sowie die Hebung der Seitenschiff-Decke und die Öffnung der Wände in neugotischen Fenstern ein.

Kreuzrippen überwölben beide Chöre. In die Schlußsteine des Hauptchors wurden Wappen von Mitgliedern der Markgrafenfamilie skulptiert. Der prachtvolle barocke Hochaltar mit dem neu gefaßten Gnadenbild aus dem späten 13. Jahrhundert, einer in Lindenholz geschnitzten thronenden Muttergottes mit der Ebersteiner Rose in der Rechten, kommt aus der Werkstatt von Martin Eigler, dem wir u. a. in Schwarzach wiederbegegnen werden. Die figürliche Ausstattung steuerte der Bruchsaler Bildhauer Johann Valentin Götz

ZWISCHEN FÄCHER UND DREISTRAHL: BADISCHE RESIDENZEN

bei. Die vier farbigen Glasfenster mit Szenen aus dem Marienleben im Chorschluß ersetzen seit 1948 die alten, im Zweiten Weltkrieg zerstörten Glasgemälde.

Im Katharinenchor, in dem eine aus großen Sandsteinblöcken geschichtete frühgotische Altarmensa steht, erfreut das Ostfenster mit einer sehr schönen (restaurierten) Mariendarstellung (etwa 1310–20). Demgegenüber ist es den Decken- und Wandmalereien mit Bildern aus der Lebensgeschichte Jesu und seiner Mutter wie auch mit Teilen eines Heiligenzyklus nicht eben gut ergangen: lange Zeit unerkannt, waren sie 1872 freigelegt worden; drei Jahre später wurden sie wieder übertüncht, 1908 erneut unter der Tünche hervorgeholt, später konserviert, aber erst 1970/71 durch hinreichend entschiedene Maßnahmen vor dem endgültigen Verfall gerettet. Auch in ihrem nicht sonderlich beglückenden Erhaltungszustand sind sie als bedeutende Zeugnisse gotischer Freskenmalerei im 14. Jahrhundert zu würdigen.

Verwiesen sei noch auf zwei weitere Details: die Kanzel von 1671 (mit den vier Evangelisten und ihren Symbolen) an einem der frühgotischen Rundpfeiler, der auch das älteste Steinwappen der badischen Markgrafen trägt; schließlich auf eine Muttergottes im Strahlenkranz (um 1510) an der nördlichen Hauptschiffwand.

Moosbronn (Gaggenau-Freiolsheim)

Es gibt, wenn jemand schon in dieser Gegend ist, mehrere Gründe, auch den Wallfahrtsort Moosbronn anzufahren – von Durmersheim-Bickesheim ostwärts über Neumalsch, Malsch und das Waldprechtsweirer Tal. Da ist einmal die hübsche Lage der kleinen Ansiedlung in einem von Wäldern umstandenen Wiesenhochtal, zum anderen die Nachbarschaft des leicht zu begehenden *Mahlbergs* mit herrlichen Rundblicken vom Aussichtsturm – und da ist vor allem die kleine *Wallfahrtskirche Maria Hilf* von 1746–49, ein barocker Neubau von Franz Ignaz Krohmer am Platz einer Kapelle von 1683.

Es ist gewiß kein durch ungewöhnliche oder gar aufregende künstlerische Qualitäten herausragendes Gotteshaus, aber doch – und dies erst recht seit der vor kurzem erst abgeschlossenen Renovierung – ein schmuckes und stilvolles Kirchlein, das den Besuch lohnt. Jetzt sind auch die den Heiligen Josef und Wendelin geweihten Seitenaltäre, als deren Schnitzer Martin Eigler vermutet wird, in ihrer Originalfassung von 1750 wiederhergestellt. Ein Neo-Renaissancealtar, der in der barockfeindlichen Jahrhundertwende den alten Hochaltar verdrängt hatte, war schon 1954 eliminiert und durch ein Werk des Bildschnitzers Rudolf Preißler aus Gaggenau-Michelbach ersetzt worden. Der Hauptaltar harmoniert nun wieder mit seiner Umgebung, und außerdem wurde für ihn auch das noch erhalten gebliebene Blatt mit einer um 1740 gemalten, guten Nachbildung des Innsbrucker Maria-Hilf-Bildes von Lucas Cranach wiederverwendet.

Romantische Tälerfahrt an Nagold und Enz

Pforzheim – Tiefenbronn – Bad Liebenzell – Hirsau – Calw mit Altburg – Kentheim – Bad Teinach – Zavelstein – Wildberg – Effringen – Nagold – Rohrdorf – Berneck – Altensteig – Wildbad – Neuenbürg

Drei Flüsse begegnen sich in Pforzheim: Enz, Nagold und die kleinere Würm, über der – nicht weit von der ›Goldstadt‹ – Tiefenbronn liegt. Die beiden großen Flußtäler sind zwar recht verschieden in ihrem Charakter, doch jedes auf seine Art anziehend, reizvoll, romantisch. Mehr als die Enz wird die Nagold von Burgen und anderen Zeugen einer bedeutenden Vergangenheit gesäumt; ihre Landschaft ist weiträumiger und auch belebter durch zahlreiche Niederlassungen der Holz- und der Tuchindustrie, durch vielerlei Gewerbe, den geschäftigen Umtrieb in der Kreisstadt Calw und die ganz anderen Formen der Betriebsamkeit in den großen und kleinen Kurorten.

Da hat freilich auch die Enz mit Wildbad ein gewichtiges Wort mitzureden, doch weiter oben, über Enzklösterle hinaus, ist der eine Quellarm, die Große Enz, ein recht ungestümer Geselle, und das Tal, das er durcheilt, steil und gewaltig. Demgegenüber geht das andere, das Kleinenztal, zwischen waldigen Berghängen und anmutigen Wiesengründen gemächlich auf den gemeinsamen Treffpunkt bei Calmbach zu – begleitet von der B 294, die zwischen Besenfeld und Calmbach mehr als 25 Kilometer weit nichts als pure Landschaft um sich herum hat. Romantische Tälerfahrt an Nagold und Enz: da kommen alle auf ihre Kosten, die Kunstsinnigen wie die Naturverbundenen.

Pforzheim

Als Pforzheim, die Geburtsstadt des großen Humanisten Johannes Reuchlin (1455–1522), im Februar 1945 durch einen Luftangriff dem Erdboden gleichgemacht wurde und mehr als 17 000 Menschen in den Trümmern umkamen, glaubten nur wenige, daß diese Stadt noch einmal aufblühen und darüber hinaus auch einiges aus ihrer Geschichte über das Chaos hinwegretten könnte. Beides ist geschehen. Was die Geschichte betrifft, so erscheint der später nach einer römischen Siedlung (›Portus‹) benannte Marktort erstmals im 11. Jahrhundert als ›Altenstadt‹. Von 1125 an im Besitz der Hohenstaufen, kommt der Ort durch Erbschaft über die Welfen an die Markgrafen von Baden, die nun in der Nachbarschaft die Neustadt mit Burg und Schloßkirche gründen. Bis zur Verlegung nach Durlach im 16. Jahrhundert bleibt Pforzheim Residenz, doch mit der vor den Mauern gebliebenen Altenstadt wächst der unter dem Schloßberg sich entwickelnde neue Stadtkern erst im 19. Jahrhundert zusammen.

ROMANTISCHE TÄLERFAHRT AN NAGOLD UND ENZ

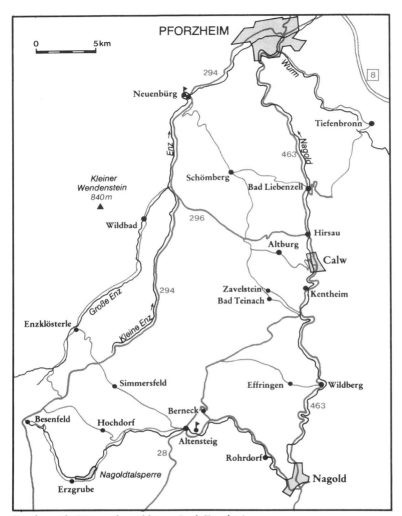

Rund um Alt-Württembergs kleinste Stadt Zavelstein

Dicht unterhalb des heutigen Bahnhofsvorplatzes und unmittelbar neben der damaligen Burg, von der nur der Archivturm übrig geblieben ist, war um 1230 mit dem Bau der jetzt evangelischen *Schloßkirche St. Michael* begonnen worden, deren Wiederherstellung nach 1945 unter der Leitung von Emil Lacroix eine denkmalpflegerische Leistung ersten Ranges genannt werden muß. Gegen die Regel war St. Michael einst von Westen nach Osten gebaut worden. Der kraftvolle, durch Lisenen und Rundbogenfriese gegliederte Westbau mit dem abgetreppten Rundbogenportal, massigen Kämpfern und phantasievollem Schmuck in den rechtwinklig rahmenden Kehlen ist deutlich vom Elsaß beeinflußt, wobei man insbesondere an St. Thomas in Straßburg zu denken hat (Turm und Mittelfenster sind spätgotisch).

Die Empore über der quadratischen Vorhalle öffnet sich zum Mittelschiff des kreuzrippengewölbten basilikalen Langhauses, in das zehn Jahre nach Baubeginn am Westwerk mit einer neuen Bauhütte auch schon die frühe Gotik einzieht. Sie hatte sich bereits in der Wölbung über der Vorhallen-Empore angezeigt und verweist auf die Werkstatt, die an der Westvorhalle der Klosterkirche von Maulbronn tätig war. Indessen fällt auf, wie gegen alle Gewohnheit das Strebewerk des Hochschiffs durch das Gewölbe hindurch ins Innere der Seitenschiffe heruntergeführt ist und sich an die Arkadenpfeiler anlehnt. Das kann kaum anders denn als Unsicherheit im Umgang mit den hierzulande damals noch neuen gotischen Konstruktionen gedeutet werden.

Die Ostteile der Kirche mit Vierung, Chorquadrat, den Nebenchören und der nördlich angebauten Margaretenkapelle folgen dem Langhaus erst im späten 13. Jahrhundert. Das Merkwürdigste an diesem Bauabschnitt sind die diagonal nach außen abgewinkelten Chorschlüsse der Seitenschiffe, ein Unikum, das in keinen baugeschichtlichen Zusammenhang einzuordnen ist. Als 1460 für St. Michael ein Kollegiatstift eingerichtet wird, kommt es – zeitlich in Verbindung mit dem Turm – zum Bau des hohen, das Langhaus überragenden, mit einem schönen Sterngewölbe überdeckten Stiftschors, als dessen Baumeister Hans Spryß von Zaberfeld sich im östlichen Schlußstein mit Reliefbild und Steinmetzzeichen verewigt hat. Spätgotisch wie das Chorhaus ist auch der weitgehend erneuerte Lettner.

Die Pforzheimer Stiftskirche ist reich an bedeutenden Grabdenkmälern, die im Hochchor vornehmlich an badische Markgrafen der jüngeren Linie mit ihren Verwandten erinnern und fast durchweg als großartige Renaissance-Aufbauten imponieren (Abb. 22). Glasgemälde von Claus Crodel im Hauptchor, von Valentin Feuerstein in den Nebenchören und die Malerei im Langhaus von Klaus Arnold sind die wichtigsten Teile der Ausstattung aus jüngster Zeit. (Für Besucher geöffnet von März bis Oktober mittwochs 13.15–18 Uhr, donnerstags bis sonntags 13.15–16 Uhr.)

Der Stiftskirche benachbart ist der *Leitgastturm*. Als einziger Rest der mittelalterlichen Stadtbefestigung wurde er nach 1945 zu einem Wohnturm ausgebaut. Auf einem Platz unterhalb ist der im Krieg ausgebrannte, erneuerte Chor der ehemaligen *Franziskaner-* (*Barfüßer‹-*) *Kirche* des späten 13. Jahrhunderts katholisches Gotteshaus. Wie die Stiftskirche wurde auch die alte, jetzt evangelische *Pfarrkirche St. Martin* an dem aus dem Stadtzentrum herausführenden Altenstädter Kirchweg (einer geräumigen Autostraße!) nach denkmalpflegerischen Gesichtspunkten wiederhergestellt. Der seit 1823 ein romanisches Langhaus ersetzende Neubau und der Westturm von 1874 wurden nach 1945 abermals neu errichtet. Von der spätromanischen Basilika blieb das Portal an der westlichen Turmhalle samt einem Tympanon mit recht seltsamen Tier- und Menschendarstellungen zurück. Auf den Seitenwänden des 1340 erbauten Chors wurden bei den Wiederaufbauarbeiten spätgotische Wandmalereien von vorzüglicher Qualität freigelegt (große Weltgerichtsszene auf der Nordwand, Abb. 21; Sebastian-Marter, Schutzmantel-Maria u. a. gegenüber).

63

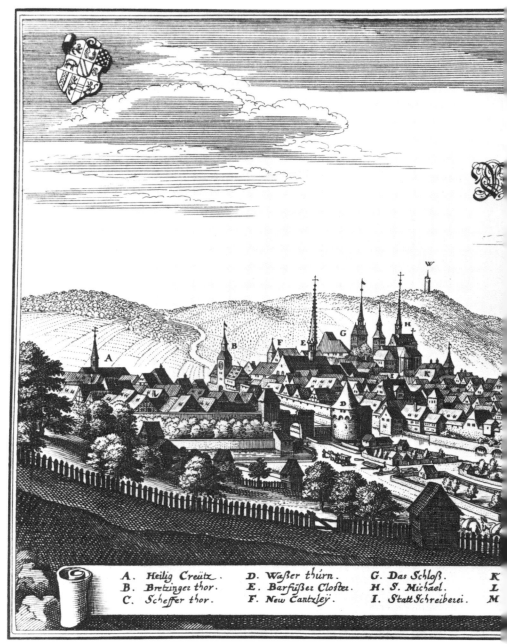

Pforzheim. Kupferstich von Matthäus Merian

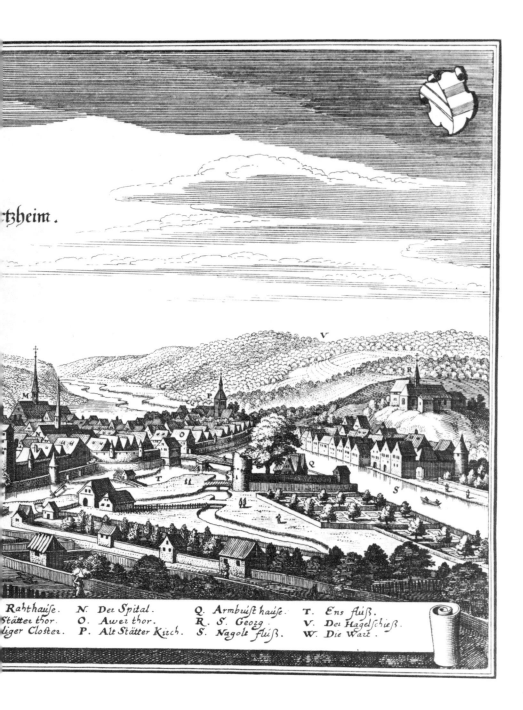

Rahthauſe.	N. Der Spital.	Q. Armbuſthauſe.	T. Ens fluß.
Stätter thor.	O. Awer thor.	R. S. Georg.	V. Der Hagelſchieß.
liger Cloſter.	P. Alt Stätter Kirch.	S. Nagolt fluß.	W. Die Wart.

Im *Reuchlinhaus,* Jahnstraße 42, einem Bau von Manfred Lehmbruck (1962), zeigt das *Schmuckmuseum Pforzheim* Erlesenes von der Antike bis zur Neuzeit. Ebenfalls im Reuchlinhaus befindet sich ein Teil des *Heimatmuseums,* hier überwiegend mit archäologischen Funden von der Stein- und Bronze- bis zur Römerzeit; der andere Teil (vor allem Stadtgeschichte, Heimatkunst und Heimatkunde im engeren Sinne) kam in der für den Gottesdienst nicht mehr benutzten evangelischen Kirche (St. Martin) im Stadtteil Brötzingen unter.

Als Beispiel moderner Architektur ist die *evangelische Matthäuskirche* in Pforzheim-West (1953) deshalb besonders bemerkenswert, weil Egon Eiermann hier die Idee vom durchleuchteten Zelt Gottes, vom kultischen Raum, in dem alles Gebaute nur noch konstruktiver Rahmen für die Lichtwirkungen farbigen Glases sein sollte, gewissermaßen auf die Probe stellte. Mit der Berliner Kaiser-Wilhelm-Gedächtniskirche verfolgte Eiermann diese Idee weiter.

Tiefenbronn

Nur weil die Herren von Gemmingen, die als Dorfherren in Tiefenbronn nach der Säkularisation des Klosters Hirsau 1541 auch die Patronatsrechte des Hirsauer Abtes über die katholische Pfarrkirche übernahmen, beim alten Glauben blieben, während ringsum alles evangelisch geworden war, sind dieser Kirche die reichen Kunstschätze ungeschmälert erhalten geblieben (Farbt. 4). Erbaut worden war die flachgedeckte, im Chor kreuzgewölbte gotische Basilika um die Wende vom 14. zum 15. Jahrhundert. Auch als Bauwerk blieb sie im wesentlichen unversehrt, sieht man vom Neubau der Sakristei 1463, von der Erhöhung des Turms um das Glockengeschoß im 17. Jahrhundert und von kleineren, meist jedoch wieder rückgängig gemachten Veränderungen ab.

Glanzstück der Ausstattung von *St. Maria Magdalena* ist der 1431 datierte Magdalenenaltar von Lucas Moser aus Weil der Stadt an der Ostwand des südlichen Seitenschiffs, eines der wichtigsten Werke altdeutscher Malerei und seltsamerweise auch das bisher einzig nachweisbare, durch das wir Lucas Moser überhaupt kennen. Von der hervorragenden malerischen Qualität ganz abgesehen, hat es auch stilgeschichtlich eine besondere Bedeutung insofern, als es im Übergang von einer mehr doktrinär gebundenen mittelalterlichen Malerei und dem sogenannten ›Weichen Stil‹ zum neuen, vor allem in Flandern aufkommenden Realismus steht. In der Art, wie Moser christliche Thematik und sorgsame Naturbeobachtung miteinander verbindet, offenbart sich ein phantasievolles erzählerisches Talent.

Für den Maler war die Außenseite des Schreins, der Flügelaltar im geschlossenen Zustand also, die Hauptseite. Der Schrein selbst, dessen um 1525 bereits erneuerte Schnitzarbeit die von Engeln emporgetragene heilige Maria Magdalena im Haarkleid darstellt, tritt an Bedeutung dahinter zurück. Im Bogenfeld über dem Schrein zeigt Moser die Heilige beim Gastmahl des Pharisäers, darunter links Magdalena, ihre Geschwister Martha und Lazarus sowie die Gefährten Maximus und Cedonius auf der Meerfahrt nach Marseille, in der Mitte die erste Nachtruhe der Obdachlosen vor der Stadtmauer und rechts Magdalenas letzte Kommunion in der Kathedrale von Aix (Abb. 23). Auf den Innenseiten der Flügel sind die heilige Martha und Bischof Lazarus dargestellt, in der Predalle Christus inmitten der klugen und törichten Jungfrauen.

Ungewöhnlich wie die spitzbogige Form des Retabels, die wohl in Anlehnung an die den Wänden aufgemalten Bilder über den Mensen der Seitenaltäre am Chorbogen gewählt wurde, ist auch die Technik dieser Malerei; Lucas Moser hat, damit nur ja alles sehr solid und dauerhaft werde, die Eichenholztafeln unter dem Kreidegrund erst noch mit Pergamentblättern überzogen. Berühmt geworden und nach wie vor rätselhaft ist der auf den Rahmenleisten des Mittelteils in fremdartigen Schriftzügen angebrachte Notschrei: »schri·kunst·schri·und·klag·cich·ser·din·begert·iecz·niemen·mer·so·o·we·1431·lucas·moser·maler·von·wil·maister·dez·werx·bit·got·vir·in.«

Ebenfalls nur durch eine Arbeit für Tiefenbronn, die er 1469 signierte, ist uns Hans Schüchlin aus Ulm verläßlich bekannt. Auf ihn gehen die Malerei und die Komposition des Tiefenbronner Hochaltars zurück (s. Farbt. 4), dessen Schrein vermutlich in seinem Auftrag von einem Ulmer Künstler aus der Multscher-Nachfolge geschnitzt wurde. Dabei gab eine ältere, in den Altarschrein übernommene Marienklage das Maß für den Aufbau mit einer Kreuzabnahme über dem Vesperbild und je einer Heiligenstatuette in den vier Seitennischen. Christus vor Pilatus, Kreuztragung, Grablegung und Auferstehung auf den Innenseiten der Flügel, Mariä Verkündigung, Heimsuchung, Christgeburt und Anbetung der Könige außen sind die Themen des Malers Schüchlin, der sichtlich von den Niederländern seiner Zeit gelernt hat und mit seinem ausgeprägten Gefühl für farbliche Harmonie auch die Stimmung der von ihm dargestellten Szenen eindringlich vergegenwärtigt.

Damit nicht genug: die Tiefenbronner Kirche besitzt noch drei weitere, wenn auch kleinere und nicht ganz so bedeutende spätgotische Flügelaltäre. Doch sie sind mindestens so betrachtenswert wie die hölzerne Muttergottesfigur des späten 14. Jahrhunderts an einem Südpfeiler des Schiffs und ihr steinernes Gegenstück aus der gleichen Zeit am Chorbogen. Hinzuweisen ist ferner auf die guten gotischen, wenn auch zu verschiedenen Zeiten entstandenen (neuerdings von Emil Wachter ergänzten) Glasgemälde in den Chorfenstern, das schöne Sakramentshäuschen (um 1500), die beiden Chorgestühle (15. und 16. Jh.) sowie auf eine Reihe von Grabdenkmälern, die meisten von ihnen für Mitglieder der Familie von Gemmingen.

Als bei der jüngsten Restaurierung in den siebziger Jahren der Fußboden tiefer gelegt wurde, kamen die alten, mittlerweile vergessenen, dabei besonders schönen Pfeilerbasen wieder zum Vorschein. Freigelegt wurden auch weitere Teile der 1891 erstmals aufgedeckten gotischen Wandmalereien. Die Form-Vorbilder für Mosers Magdalenenaltar, die Altarwandgemälde an den Ostwänden, die ebenfalls gotischen Ursprungs sind, waren 1949 unter der Tünche hervorgeholt worden. Als besonders kostbares Stück spätgotischer Goldschmiedekunst gehört eine in der Sakristei verwahrte silberne Turmmonstranz zum Tiefenbronner Kirchenschatz (1512/13). Sie wird mit Paul Schongauer und – als Auftraggeber – mit Uriel von Gemmingen, dem damaligen Erzbischof und Kurfürsten von Mainz, in

67

Verbindung gebracht. (Die Pfarrkirche Tiefenbronn ist geöffnet von April bis Oktober werktags 9.30–11.30 Uhr und 13.30–17 Uhr; sonntags 13–17 Uhr; von November bis März samstags 13.30–15.30 Uhr, sonntags 13–15 Uhr.)

Bad Liebenzell

Über dem Heilbad und Luftkurort, der seinen Namen möglicherweise der heiligen Lioba und einer klösterlichen Zelle verdankt, ragen die stattlichen Reste einer vor 1196 den Grafen von Calw gehörenden, dann an die Ebersteiner übergegangenen, um 1200 wohl neu angelegten *Burg* empor (Zufahrt zweigt von der Straße nach Schömberg ab). Mit der vollständig erhaltenen, zinnenbekrönten Schildmauer aus lückenlos gefügten, perfekt behauenen und mit Randschlag versehenen Buntsandsteinquadern und dem in sie integrierten, fast 40 Meter hohen Bergfried war sie eine der prächtigsten Schildmauerburgen im Lande. Zeuge der Vergangenheit ist auch der schon ins spätere 13. Jahrhundert gehörende Palas mit seinen schönen, spitzbogig gekuppelten Fenstern, ist ferner ein Teil der Zwingmauer, der stehenblieb, als die Burg im 16. Jahrhundert Ruine wurde.

Jugendliche aus ganz Europa beteiligten sich 1954 tatkräftig an einem Wiederauf- und Ausbau, der zwar bei weitem nicht die ganze alte Anlage wiederherstellen, aber das Verbliebene um so mehr wohnlich machen sollte für das ›Internationale Forum Burg Liebenzell‹, das seither Jugendherberge und ein vielbesuchter Tagungsort ist.

Hirsau (Calw)

Hirsau: der Name steht für eine der berühmtesten, auch landschaftlich reizvollsten Sehenswürdigkeiten im deutschen Südwesten. Doch weder die Reste einer Kirche, die nach dem Ulmer Münster einmal die größte im ganzen Schwabenland war, noch das Kreuzganggemäuer, das vom Eulenturm, der Marienkapelle und der noch als Ruine großartigen Architektur des Herzogschlosses überragt wird, machen für sich allein die Bedeutung dieses Ortes kenntlich (Abb. 24, 26). Ermessen läßt sie sich erst im Zusammenhang mit der dominierenden Rolle, die Hirsau im 11. und 12. Jahrhundert im deutschsprachigen Raum für die Ausbreitung der von dem burgundischen Cluny eingeleiteten benediktinischen Ordensreform spielte. Diese cluniazensische Bewegung war zunächst darauf angelegt, dem Zerfall des politischen, wirtschaftlichen und religiösen Lebens wie auch der Verweltlichung der Klöster in der spätkarolingischen Zeit entgegenzuwirken. Gefordert wurden die Rückkehr zur reinen Regel des heiligen Benedikt, asketische Verinnerlichung des mönchischen Lebens und seine rigorose Einbindung in klösterliche Zucht, andererseits aber auch die Beeinflussung aller Lebensbereiche im Sinne kirchlicher Vormachtstellung, Freiheit von weltlicher Macht und unbeschränkte Gewalt des Abtes. Damit gingen die Reformziele über klösterliche ›Innenpolitik‹ weit hinaus und mußten früher oder später zu einer machtpoliti-

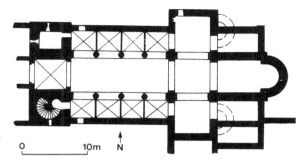

Hirsau, Grundriß der Aureliuskirche

schen Auseinandersetzung zwischen Kaiser und Papst führen. Vom Ende her betrachtet, hatten die cluniazensische Bewegung und in ihrem Gefolge die Hirsauische Klosterreform die Grundlagen nicht nur für den Aufstieg des Papsttums zu seiner weltbeherrschenden Stellung im 12. und 13. Jahrhundert, sondern auch für die Rolle des Mönchtums als führender Kulturmacht des Mittelalters geschaffen.

Die Ausstrahlung Hirsaus, die von hier aus in Gang gebrachte Reformierung oder Neugründung von Klöstern erstreckte sich räumlich über ganz Deutschland hinweg bis nach Kärnten. Auch der starke Einfluß Clunys auf die Baukunst jener Zeit wurde in der mehr als hundert Klöster umfassenden Hirsauischen Kongregation weitervermittelt. Die Hirsauer ›Baugewohnheiten‹, häufig auch als ›Bauschule‹ bezeichnet, gehen indessen nicht von einer wörtlichen Übernahme der Formensprache, sondern von einer deutschen Variante des burgundischen Vorbilds aus. Sie sind auch nicht als neuer, eigenständiger Stil zu verstehen, sondern beschränken sich auf die Vorgabe bestimmter Raumanordnungen und Einzelheiten der Baugestaltung, ablesbar noch an den Ruinen von St. Peter und Paul in Hirsau, besonders anschaulich vor Augen geführt von den engsten Hirsauer Nachfolgebauten in Alpirsbach (s. S. 184) und Schaffhausen.

Begonnen hatte es in Hirsau jedoch nicht in dem weiträumigen Kloster- und Ruinenareal an der Straße nach Wildbad, sondern auf der anderen (rechten) Seite der Nagold, wo inmitten der Wohnbebauung der wiedergewonnene Torso der einstigen *Aureliuskirche* den Besucher erwartet. Grabungen förderten dort Teile einer dreischiffigen turmlosen, im Grundriß an frühchristliche Kirchen erinnernden Basilika zutage, die vor einem um 830 errichteten Kloster existiert haben muß. Dieses Kloster wiederum war zweihundert Jahre später verfallen. Von 1059 an wurde es wiederhergestellt und über dem alten Grundriß einer Pfeilerbasilika jetzt eine Säulenbasilika errichtet. Die Blütezeit dieses erneuerten Aureliusklosters setzte mit der Berufung des Priors Wilhelm von St. Emmeran in Regensburg zum Abt anno 1069 ein. Er ließ dann auch anstelle zweier Querhausapsiden zwei Nebenchöre in Verlängerung der Seitenschiffe an St. Aurelius anbauen und tat damit einen wichtigen Schritt zu den an St. Peter und Paul weiterentwickelten ›Baugewohnheiten‹. Eine Vorhalle wurde der Turmfront erst später (im 12. Jh.) angegliedert.

ROMANTISCHE TÄLERFAHRT AN NAGOLD UND ENZ

Als der immer größer gewordene Konvent 1092 in das neue Kloster links der Nagold umzog, verlor St. Aurelius seine Bedeutung, verfiel zusehends, diente nach der Reformation als Schafstall und Scheune, wurde 1584/85 bis auf den verbliebenen Teil des Langhauses abgetragen und lieferte als Steinbruch Baumaterial für das herzogliche Schloß. Seit 1955 ist St. Aurelius wieder Gotteshaus. Im Zuge der Restaurierung der ›steinernen Scheune‹, an deren Westseite sich noch die Turmuntergeschosse abzeichnen und – charakteristisch für die Hirsauer Schule wie überhaupt für schwäbisch-romanische Architektur – das Sockelprofil als Rahmen um das gestufte Westportal herumgeführt worden war, hat man auf das Horizontalgesims über der Arkadenzone eine Flachdecke aufgelegt. Auch der Fußboden wurde erneuert. Aus einem Umbau im frühen 12. Jahrhundert kommen die zwei Reihen gedrungener Säulen aus rotem Sandstein mit ihren massigen, schildverzierten Würfelkapitellen (Abb. 25).

Nur wenige Räume aus romanischer Zeit vermitteln einen so nachhaltigen Eindruck von Kraft und Würde. Um so mehr erstaunt, wie gut der aus einem tonnenschweren Monolith behauene neue Altar und die in die Altarrückwand geschnittenen monumentalen Reliefs (Aussendung zweier Apostel durch Christus, Aussendung eines Mönchs durch Abt Wilhelm) von Otto Herbert Hajek sowie die Glasfenster von Wilhelm Geyer sich in das mittelalterliche Raumbild einfügen. Auch Kastentabernakel, Altarkreuz und Leuchter bewahren wie Hajeks bronzener Schrein für die Reliquien des heiligen Aurelius diese Harmonie.

Der schon erwähnte Eulenturm (Abb. 26) war Teil der nahezu 97 Meter (!) langen *Basilika St. Peter und Paul,* die zum 1692 von französischen Truppen verwüsteten Klosterneubau gehörte und 1082 begonnen worden war. Zum Langhaus und den Ostteilen kam westlich im frühen 12. Jahrhundert ein Vorhof hinzu, gefolgt von zwei Türmen, die zur Westfassade verbunden wurden, und von einer dreischiffigen Vorhalle, die zuletzt den offenen Vorhof ersetzte. Der allein intakt gebliebene, von Blendrahmen und gekuppelten Bogenfenstern gefällig gegliederte Eulenturm trägt als besonderen Schmuck einen umlaufenden Bogenfries über dem zweiten Geschoß. Bärtige Männer (Laienbrüder) jeweils in der Mitte einer Turmseite sind umgeben von gehörnten Tieren und einem Rad als Symbol landwirtschaftlicher und handwerklicher Tätigkeiten, sowie von Löwenfiguren in der ihnen seit alters zugeschriebenen Beschützerrolle.

St. Peter und Paul war eine dreischiffige Säulenbasilika mit geräumigem Querschiff und kleinen Apsiden an den östlich gelegenen Ecken dieses Querhauses. Das quadratische Chorjoch war beiderseits von gleichfalls gerade schließenden Nebenchören begleitet, in die sich die Seitenschiffe hineinverlängerten. Den östlichen Abschluß des Hauptchors bildeten drei kleine Kapellen mit einer emporenartigen Chorbühne darüber.

Ein für die cluniazensisch-hirsauische Kirchenanlage bezeichnendes Detail ist die Art und Weise, wie zwischen einem ›chorus maior‹ für den Gottesdienst und die Stundengebete der Mönche, einem ›chorus minor‹ für die nicht aktiv am Gottesdienst teilnehmenden Patres und dem durch eine Chorschranke abgetrennten Westteil der Kirche für die Laienbrüder unterschieden wurde. Die auf kreuzförmigen Pfeilern lagernde Vierung bildete zusammen

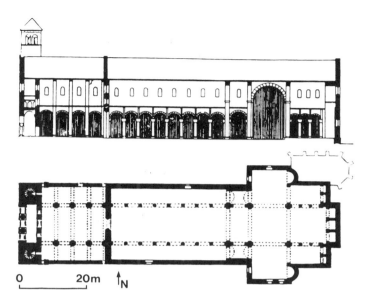

Hirsau, Rekonstruktion der Klosterkirche St. Peter und Paul, Längsschnitt und Grundriß

mit Chor und Querschiff den chorus maior. Das erste nach Westen anschließende Langhausjoch stützte sich ebenfalls noch auf ein kreuzförmiges Pfeilerpaar; die das Joch begleitenden Teile der Seitenschiffe waren als einzige tonnengewölbt, während den übrigen Raum eine Flachdecke überspannte. Die so hervorgehobene Raumgruppe bildete den chorus minor, dem sich dann nach Westen die mit würfelförmigen Schildkapitellen versehenen Säulen des Laienraums anschlossen.

Wie fast überall hielt eine Hochblüte klösterlichen Lebens, die allein ein so gewaltiges Bauvorhaben tragen konnte, nur begrenzte Zeit an, doch erlangte Hirsau in der Mitte des 15. Jahrhunderts im Zusammenhang mit der Bursfelder Reform-Union erneut große Bedeutung. Sie äußerte sich auch in wachsendem Wohlstand, der wiederum zur Erneuerung der Konventsgebäude im damals noch aktuellen gotischen Stil führte. Die Meister Peter von Koblenz, Hans Spryß von Zaberfeld und Martin von Urach schufen s. Z. den voll eingewölbten, mit bunten Glasfenstern versehenen Kreuzgang, dessen Ruine mit dem teils noch erhaltenen Fenster-Maßwerk heute übrigens der stimmungsvolle Rahmen für sommerliche Theateraufführungen ist. (Als ›Kontrastprogramm‹ gibt es abendliche Konzerte in der Aureliuskirche.)

Ein spätgotischer Bau war auch die Allerheiligenkapelle am nördlichen Querschiffarm der Klosterkirche. Von ihr sind nur wenige Reste geblieben. Dagegen hat die zweigeschossige *Marienkapelle*, ein reifes Werk des Martin von Urach, die Jahrhunderte überdauert. Der zeitweise veränderte Innenraum der jetzt evangelischen Kirche war gegen Ende des letzten Jahrhunderts in einen mittelalterlichen Zustand zurückversetzt worden. Die ehemalige

ROMANTISCHE TÄLERFAHRT AN NAGOLD UND ENZ

Bibliothek im Obergeschoß ist jetzt *Museum* mit einer Sammlung von Fundstücken, Skulpturen und Ausstattungsteilen von Kloster und Schloß.

Vom 1592 vollendeten herzoglichen *Schloß*, das den Württembergern als angenehmer Aufenthalt zwischen den Bädern Liebenzell und Teinach sowie als Zuflucht in Seuchenzeiten diente, stehen nur noch die Umfassungsmauern und Teile der Giebel, doch das Verbliebene genügt, um dieses Werk der Baumeister Georg Beer und Heinrich Schickhardt als eine große Renaissanceschöpfung auszuweisen (Abb. 24). Von Ludwig Uhland in einem berühmt gewordenen Gedicht besungen, grünt im Innern der Ruine immer noch eine mächtige Ulme. Erhalten sind in Hirsau ansonsten zwei Tore zur Klosteranlage und eine Reihe von Wirtschaftsgebäuden, die der Besucher an Ort und Stelle näher gekennzeichnet finden wird.

Calw

»Zwischen Bremen und Neapel, zwischen Wien und Singapore habe ich manche hübsche Stadt gesehen, ... die schönste von allen aber, die ich kenne, ist Calw an der Nagold«: So der Dichter Hermann Hesse, der 1877 in Calw geboren wurde und hier aufwuchs. Nun sieht einer die Heimat immer mit einem freundlicheren Auge an als der Fremde, doch eine schöne Stadt ist das alte Calw allemal. Das macht vor allem das behagliche Bild, zu dem sich die vielen Fachwerkbauten und breitgiebeligen Bürgerhäuser zusammenschließen, besonders hübsch gruppiert um den bergwärts sich erstreckenden Marktplatz (Farbt. 15), wo das *Rathaus* einen interessanten Akzent setzt: 1726 wurde es über dem in Rundbogenarkaden geöffneten Erdgeschoß von 1673 aufgestockt. Die am gleichen Platz stehende *evangelische Pfarrkirche, ehemals St. Peter und Paul,* ist ein Neubau von 1884–88, allerdings unter Einbeziehung des Chors aus dem späten 14. Jahrhundert, der als eines der wenigen Calwer Bauwerke auch zwei große, durch Kriegsereignisse ausgelöste Stadtbrände anno 1634 und 1692 überstanden hatte.

Zu den beachtenswertesten bürgerlichen Bauten gehört das *Rau'sche Haus* (1694) in der Lederstraße (zwischen Nagold und Marktplatz). Jenseits der Nagold hat das *Vischer'sche Haus* in der Bischofstraße 48 *Heimatmuseum, Hermann-Hesse-Gedenkstätte* (geöffnet samstags 14–16 Uhr) und *Stadtarchiv* aufgenommen.

Auf der ältesten der Brücken erwartet uns Calws Wahrzeichen, die um 1400 über dem mittleren Brückenpfeiler errichtete *Nikolauskapelle.* Auf quadratischem Grundriß mit abgeschrägten Ecken auf der Altarseite und einem Rippenachteck im Innern präsentiert sie sich als ein feines Stück spätgotischer Steinmetzenarchitektur. Daß in den beiden Nischen der Frontseite seit 1926 zwei profane Figuren, ein Weber und ein Flößer, stehen, wird zwar weniger im Sinne des Stifters sein, hat aber um so mehr mit der Vergangenheit der Stadt zu tun.

Die Grafen von Calw, deren Burg auf einer kahlen (= mittelhochdeutsch: chalwes) Anhöhe 1075 erstmals namentlich erwähnt ist, waren eines der angesehensten schwäbischen

72

Hochadelsgeschlechter des Mittelalters. Nach dem Erlöschen des Hauptstamms kamen Herrschaft und Stadt durch Heirat zunächst an die Grafen von Tübingen und von Berg-Schelklingen, schließlich 1345 an Württemberg. Das im Spätmittelalter unaufhaltsam aufblühende, seine Geschäfte bis nach Westindien ausdehnende Textilgewerbe, des weiteren die Gerber, der Salz- und Holzhandel, vor allem aber die eineinhalb Jahrhunderte lang tätige Calwer Zeughandelscompagnie, die 45 Teilhaber hatte, bis zu 7000 Menschen beschäftigte und bis zu 20 Prozent jährlichen Reingewinn auf das Kapital erwirtschaftete, verhalfen Calw zu beträchtlichem Wohlstand.

Altburg (Calw)

Weiler und Hof ›Altbura‹ des heutigen Calwer Stadtteils Altburg am Ostabfall des Enz-Nagold-Plateaus gehörten zumindest im Jahr 830 schon zum Kloster Hirsau. Die Besitzver-hältnisse änderten sich mehrfach. Eine wichtige Rolle als Lehensträger über eine lange Zeit spielten die Truchsessen von Waldeck, deren zum ersten Mal schon 1284 von Rudolf von Habsburg zerstörte, dann wieder aufgebaute Stammburg auf einem Bergsporn nagoldtalauf-wärts bei Altbulach zu den größten Ruinenkomplexen im Schwarzwald zählt. Einer aus diesem Geschlecht, Tristram Truchseß von Waldeck (Abb. 28), ist auf einem Wandbild im Chor von *St. Martin*, der jetzigen evangelischen Pfarrkirche von Altburg, verewigt (um 1520). Darüber hinaus sind auf der Südwand des Kirchenschiffs nur in Teilen noch erhaltene, dem ›weichen Stil‹ um 1400 zuzuordnende Wandmalereien freigelegt worden.

Beurkundet ist die Martinskirche zuerst 1342, doch wesentlich älter müßte zumindest der Unterbau des Turmes sein. Das 1954 durch sorgfältige Renovierung wiedergewonnene spätgotische Erscheinungsbild geht indessen auf einen Umbau in den Jahren vor 1500 zurück. Die prägenden Elemente sind der weiträumige Chor, dessen Netzgewölbe sich auf Konsolen mit Brustbildern der vier großen Propheten des Alten und der vier Evangelisten des Neuen Testaments stützt, sowie das auf vier Holzsäulen ruhende, reich geschnitzte Holztonnengewölbe mit seitlich anschließenden Flachdecken über dem Schiff. Auch von der alten gotischen Ausstattung sind Teile überkommen, so u. a. das flachgeschnitzte Chorgestühl, der Taufstein und der dekorative Eisenbeschlag der Sakristeitür.

Alles in allem: Der kurze Weg von Calw nach Altburg herauf lohnt sich, und lohnend um der landschaftlichen Eindrücke willen wäre nun auch die Weiterfahrt über Altburg hinaus bis zur nächsten größeren Straßenkreuzung, um von hier aus via Rötenbach Zavelstein und Bad Teinach zu erreichen. Das im folgenden beschriebene Kirchlein in Kentheim ließe sich dann ebenso gut wie von Calw auch von Bad Teinach aus mit wenigen Kilometern Fahrt ›nachholen‹.

Kentheim (Bad Teinach-Zavelstein)

Die heute *evangelische Gottesackerkirche (ehem. St. Candidus)* am Rande der kleinen Ortschaft Kentheim entspricht ziemlich genau der Vorstellung, die man sich von einer ›uralten‹ Dorfkirche macht (Abb. 29). Urkundlich erwähnt wurde die (vermutlich) Reichenauer Gründung erstmals 1075, als sie in Hirsauer Besitz überging. Nach 1185 war mit ihr vorübergehend ein kleiner Nonnenkonvent verbunden.

Das Alter von St. Candidus ist schwer zu bestimmen. Der Gründungsbau mit den Ostteilen des Langhauses könnte schon im 10. Jahrhundert entstanden sein, auch wenn die Südfenster ihre jetzige Form erst im 15. Jahrhundert erhielten. Nach Westen verlängert und zugleich erhöht wurde das Langhaus wahrscheinlich im Zusammenhang mit der Klostergründung im 12. Jahrhundert. Mit dem massigen, im Untergeschoß tonnengewölbten Chorturm hat man den viereckigen Altarraum gar erst im 14. oder 15. Jahrhundert ummantelt, und vollends neueren Datums ist der Fachwerkoberbau dieses Turms.

Bemerkenswert sind die Kentheimer Wandmalereien, die nach der Reformation ›zugeweißelt‹, 1840 wiederentdeckt und gegen Ende des 19. Jahrhunderts übermalt worden waren. Die 1954 restaurierten Fresken zeigen auf der Nordwand des Langhauses in drei Bildreihen übereinander das Leben Christi (spätes 13. oder Anfang 14. Jh.). Szenen aus dem Leben mehrerer Heiliger auf den Wänden des Chorraums und die von Evangelistensymbolen umgebene Erscheinung des Weltenrichters im Chorgewölbe dürften etwa um 1410 gemalt worden sein.

Zu den Ausstattungsteilen, die den altertümlichen Charakter dieses Kirchleins unterstreichen, gehören neben dem Altar aus früher Zeit und einem alten Kruzifixus der zwar schlichte, doch gleichwohl als gute Steinmetzarbeit ausgewiesene romanische Taufstein, der in dieser schwäbischen Gegend gar noch dafür herhalten muß, die Trinkfestigkeit eines Mannes drastisch zu veranschaulichen: »Der sauft den Ketaner Taufstoi leer!« heißt es da.

Bad Teinach (Bad T.-Zavelstein)

Von den Bädern an Alb, Enz und Nagold das am wenigsten betriebsame ist das in einem stillen Seitental der Nagold gelegene, 1345 zum erstenmal erwähnte ›Wildbad an der Deinach‹, das als Siedlung gegen Ende des 13. Jahrhunderts zur Herrschaft Zavelstein gehörte. Die älteren *Badgebäude* mit dem Badhotel sind eine Schöpfung von Nikolaus Friedrich Thouret und Gottlob Georg Barth (1841/42). Zwischen dem neuen Kur- und Kurmittelhaus (an der Stelle des abgebrochenen ›Palais‹) und der Kirche haben die Brunnenschalen aus dem Hirsauer Kreuzgang eine neue Bleibe gefunden.

Die *evangelische Pfarrkirche* ist ein einfacher, doch recht ansehnlicher Frühbarockbau (1662–65) mit noch überkommenen Teilen der altprotestantischen Einrichtung, zu der u. a. das Gehäuse der (erneuerten) Chororgel von 1680 und der wenig ältere steinerne Kruzifixus am Altar sowie zwei von drei Ölbildern (Anbetung der Hirten und eine Kreuzesszene)

Schematische Darstellung der Teinacher Lehrtafel der Prinzessin Antonia von Württemberg. Nach C. Oetinger, Tübingen 1763

ROMANTISCHE TÄLERFAHRT AN NAGOLD UND ENZ

gehören. Zeitweise wenig beachtet, neuerdings um so mehr wieder gewürdigt, ist der ›turris Antonia‹ an der rechten Chorseitenwand ein Unikum, zu dem es nirgendwo ein vergleichbares Gegenstück gibt. Der Besucher der Kirche ist eingeladen, die Flügel des wandhohen Bildschreins zu öffnen und angesichts der nun wie ein Altarbild vor Augen stehenden ›Lehrtafel‹ etwas zu erahnen von den religiösen Überzeugungen und der evangelischen Weltsicht ihrer Stifterin. Prinzessin Antonia (1613–79), Tochter des Herzogs Johann Friedrich von Württemberg, hatte selbst am Entwurf dieser Tafel mitgearbeitet und sie an den Stuttgarter Hofmaler Johann F. Gruber in Auftrag gegeben. 1673 wurde sie in der Teinacher Kirche aufgestellt.

Es ist weniger der malerisch-ästhetische Wert als viel mehr der Reichtum an theologischen Gedanken, der diesem Bildwerk seine einzigartige Bedeutung gibt. Die Prinzessin versuchte gemeinsam mit ihren theologischen Beratern nicht mehr und nicht weniger als eine Universalschau des christlichen Weltbildes aus der Perspektive des symbolkundigen 17. Jahrhunderts, in dem die Strömungen der Pansophie die später sich abgrenzenden Teilgebiete der Wissenschaft noch fest zusammenhielten. Vorstellungen der jüdischen Kabbala, denen zufolge Gott in den verschiedensten Emanationen oder ›Abglänzen‹ sich dem Menschen nähert und ihm den Weg zur Erkenntnis finden hilft, sind in die fast durchweg hebräisch beschriftete Teinacher Lehrtafel mit eingegangen. Solches Gedankengut war übrigens zur Zeit der Renaissance von einer ganzen Reihe christlicher Theologen aufgegriffen und zu einer ›christlichen Kabbala‹ umgedeutet worden. Dem Leser, der Zeit und Muße hat, sich eingehender mit diesem Thema zu beschäftigen, ist die in der Kirche ausliegende, ausführliche Beschreibung der Lehrtafel sehr zu empfehlen.

Zavelstein (Bad Teinach-Z.)

Da ist nun ein liebes kleines Nest mit dem historischen Ruhm einer richtigen Stadt, wenn auch der allerkleinsten im alten Württemberg, vorzustellen (Abb. 27). Zavelsteins hübsche Hauptstraße ist zugleich die einzige im alten Ort; sie führt geradewegs zur Burg, vorbei an Häusern, auf deren allfällige historische Bedeutung mit freigebiger Beschilderung aufmerksam gemacht wird. Am Wege liegt auch die evangelische Stadtkirche (ehem. St. Georg) aus dem 16. Jahrhundert mit einem alten romanischen Chorturm nebenan. Zahlreiche Grabdenkmäler im Gotteshaus begleiten die Geschichte Zavelsteins und seines Ortsadels.

1284 ist hier erstmals urkundlich von einer Burg die Rede. Sie wurde nach mehrmaligem Umbau 1692 zerstört. Übrig geblieben sind vom spätstaufischen Bau des 13. Jahrhunderts der 27 Meter hohe, mit besonders schönen Buckelquadern verblendete Bergfried, ferner Mauern des Renaissance-Wohnbaus und Teile des Vorwerks. Die Herrschaft Zavelstein war im 13. Jahrhundert von den Grafen von Vaihingen auf vorher calwischem Besitz begründet worden und kam im 14. Jahrhundert an Württemberg. Seine heutige Bekanntheit verdankt der Ort nicht zuletzt der wilden Krokusblüte, die im Frühjahr die umliegenden Wiesen färbt.

Wildberg

Das Wilperg des 13. Jahrhunderts, angelegt im Schutz einer Burg auf einem weit ins Nagold-tal vorspringenden Bergsporn, als Burgweiler von den Pfalzgrafen von Tübingen, als Stadt um 1270/80 von den Grafen von Hohenberg gegründet, ist seit 1440 württembergisch. Die Straße vom Tal herauf ins Herz des Städtchens, in dem übrigens noch mancherlei gutes Fachwerk beieinander ist, umrundet die *evangelische Stadtkirche (St. Martin),* die ursprüng-lich eine romanische Chorturmanlage war. Ihr besterhaltener Bauteil ist der spätgotische Chor von Aberlin Jörg mit figurierten Schlußsteinen im Netzgewölbe. Das Langhaus ist aus einem Umbau im Jahr 1772 hervorgegangen.

Umgebaut wurde im letzten Jahrhundert auch das Rathaus von 1480 mit dem Marktbrun-nen (1554) nahebei, den Martin und Blasius Berwart nach allgemein verbreiteter Lesart mit einem Standbild des Herzogs Christoph versahen. Es soll sich jedoch nur um einen einfa-chen, unbenannten Wappenträger handeln. Von der einstmals großartigen, schon früher zur Ruine gewordenen Burg mit ihrem kräftigen Buckelquaderwerk ließen auch Bombenan-griffe im Jahr 1945 noch einen stattlichen Rest stehen. Um ihn herum hat die Stadt eine schöne Grünanlage geschaffen.

Effringen (Wildberg)

Die wenig bekannte, ursprünglich Unserer Lieben Frau geweihte, jetzt *evangelische Pfarrkirche* von Effringen ist gewiß das anmutigste, auch vorzüglich erhaltene und gepflegte spätgotische Gotteshaus im nördlichen Schwarzwald. Ohne besondere Umstände kann man es mittwochs ab 14 Uhr und sonntags den ganzen Tag über besuchen.

Die zierliche, dreischiffige und netzgewölbte Halle ist um das Jahr 1500 vom Meister Hans von Heimsheim erbaut und mit einem um gut ein Jahrhundert älteren Chor verbunden worden. Ohne daß man es anders als vom Gefühl her begründen kann, herrscht in diesem Raum eine wunderbare Harmonie und zumal an hellen Tagen eine ausgesprochen heiter-festliche Stimmung. Die schon den Übergang zur Renaissance anzeigende Deckenmalerei mit Ranken, Vögeln und Genien trägt ein gut Teil zu diesem Eindruck bei. Die spätgotische Steinkanzel mit Fischblasenmaßwerk, ein großer romanischer Taufstein und das Chorge-stühl von Jörg Abt (1481) sind die bemerkenswertesten Teile der Ausstattung.

Nagold

Zu Füßen der *Burgruine Hohennagold,* dem ursprünglichen Sitz der Grafen von Nagold, die später nach Tübingen umzogen und sich seit 1342 Pfalzgrafen von Tübingen nannten, hat sich die Stadt Nagold im historischen Kern noch ansehnliche Teile ihres guten Baubestands bewahrt. Schon ein Stück weit draußen, wo die B 28 in Richtung Freudenstadt führt und jenseits der Nagoldbrücke links eine Straße zu Krankenhaus und Friedhof abzweigt, findet man auch die heute evangelische Gottesackerkirche *St. Remigius und Nikolaus*. Bei Ausgrabungen im Umkreis dieser Kirche wurden Reste eines römischen Landhauses gefunden. Andererseits ist belegt, daß es an dieser Stelle zur Zeit Karls des Großen einen fränkischen Königshof gab, der ›villa nagaltuna‹ benannt war. Diese Bezeichnung wiederum geht auf das keltische ›nagalta‹ zurück. Sie ist ein Indiz dafür, daß der Platz schon sehr früh besiedelt war, wobei nur vermutet werden kann, daß zu den Wohnbauten jeweils auch ein Heiligtum gehörte.

Ob nun aus einem solchen Heiligtum oder aus weltlichem Besitz stammend – jedenfalls wurden zwei römische Halbsäulen in das Chorbogengewände von St. Remigius vermauert. Karolingisch, wenn nicht aus noch früherer Zeit sind die ältesten Teile des Mauerwerks. Der romanische Turm an der Nordseite ist allerdings in der Form überkommen, die ihm ein Umbau zu Anfang des 12. Jahrhunderts gegeben hatte. Die Spätgotik fügte der einfachen einschiffigen Anlage den dreiseitigen Chorschluß, die gotischen Fenster, den südlichen Kapellenanbau (1511) und die Turmbekrönung hinzu. Durchaus bedeutend sind Bilderzyklen, mit denen um 1300 das Langhaus ausgemalt wurde. Ihre Themen sind Jugend und Passion Christi sowie der heilige Michael, darunter auch eine nicht eben alltägliche Darstellung Mariens mit dem Jesusknaben an der Hand.

Rohrdorf

Am Wege von Nagold nach Altensteig liegt das 1303 an den Johanniterorden übergegangene Rohrdorf, in dessen Ortsmitte die Gebäude der *ehemaligen Johanniterkommende* die architektonische Dominante sind. Der älteste Teil der *katholischen Pfarrkirche* ist der Chor aus den Jahren, da der Orden in Rohrdorf die Besitzrechte übernahm. Von mehreren Schnitzwerken, die das Gotteshaus birgt, ist das bedeutendste eine unsäglich ausdrucksvolle, in ihrem Wesen sehr schwäbische Muttergottes von 1485. Sie war Teil eines Hochaltars, dessen gemalte Flügel heute zu den Beständen der Stuttgarter Staatsgalerie gehören.

Berneck (Altensteig)

Weiter in Richtung Altensteig hat sich am Eingang zu einem Seitental das nach Altensteig eingemeindete Städtchen Berneck auf einem steil abfallenden Bergvorsprung niedergelassen – ein reizvoller Anblick (Farbt. 13)! Inmitten der terrassenartig aufgereihten Häuser erhebt sich die ursprünglich Unserer Lieben Frau geweihte *evangelische Stadtkirche*, ein einfacher Bau des 18. Jahrhunderts, in dem ältere, gotische Bausubstanz mit aufgegangen ist. Aus der früheren Zeit stammen auch eine schöne Sakramentsnische (1490) und stattliche Grabdenkmäler für Familienangehörige der ehemaligen Ortsherren von Gültlingen (von Joseph Schmid, 1554, und von Leonhard Baumhauer, 1570).

Auf ihre Art ein Prachtstück ist die bis zu 38 Meter hoch aufragende, mit Wehrgang und Ecktürmchen versehene Buckelquader-Schildmauer der um 1200 erbauten romanischen

Burg, eines der eindrucksvollsten Beispiele spätstaufischer Wehrarchitektur. Zwischen den verbliebenen Teilen der Befestigung wurde 1846/47 auf den Fundamenten des alten ein neuer Wohnbau errichtet. Besitz der Freiherrn von Gültlingen ist heute noch das der Burg unmittelbar benachbarte *Untere Schloß* von 1768.

Altensteig

Eines der malerischsten altschwäbischen Kleinstadtbilder hat Altensteig vorzuweisen, vor allem wenn man es von den der Burg gegenüberliegenden Anhöhen aus betrachtet (Farbt. 6). Näher besehen entpuppt es sich dann als ein buntes Neben- und Ineinander von Gassen und Treppen, Fachwerkbauten und altem Gemäuer, das man auch auf die Gefahr hin, sich ein wenig anstrengen zu müssen, zu Fuß durchstreifen sollte. Dem heutigen Erscheinungsbild nach ist die auf älterer, ins 11. Jahrhundert zurückreichender Grundlage erstellte *Burg* der Spätgotik zuzuordnen. Mit ihren Flankentürmen, der von einem Tor durchbrochenen Schildmauer und allem übrigen ›Zubehör‹ bildet sie eine Baugruppe, um die herum die Zeit stehengeblieben zu sein scheint. Von hier aus ist es weder zur *evangelischen Pfarrkirche* (1775), einem geräumigen, emporenbesetzten Predigtsaal, noch zum *Rathaus* mit seinen Bossenmauern unzuträglich weit.

Nahe liegt auch der Stadtteil *Altensteigdorf,* wo Wandmalereien im spätromanischen Chorturm der *evangelischen Pfarrkirche* leider nur mäßig erhalten sind. Auch von den jüngeren Bilderfolgen im Kirchenschiff sind nur noch Reste geblieben.

Um gegebenenfalls von Altensteig nach Wildbad zu gelangen, bieten sich zwei landschaftlich genußreiche Wege an: entweder über *Hochdorf* oder, vor Hochdorf abzweigend, über die *Nagoldtalsperre* und die Ortschaft *Erzgrube* nach *Besenfeld* und von hier aus in Richtung *Enzklösterle.* Wer andererseits nach Freudenstadt weiter will, ist ebenfalls nicht schlecht beraten, wenn er statt der schnellen B 28 den langsameren Umweg über Erzgrube und Igelsberg wählt.

Wildbad

Mehrere Brände zwischen dem 14. und 18. Jahrhundert und auch Zerstörungen, die der Zweite Weltkrieg anrichtete, bewirkten, daß Wildbad heute arm an frühen Baudenkmälern ist und man der Stadt ihr wahres Alter nicht im entferntesten mehr ansieht. Zur Stadt erhoben wurde die Siedlung schon anno 1367 von Graf Eberhard dem Greiner. Als heilklimatischer Kurort und Thermalbad, dessen Hotels und Sanatorien sich bis hinauf zum 730 Meter hohen, durch Straße und Bergbahn erschlossenen *Sommerberg* erstrecken, hat Wildbad seit Jahrhunderten europäischen Ruf. Zeugnisse der überlieferten Badekultur sind u. a. noch die beiden historischen Badhäuser, das von Nikolaus Friedrich Thouret zwischen 1836 und 1847 errichtete *Graf-Eberhards-Bad* mit seinen Fürstenbädern und einem maurischen Saal und das *König-Karls-Bad* (1895). Das neue, großzügig angelegte *Kurmittelhaus,* das seit 1977 in Betrieb ist, steht an der Stelle eines Badhauses von 1742. Ein gutes

Wildbad, Marktplatz. Radierung von Carl Heinrich von Zieten, um 1820

Beispiel moderner Bauweise, vor allem im Hinblick auf die harmonische Gliederung eines umfangreichen Gebäudekomplexes, ist das *Thermal-Hallenbewegungs- und Freibad*. Ein ansehnliches Stück sakraler Architektur besitzt Wildbad noch in der *Pfarrkirche* des Architekten Johann Christoph David von Leger, die um 1750 eine abgebrannte Vorläuferin ersetzte und mit einer hübschen Rokokofassade aufwartet.

Neuenbürg

Mittelalterliche Freiherren, Grafen, Herzöge und sonstige Burgenbauer konnten eine Windung der Enz im Dreiviertelkreis um einen Bergsporn herum kaum anders denn als Herausforderung verstehen, an so bevorzugter Stelle tätig zu werden. Das Nuenbure von 1285, das 1320 württembergisch und wenig später Stadt wurde, hatte denn auch schon seit dem 11. Jahrhundert seine *Burg*, die durch Schenkelmauern mit der bergwärts sich entwickelnden Siedlung verbunden wurde. Diese Burg, deren mittelalterlicher Bering zu beträchtlichen Teilen den Stürmen der Zeit standhielt, existiert nur noch als Ruine.

Benachbart ist das *Renaissanceschloß* des 16. und 17. Jahrhunderts (jetzt Forstamt) mit einem beachtlichen Säulenportal und einer Schneckentreppe im Hof, beide bezeichnet mit ihren Jahreszahlen 1658 beziehungsweise 1605.

Unterhalb des Schlosses, von hier aus auf steilem, befestigtem Weg zu erreichen, liegt die frühgotische, im 16. Jahrhundert teilweise veränderte *evangelische Schloßkirche* (ehem. St. Georg) inmitten eines von Mauern umgebenen, jetzt gärtnerisch angelegten und gepflegten Friedhofs, von dem aus sich Aussichten auf Stadt und Tal bieten. Man wird in der Regel zwar Einblick in das alte Gotteshaus haben, den Zugang jedoch durch ein Gitter verwehrt finden und deshalb auch nicht viel von den Fresken aus der ersten Hälfte des 14. Jahrhunderts mitbekommen. Ebenso bleibt der in dieser Gegend seltene Kanzelaltar, mit dem die klassizistische *evangelische Stadtpfarrkirche* unten in der Ortsmitte aufwarten könnte, außerhalb der Gottesdienste hinter verschlossenen Türen.

30 BADEN-BADEN St. Peter und Paul, Kruzifixus von Nicolaus Gerhaert

31 BADEN-BADEN   Neues Schloß mit Orangerie
32 BADEN-BADEN   Neues Schloß, Roter Salon

33 BADEN-BADEN mit Stiftskirche und Kurhaus (rechts im Hintergrund)

34 BADEN-BADEN Kloster Lichtental, Grabmal der Markgräfin Irmengard

35 BADEN-BADEN Römischer Merkur-Kopf (im Badischen Landesmuseum Karlsruhe)

36 SCHWARZACH Pfarrkirche St. Peter und Paul

37 OFFENBURG Ölberg auf dem alten Friedhof

38 OFFENBURG Stadtpfarrkirche Hl. Kreuz, Epitaph Jörg von Bach

39 SCHWARZACH Pfarrkirche St. Peter und Paul, Langhaus

40 GRIESHEIM Pfarrkirche St. Nikolaus, der Hirtenheilige St. Wendelin

41 Offenburg Rathaus

42 NIEDERSCHOPFHEIM St. Brigitta

43 NIEDERSCHOPFHEIM St. Brigitta, Taufstein

44 SCHLOSS STAUFENBERG Wappenstein (badisch und staufenbergisch)

45 REICHENBACH Johann-Nepomuk-Brunnen

46 Ruine SCHAUENBURG bei Oberkirch

47 GENGENBACH   Blick auf Klosterbezirk und Stadt

48 Gengenbach St. Maria, Hl. Grab

49 GENGENBACH St. Maria

50 LAUTENBACH Wallfahrtskirche Maria Krönung

51 ALLERHEILIGEN Ruine der ehemaligen Prämonstratenser-Klosterkirche

52 LAHR Storchenturm
53 LAHR Ehemalige Stiftskirche
54 LAHR Altes Rathaus

55 STEINACH ›Schwarzer Adler‹

56 HOHENGEROLDSECK

57 WITTELBACH Pfarrkirche St. Petrus und Paulus

58 PRINZBACH Pfarrkirche St. Mauritius, Hochaltar

Weltbad im Weinland

Baden-Baden mit Ebersteinburg und Yburg – Schwarzach – Achern – Sasbach – Ottersweier – Bühl – Neuweier

Das ›Weltbad an der Oos‹, wie man auch heute noch in Baden-Baden gerne sagen hört, und das umliegende Rebland gehörten schon immer zusammen. Gelegentliche Ausflüge dorthin brachten einst mit der gleichen Selbstverständlichkeit willkommene Abwechslung in die Kur, wie sie heute ein beinahe unverzichtbarer Bestandteil des Rahmenprogramms kleiner und großer Kongresse in der Bäderstadt sind. Für die Attraktivität solcher Exkursionen sorgt im Rebland nicht zuletzt eine Gastronomie, die weiß, was man von ihr in der unmittelbaren Nachbarschaft Frankreichs und des Elsaß erwartet. Seit 1972 die Weinorte Varnhalt, Umweg, Neuweier (Farbt. 9) und Steinbach nach Baden-Baden eingemeindet wurden, ist die Stadt sogar selbst eine der großen Weinbaugemeinden in der Bundesrepublik, in Baden-Württemberg nach Stuttgart und Freiburg die drittgrößte.

Baden-Baden

Ein Rundgang sollte eigentlich dort beginnen, wo Geschichte und Kunst dieser Stadt am nächsten beieinander sind. Sagen wir also: am zentral gelegenen Leopoldsplatz, wo das durch seinen riesigen Säulenvorbau auffallende, nach Plänen von Friedrich Weinbrenner für einen Arzt erbaute, durch Kauf und Erbschaft über die großherzoglich-badische Familie an das englische *Herzogshaus Hamilton* übergegangene *Palais* gleichen Namens zu würdigen ist. Am Thermalwasser führenden Reiherbrunnen in der Sophienstraße vorbei erreicht man über die Bäderstraße in wenigen Minuten die *römischen Badruinen* am Fuße des Friedrichsbades. Da die beträchtlichen Reste dieser einst noch weiter ausgedehnten, auch technisch hervorragend ausgestatteten Badanlage nach außen durch eine Glaswand abgeschlossen sind, kann man von ihr auch außerhalb der Öffnungszeiten (di–so 10–12 Uhr, 14.30–17 Uhr) einen recht guten Teileindruck gewinnen.

Die Römer hatten gegen Ende des 1. Jahrhunderts die heißen Quellen entdeckt. Für ihre Soldaten (!) richteten sie im Jahr 117 das Bad ein, von dem hier die Rede ist, ein weiteres, noch großzügiger ausgestattetes beim jetzigen Marktplatz für die militärischen und zivilen ›Kurgäste‹ ihrer Gauhauptstadt, die sie Aquae Aureliae nannten. Die den Römern im 3. Jahrhundert folgenden Alamannen hatten mit solcher Badkultur nichts im Sinn. Sie zerstörten mit der Stadt teilweise auch die Badanlagen. Die heißen Quellen werden zwar 712

WELTBAD IM WEINLAND

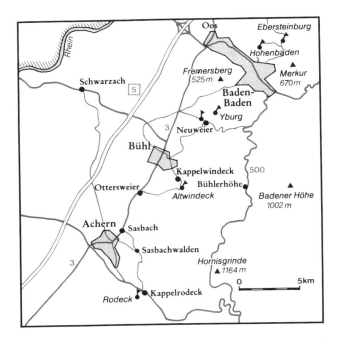

Man kann auch eine Burgenfahrt daraus machen

wieder einmal erwähnt, doch erst im 12. Jahrhundert setzen die badischen Markgrafen eine Entwicklung des Badewesens in Gang, die – wenn auch mit Unterbrechungen durch Kriege und ihre Folgen – im 19. Jahrhundert zu jener glanzvollen Epoche führt, in der Baden-Baden die ›Sommer-Hauptstadt Europas‹ genannt wird.

Das über den römischen Ruinen gelegene *Friedrichsbad*, dessen Räume zum Teil römischen Vorbildern nachgestaltet sind, ist ein prunkvoller Neurenaissancebau (1869–77) von Karl Dernfeld. Im benachbarten *Augustabad*, einem in den sechziger Jahren entstandenen Neubau aus Beton und Glas am Platz des abgerissenen Kaiserin-Augusta-Bades, werden alle gebräuchlichen Kurmittel bereitgehalten. Die heute altkatholische *Spitalkirche* gleich nebenan, die im Zusammenhang mit dem Neubau des Augustabades um sieben Meter verkürzt und zugleich restauriert wurde, erscheint zum ersten Mal 1351 in einer Urkunde. Ein durch den Stadtbrand von 1689 stark in Mitleidenschaft gezogener Neubau des 15. Jahrhunderts ist seit dem frühen 18. Jahrhundert wiederhergestellt, das an der Nordseite angebaute Spital erst nach dem letzten Krieg abgerissen worden. An alten Teilen der Ausstattung des kleinen, einschiffigen Gotteshauses sind vor allem die Holzkanzel aus dem frühen 16. Jahrhundert und das ursprünglich für die Stiftskirche bestimmte, von dem Pforzheimer Holzbildhauer Hans Kern reich gearbeitete Gestühl im sterngewölbten Chor zu nennen. Neu sind die Glasmalereien im spitzbogigen Maßwerk mit einem zehnteiligen

Bilderzyklus aus der Offenbarung des Johannes von Harry Mac Lean, von dem auch die Entwürfe für die Portaltür, das Altarkreuz, die vier modernen Leuchter u. a. m. stammen.

Das zwischen Augusta- und Friedrichsbad gelegene, 1670 von Markgraf Leopold Wilhelm gestiftete, 1689 stark zerstörte *Frauenkloster vom Heiligen Grab* wurde in Etappen neu gebaut, erweitert und auch wieder verändert. Die letzte dieser Veränderungen betraf die bis dahin schlichte Westfassade der Kirche, die 1895 mit Fensteraufsätzen, Eckfiguren, einem geschweiften Giebel sowie einem Christi-Auferstehungs-Relief versehen und stilistisch ins Neubarocke gewendet wurde (Besichtigung der Klosterkirche auf Anfrage; ✆ 2 48 12).

Oberhalb des Klosters führen Staffeln an der 63,6 Grad Celsius heißen Fettquelle vorbei zur Höhe des Marktplatzes und der Stiftskirche. Am Weg dorthin liegt das ehemalige *Neue Dampfbad*, ein mit Terrakottadekor in lombardischen Renaissanceformen versehener Bau von Heinrich Hübsch (1846–48).

Die ehemalige Stiftskirche Unserer Lieben Frau, jetzt *Pfarrkirche St. Peter und Paul* (Abb. 33), reicht mit ihren Fundamenten in die römische Bäderanlage hinein. Eine Kirche an dieser Stelle ist erstmals 987 als Eigentum des Kaisers bezeugt. Eine Pfarrkirche wird 1245 aktenkundig, von 1391 an zugleich als Grabkirche der Markgrafen, und seit 1453 in Verbindung mit einem im frühen 19. Jahrhundert wieder aufgehobenen Stift. Die Jahrzehnte nach 1453 sind auch die Zeit des spätgotischen Erweiterungs- und Neubaus, dem 1660–62 als letzter, auf gotisierende Formen zurückgreifender Bauteil das Johanneschörlein am südlichen Seitenschiff (mit Kapitelsaal im Obergeschoß) folgen wird – Gegenstück zum Marienchörlein auf der Nordseite. Vom romanischen Vorläuferbau wurden der Chorbogen bis zu den Kämpfern, der Ansatz der Langhausarkaden und die Viereckgeschosse des Westturms in die Erweiterung mit einbezogen, wobei das romanische Stufenportal eine spätgotische Rahmenarchitektur mit dem zugehörigen Figurenschmuck erhielt (die gotische Madonnenfigur zerstört und barock ersetzt; sämtliche Figuren jetzt Kopien, die Originale in den Stadtgeschichtlichen Sammlungen).

Eine weitere Bauphase wurde durch den Stadtbrand 1689 erzwungen. Die Wiederherstellung des Turms nahm Johann Michael Ludwig Rohrer 1712–13 in die Hand. Das untere Drittel des Turm-Achtecks ist noch gotisches Mauerwerk; die oberen, unter Putz liegenden Partien mit den Schallöffnungen der Glockenstube und dem Uhrengeschoß gehören zu Rohrers Wiederaufbau. Die dreifache welsche Haube kam hinzu, als Johann Peter Ernst Rohrer 1751 die Restaurierung der anderen Bauteile besorgte.

Eine virtuose Steinmetzarbeit aus unbekannter Meisterhand ist das fast 13 Meter hohe, fünfgeschossige steinerne Sakramentshäuschen nördlich vom Chorbogen. Es ist dem Ende des 15. Jahrhunderts zuzuordnen; seine figürliche Plastik steht sicher unter dem Einfluß von Nicolaus Gerhaert (von Leyden), der für Baden-Baden 1467 eines der bedeutendsten spätgotischen Kunstwerke der Oberrheinlande geschaffen hatte – eines, das bis ins 17. Jahrhundert hinein übermächtig auf die Darstellung des Gekreuzigten in der deutschen Kunst einwirkte. Gerhaerts in Sandstein gehauener, überlebensgroßer Kruzifixus (Abb. 30), eine Stiftung des Wundarztes und markgräflichen Chirurgen Hans Ulrich, genannt Scherer,

WELTBAD IM WEINLAND

Baden-Baden 1 Hamilton-Palais 2 Römische Badruinen 3 Friedrichsbad 4 Augustabad 5 Spitalkirche 6 Frauenkloster vom Heiligen Grab 7 Neues Dampfbad 8 Pfarrkirche St. Peter und Paul 9 Rathaus 10 Neues Schloß (Zähringer Museum) 11 Altes Schloß Hohenbaden 12 Alt-Eberstein 13 Staatliche Kunsthalle 14 Theater 15 Kurhaus 16 Trinkhalle 17 Badischer Hof 18 Stourdza-Kapelle 19 Evangelische Stadtkirche 20 Russische Kirche 21 Brahms-Haus 22 Kloster Lichtental

war für den Spitalfriedhof bestimmt. Es stand dort auch noch lange nach der Umwandlung dieses mittlerweile geschlossenen Friedhofs in eine Parkanlage, bis es 1967 in den Chor der Stiftskirche verbracht wurde.

Kunsthistoriker sehen in Gerhaerts Baden-Badener Genietat »den ergreifendsten Kruzifixus deutscher Kunst, die vollkommenste Lösung, die das Spätmittelalter diesem Motiv gegeben hat« (Sauer), rühmen an dem Bildhauer »die Frische und Unmittelbarkeit seines Naturgefühls« (Thieme-Becker), »ein für diese Zeit unerhört gründliches Naturstudium« (Dehio). Ein skulptierter Felssockel mit Reptiliendarstellungen und Totengebein in den Winkeln und Schründen trägt das aus einem einzigen Sandsteinblock herausgearbeitete, wie Stammholz strukturierte Balkenkreuz. Fragt man sich nach dem Grund der tiefen Betroffenheit, die der Anblick des Gekreuzigten je länger, desto nachhaltiger auslöst, so wird man ihn in der Weise finden, wie der Bildhauer mit der naturalistischen, anatomisch genauen Durchbildung des Körpers, des Kopfes und des Gesichtes nicht nur Leidenshaltung dargestellt, sondern auch einen unsäglich trostvollen Ausdruck überwundenen Leids gefunden hat. Eine feierliche Ruhe ist um den Gottessohn, alles Lastende erscheint aufgehoben in einem Zustand des Entspanntseins, ja fast hat man den Eindruck, als schwebe die Gestalt Christi schon mehr, als daß sie fest und schwer am Kreuze hänge.

An seinem jetzigen Standort ist Gerhaerts Kreuz umgeben von zahlreichen, zum Teil monumentalen Grabdenkmälern der markgräflichen Familie, darunter auch dem in Form eines Barockaltars besonders reich gestalteten Prunkmonument für Ludwig Wilhelm, den ›Türkenlouis‹, nach einem Entwurf von Johann Schütz.

Das *Rathaus* gegenüber dem Westportal der Stiftskirche hat diese Funktion seit 1862. Im Jahr 1632 war an dieser Stelle ein Jesuitenkolleg erbaut und nach dem Schicksalsjahr 1689 zum größten Teil wiederhergestellt worden. Nach der Aufhebung des Kollegs gestaltete Friedrich Weinbrenner 1809 den Bau zum ›Konversationshaus‹ mit Restaurationsräumen und Spielsälen um, ließ die zugehörige Kirche bis auf den Chor abreißen und ersetzte sie durch ein Hotel. Bis zur Errichtung des neuen Kurhauses in der Unterstadt war dies das Zentrum des Kurlebens in Baden-Baden.

Vom Marktplatz nun hinauf zum *Neuen Schloß*, wo mit Sicherheit schon Ende des 14. Jahrhunderts eine bewohnte Burg stand: Fürstensitz wird Niederbaden freilich erst 1479, als Christoph I. die Residenz vom Alten Schloß Hohenbaden hierher verlegt. Dabei bleibt es, bis Ludwig Wilhelm und seine Gemahlin Sibylla Augusta 1705 nach Rastatt übersiedeln. Das Markgrafenpaar hatte Niederbaden nach der weitgehenden Zerstörung 1689 nur in begrenztem Umfang wiederaufbauen lassen, doch kommt es zur Regierungszeit von Großherzog Leopold noch einmal zu größeren Restaurierungsmaßnahmen (1843–47).

Außer Wehrmauern und einem im Schloßgarten sichtbaren Eckturm ist aus der frühen Zeit Niederbadens kaum noch etwas erhalten. In die zweite Hälfte des 15. Jahrhunderts zu datieren sind die beiden unteren Geschosse des 1529 vollends ausgebauten Archivturms im Norden und die anschließenden Zwingeranlagen, ist auch der Hans Spryß von Zaberfeld zugeschriebene Torbau im Westen und war ferner der abgebrannte dreigeschossige Palas, an dessen Platz in der Hofmitte 1709 der eingeschossige barocke Kavalierbau mit dem Schmuck

WELTBAD IM WEINLAND

Baden-Baden mit dem das Stadtbild überragenden Neuen Schloß. Radierung von Karl Frommel, 1810

zweier spätgotischer Brustreliefs in den Ecken der Eingangsfront aufgeführt wurde. Der die Südseite des Hofes begrenzende, über die Terrassen gestellte Trakt umschließt die Wagenremisen und die Orangerie (um 1584; Abb. 31).

Das Hauptschloß (1573–75) ist ein Renaissancebau von Caspar Weinhart aus München. Das prachtvolle Portal und der quadratisch beginnende, achteckig weitergeführte Treppenturm sind aus der gleichen Zeit, der kunstvoll geschmiedete Wasserspeier an der Dachecke ein wenig jünger. Der barocke Mittelgiebel wurde um 1700 aufgesetzt (s. Abb. 31). Nach Westen abgewinkelt schließt sich dem Haupttrakt der Küchenbau mit einer hofseitigen Laubenarchitektur an.

Die originale dekorative Ausstattung des Hauptschlosses wurde weitgehend zerstört. Eine Folge von Wohn- und Repräsentationsräumen im ersten Obergeschoß, die 1843/45 durch Umbau in romantisch-historisierenden Formen entstand, bildet heute den räumlichen Kern des *Zähringer Museums* (Abb. 32). In seiner Gesamtheit ein Beispiel fürstlicher Wohnkultur, präsentiert dieses Museum den der markgräflich-badischen Familie verbliebenen Besitz an Kunst und Kunsthandwerk sowie eine umfangreiche Porzellansammlung (geöffnet und zugleich Führung mo–fr 15 Uhr; in den Wintermonaten geschlossen).

Die ebenfalls im Schloß, im Marstallgebäude untergebrachten, neuerdings mit einem Teil der Bestände auch in die frühere Badherberge ›Baldreit‹ (Küferstraße 3) eingezogenen *Stadtgeschichtlichen Sammlungen* (Abb. 35) geben einen Überblick auf Geschichte und Kultur der Stadt von den ersten vorgeschichtlichen Funden bis zur Glanzzeit des ›Weltbades‹ und seiner Spielbank im vorigen Jahrhundert und darüber hinaus zur Gegenwart.

Von der bereits gewonnenen Höhe des Neuen Schlosses aus empfiehlt sich nun ein lohnender Rundweg hinauf zu dem gewaltigen Ruinenkomplex Hohenbaden, dann auf dem oberen (!) oder unteren Felsenweg am Kletterparadies der *Battertfelsen* vorbei nach Ebersteinburg zur Ruine Alt-Eberstein und zurück in die Stadt – ein Weg für etwa drei Stunden reine Gehzeit. Natürlich gibt es als Alternative auch die Autostraße, die von Hohenbaden aus auf der den Battertfelsen entgegengesetzten Rheintalseite des Berges nach Ebersteinburg führt.

Die ältesten Teile des gegen Ende des 16. Jahrhunderts durch Brände zur Ruine gewordenen *Alten Schlosses Hohenbaden,* die Oberburg mit dem Hermannsbau, dem Bergfried und der später vergrößerten Schildmauer sowie die südliche und westliche Vorburg, gehören ins 12. Jahrhundert, in dem Markgraf Hermann II. (1074–1130) hier zu bauen begann. Betreten wird die weiträumige Schloßanlage jedoch bei der hochgotischen Unterburg (um 1400) mit dem dreigeschossigen ›Bernhardinischen‹ Palas (Bernhard I., 1372–1431), dem Zwinger und den Wirtschaftsgebäuden aus der gleichen Zeit. Eine frühgotische Zwischenperiode hatte sich im wesentlichen auf den Ausbau der Befestigungsanlagen beschränkt. Jüngster Teil ist der die Ober- mit der Unterburg verbindende spätgotische Jakobsbau (Jakob I., 1431–53). Als Markgraf Christoph 1479 das Neue Schloß als Residenz bezog, wurde Hohenbaden bis zu seiner Zerstörung Witwensitz der Markgräfinnen.

In *Alt-Eberstein* wohnten seit dem 11. Jahrhundert die Grafen von Eberstein, bis diese nach Schloß (Neu-)Eberstein über Gernsbach (s. S. 54) umzogen und ihren alten Besitz teils als Mitgift, teils durch Kauf den Badener Markgrafen überließen. Diese richteten sich die Burg als Wohnung für ihre Witwen ein, bis für diesen Zweck Hohenbaden frei war. In der Folgezeit unbewohnt, wurde Alt-Eberstein zeitweise als Steinbruch mißbraucht und erst im 19. Jahrhundert vor weiterem Verfall bewahrt. Eine untere Schutzmauer auf der Bergseite aus riesigen, kaum behauenen, aber sorgfältig gefügten Steinblöcken könnte durchaus schon in der Merowingerzeit aufgeschichtet worden sein. Der stattliche Bergfried darüber ist in das 12. Jahrhundert zu verweisen, die an ihn gelehnte Schildmauer als nur wenig jünger zu veranschlagen. Der schlichte Wohnbau gegenüber war im 16. Jahrhundert noch einmal umgestaltet worden.

Drunten in der Stadt gibt im Kurviertel links der Oos das von Friedrich Weinbrenner 1821/ 22 erbaute *Kurhaus* mit den 1866 vorgelegten Ladenkolonnaden den Ton an. Es ist allerdings in Teilen mehrfach verändert worden, und sonderlich im Südflügel bekam es die Prunkräume der Spielbank ›nachgereicht‹. Original Weinbrenner sind nur noch der Mitteltrakt des Außenbaus mit der Säulenvorhalle (Farbt. 3) und der Gartensaal im Innern.

103

WELTBAD IM WEINLAND

An die Kolonnaden schließt der Goetheplatz mit dem *Theater* an, das der damalige Spielbank-Pächter Edouard Benazet 1860/62 in den Formen französischen Neubarocks erbauen ließ. Nahebei an der *Lichtentaler Allee* errichtete Hermann Billing 1907/09 den Jugendstilbau der heutigen *Staatlichen Kunsthalle*, die – ohne eigene Sammlungen – mit ihren wechselnden Ausstellungen von vielfach internationaler Bedeutung bekannt wurde.

Vom Goetheplatz in südlicher Richtung zieht die *Kaiserallee* der Oos entlang zur 1839–42 von Heinrich Hübsch erstellten *Neuen Trinkhalle*, einem 90 Meter langen, zur korinthischen Säulenfront hin offenen Wandelgang, den Jakob Götzenberger mit vierzehn Wandbildern zu Themen aus dem Sagenschatz der Baden-Badener Umgebung schmückte. Die Kaiserallee endet am Hindenburgplatz bei einem weiteren Weinbrennerbau, dem *Badhotel Badischer Hof*, an dessen Stelle vordem ein Kapuzinerkloster stand. Im Garten des Hotels ist die bekannte Fernsehbild-Kennung des Südwestfunks, ein dreischaliger Thermalbrunnen, in natura zu bewundern.

Auf dem Wege hierher wie überhaupt in der ganzen Stadt sollte man aufmerksam auch die vielen anderen, oft sehr reich dekorierten Hotel- und Villenbauten beachten, an deren Architektur sich die verschiedenen Phasen des Historismus und der starke Einfluß des Jugendstils gut ablesen lassen. Zwischen Trinkhalle und Badischem Hof lockt und lohnt noch der nur wenig anstrengende Umweg hinauf zur griechisch-katholischen *Stourdza-Kapelle*, die sich der rumänische Fürst Michael Stourdza 1864–66 von Leo von Klenze als Grablege für seine Familie errichten ließ – ein spätklassizistischer Kuppelbau mit ionischer Säulenvorhalle, dreifarbig eingelegtem Sandsteinmauerwerk und einem beachtenswerten Innenraum (Führungen nach Bedarf).

Der Rückweg zum Leopoldsplatz läßt sich angenehm verbinden mit einem Schaufensterbummel in der Fußgängerzone der Langen Straße und – weniger angenehm wegen des starken Verkehrs – mit dessen Fortsetzung über die Lichtentaler Straße zum Augustaplatz, dessen Ende von der Doppelturmfassade der *Evangelischen Stadtkirche* beherrscht wird. Der Architekt der neugotischen Hallenkirche war Friedrich Eisenlohr. Besonders hinzuweisen ist auf die Farbfenster, die im Langhaus die Reformatoren Luther, Melanchthon, Zwingli und Calvin, im Chor Geburt, Kreuzigung und Auferstehung Christi vor Augen führen.

Wer nun vom Augustaplatz nach Lichtental hinausfährt, kommt an der *Russischen Kirche* vorbei, die nach 1880 im byzantinischen Stil für die vielen in Baden-Baden lebenden Russen erbaut wurde. Wer es andererseits vorzieht, vom Augustaplatz zu Fuß zur Lichtentaler Allee hinüberzuwechseln, hat einen schönen, abwechslungsreichen, im Sommer beschatteten Spazierweg nach Lichtental vor sich, wo er dann vor dem Besuch des Klosters vielleicht noch einen Blick auf oder in das nahegelegene *Brahms-Haus* (Maximilianstraße 85, geöffnet mo, mi, fr 15–17 Uhr und so 10–13 Uhr und nach Vereinbarung; ✆ 7 11 72) werfen möchte. Hier hat der Komponist während seiner zahlreichen Aufenthalte in Baden-Baden zwischen 1865 und 1874 gewohnt und eine Reihe bedeutender Werke geschaffen.

Die *Zisterzienserinnenabtei Lichtental* wurde 1245 gegründet von Markgräfin Irmengard, die drei Jahre später als Witwe selbst in den Konvent eintrat. Das Kloster überstand wie

104

kaum ein anderes die Fährnisse von Kriegs- und Notzeiten, ja selbst im Dreißigjährigen Krieg kam es mit einigen Plünderungen relativ gut davon. Als es im Zuge der Säkularisation dem Haus Baden zugesprochen wurde, brachte es der regierende Markgraf Karl Friedrich nicht über sich, die Stiftung seiner Ahnen und die mittelalterliche Grablege seiner Familie zu profanieren. Nur die klösterlichen Güter wurden eingezogen.

Altarweihe im romanischen Gründungsbau der Klosterkirche, dessen Fußboden um einen Meter tiefer lag als heute, war 1248. Zwei vermauerte romanische Pforten, fünf ebensolche Rundbogenfenster in der Südmauer und ein weiteres in der Nordwand der einschiffigen Kirche rühren noch aus dieser Zeit her. Der (1724 erhöhte) Ostchor, die Kreuzrippengewölbe mit skulptierten Schlußsteinen und den für zisterziensische Bauweise typischen kegelförmigen Konsolen wie auch die Maßwerkfenster und das Hauptportal gehören in die Jahre um 1300. Ein neues Langhaus einschließlich des erhöhten Frauenchors (beide 1724 von Peter Thumb noch einmal verändert) wurde in der zweiten Hälfte des 15. Jahrhunderts aufgeführt. Eine Weihe ist 1470 berichtet.

Zur Ausstattung der Klosterkirche gehören u. a. die aus einer Elsässer Werkstatt kommende Steinkanzel von Thomas König (1606) mit einem Relief des heiligen Bernhard von Clairvaux, eine Sakramentsnische aus dem 15. Jahrhundert mit neuem Gitter (Herbert Kämper), eine Sitzmadonna (um 1510) und als Hauptschmuck die neuen Farbverglasungen von Emil Wachter. In einer Nische der südlichen Langhauswand wurde 1946 die Kalkfarbenmalerei einer Kreuzigungsgruppe freigelegt. Wenn auch nur in Fragmenten erhalten, gehört sie doch zu den qualitätvollsten Kunstwerken dieser Art aus der Zeit um 1300. Ursprünglich war dies die Grabnische des 1324 gestorbenen Grafen Johann III. von Lichtenberg (Elsaß) und Urenkels der Stifterin Irmengard. Sein riesiger Bildgrabstein steht jetzt an der Westwand neben dem hinteren Eingang. Zahlreiche weitere große Grabmäler, wie sie in der Regel nur für die prominenteren Toten in Auftrag gegeben wurden, lassen auf eine dichte Belegung des Kirchenbodens mit Bestattungen schließen. Vom Altar des Frauenchors sieht der Besucher nur die bemalte Rückseite des Mittelstücks eines Flügelaltars, dessen Seitenteile sich als Nebenaltäre in der Fürstenkapelle befinden. Auch das Chorgestühl verbirgt sich mehr, als daß man es in seiner ganzen Schönheit wahrnehmen könnte.

Die *Fürstenkapelle* neben der Kirche wurde von Markgraf Rudolf I. 1288 als Grablege für sich und seine Nachkommen bestimmt. Sie blieb es bis 1424. Danach wurden nur noch die Herzen der Verstorbenen hier beigesetzt. Der Bau wurde 1830–32 recht willkürlich erneuert, dabei auch mit seiner neugotischen Fassade und dem Dachreiter versehen. Zwei der in die Fassade integrierten lebensgroßen Sandsteinfiguren, Abt Gerungus von Allerheiligen und dessen Mutter Uta von Schauenburg (um 1300) waren aus dem Kloster Allerheiligen hierher verbracht worden; für eine dritte im Giebelfeld (die heilige Helena) ist vom Jahr 1830 auszugehen.

Der Hauptaltar der heiligen Sippe in der Fürstenkapelle ist eine 1503 datierte oberrheinische Arbeit, die beiden Seitenaltäre sind, wie schon bemerkt, die zum Frauenchoraltar des anonymen ›Lichtentaler Meisters‹ gehörenden Flügel. Die Holzfigur des seligen Markgrafen

WELTBAD IM WEINLAND

Bernhard II. (seitlich vom Hauptaltar) entstand etwa drei Jahrzehnte nach dessen Tod (1458), die Schlüsselmadonna links vom Triumphbogen wohl schon im frühen 14. Jahrhundert. Hinzuweisen bleibt auf zwei von mehreren Grabmälern: auf das mächtige Monument für Rudolf VI. († 1372), der in voller Rüstung auf einer von vier Löwen getragenen Platte ruht, und auf den Bildgrabstein der Stifterin, ein erstrangiges Werk des Straßburger Bildhauers Wölfelin von Rufach (um 1350), das in dem lächelnden Antlitz Irmengards einen Widerschein jener mystischen Verklärung eingefangen hat, von der man in alamannischen Frauenklöstern der damaligen Zeit mehr wußte als anderswo (Abb. 34).

Der Klosterbezirk, der durch den Torbau von 1781 betreten wird, und in dessen Hof auch gleich der schöne Marienbrunnen von 1602 zu bewundern ist, behielt über alle Erneuerungen hinweg die alte Mauerführung und die überkommene Anordnung der Gebäude bei. Konvent- und Abteibau in ihrer heutigen Gestalt sind das Werk von Peter Thumb.

In mehreren Räumen haben die Zisterzienserinnen ein kleines *Museum kirchlicher Kunst* eingerichtet, und gern führen sie den Besucher auch in das große Sprechzimmer mit einem kunstvollen schmiedeeisernen Sprechgitter, das die Markgräfin Sibylla Augusta stiftete. (Geöffnet mo–sa 9–12 Uhr und 14–17.30 Uhr, sonn- und feiertags 15–17 Uhr, geschlossen jeweils am 1. Sonntag des Monats. Mit Ausnahme der offenen Klosterkirche Besichtigung nur ab fünf Personen.)

Von der Rheinebene aus sieht man südlich von Baden-Baden die charakteristische, von zwei Bergfrieden akzentuierte Silhouette der *Ruine Yburg* aus der Vorbergzone herausragen (s. Farbt. 9). Zu ihr gelangt man aus der Stadt in Richtung Rebland (Varnhalt), wenn man auf der Höhe über dem Südwestfunk von der Fremersbergstraße links in die Varnhalter Straße einbiegt und im übrigen der Wegweisung folgt. 1245 urkundlich genannt, mit Sicherheit aber schon früher existent, bekam die Yburg ihren ersten Bergfried in romanischer Zeit, während der andere gotischen Ursprungs ist und erst 1840 durch Blitzschlag zum Teil zerstört wurde. Die Doppelanlage läßt auf eine Ganerbenburg schließen.

Unmittelbar beim Autobahn-Rasthof Baden-Baden wurde 1976–78 von Friedrich Zwingmann die vielbesuchte, von Emil Wachter mit bildnerischem Schmuck in Betonrelief und Glasmalerei versehene, außen von ›Bildtürmen‹ umstellte *Autobahnkirche St. Christophorus* erbaut. Die pyramidale Form dieses Bauwerks umschließt eine große, vor allem für die Liturgiefeier bestimmte Oberkirche und eine mehr der stillen, privaten Andacht vorbehaltene, fensterlose Krypta.

Schwarzach (Rheinmünster)

Zu den Anfängen der im Rhein-Vorland der Ortenau gelegenen Benediktinerabtei Schwarzach werden in der Literatur sehr verschiedene Daten und Fakten mitgeteilt, doch wird die glaubwürdigste Version wohl die sein, daß die Gründungsgeschichte einschließlich der

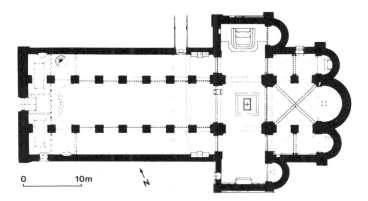

Schwarzach, ehemalige Abteikirche, Grundriß

immer wieder behaupteten Vorläuferrolle einer Klosterniederlassung ›Arnulfsau‹ auf der elsässischen Rheinseite bis heute als ungeklärt zu gelten hat. Schwarzach erscheint zum ersten Mal am Anfang des 9. Jahrhunderts in den Quellen als eines der von dem heiligen Pirmin zwischen 724 und 753 dem Benediktinerorden angeschlossenen Klöster am Oberrhein. Bei Grabungen in Verbindung mit einer Restaurierung und Rekonstruktion der spätromanischen Münsterkirche von Grund auf in den jüngsten sechziger Jahren wurde unter dem jetzigen Bau eine mehrmals erweiterte ältere Anlage nachgewiesen, deren Kern zeitlich in die karolingische Periode einzuordnen ist.

Genaue Baudaten für die ehemalige Kloster- und heutige *Pfarrkirche St. Peter und Paul* sind nicht überliefert, doch der stilistische Befund spricht für den Übergang vom 12. zum 13. Jahrhundert. Der etwas später, etwa in der Mitte des 13. Jahrhunderts errichtete Konventbau, von dem das Badische Landesmuseum in Karlsruhe noch die wertvollen Skulpturen aus dem Kreuzgang zeigen kann, mußte in der Barockzeit einer schloßähnlichen Anlage von Peter Thumb weichen. Von ihr ist aber außer einem reich geschmückten Portal und einigen Wirtschaftsgebäuden ebenfalls nicht mehr viel übrig geblieben. Innerhalb des Dorfes erkennt man noch die ehemaligen Amtshäuser an ihren Mansarddächern.

Für einen barocken Neubau des Münsters reichten damals – zum Glück – die Mittel nicht aus. Man begnügte sich mit einem teilweisen Umbau, wobei die Seitenschiffe barock vergrößert, eine der fünf Apsiden beseitigt, die Fenster verändert, der Innenraum ausstukkiert sowie die wichtigsten Teile der Ausstattung barock erneuert und erweitert wurden.

Die schon erwähnte Rekonstruktion hatte die Wiedergewinnung der romanischen Urform über eine für die Sicherung des Bauwerks sehr verdienstvolle, künstlerisch jedoch mißlungene Restaurierung des späten 19. Jahrhunderts hinweg zum Ziel. Sie krönte und beendete zugleich schicksalhaft das Lebenswerk von Professor Arnold Tschira (Institut für Baugeschichte der Universität Karlsruhe), schreckte dabei auch nicht vom weitgehenden Abbruch der Seitenschiffe und ihrer Wiedererrichtung auf den alten Grundmauern zurück, stellte die für die hirsauische Bauweise typische Fünfzahl der Apsiden wieder her und

WELTBAD IM WEINLAND

erneuerte die Fenster in romanischen Formen. Alles in allem führt Schwarzach dem heutigen Menschen wieder eines der reinsten und das zeitlich letzte Beispiel jener Bauschule vor, die sich mit dem Begriff der vom burgundischen Cluny ausgehenden hirsauischen Klosterreform (s. S. 68 f.) verbindet. Es folgt einerseits dem für den zweiten Bau von Cluny geschaffenen Grundrißschema, ist andererseits dem älteren Gengenbach verwandt und erinnert drittens mit vielen Einzelheiten, Arkadenprofilen, Säulenbasen, Kapitellen u. a. m. an Vorbilder und Parallelen, die im benachbarten Elsaß, in Hagenau, Straßburg, Rosheim und an anderen Orten auszumachen sind. Baumaterial waren rote Sandsteinquader, wie sie in dieser Gegend gewiß nichts Besonderes sind, in Teilen aber auch ›ortsfremde‹ große Backsteine, die vermutlich nach einem Wechsel der Bauhütte unter lombardischem Einfluß hier eingeführt worden waren.

Das dreischiffige Langhaus endet mit dem Haupt- und den beiden Nebenchören in jeweils halbrunden Apsiden. Zwei weitere Apsiden sitzen an den Ostwänden der breit ausladenden Querhausarme. Flachgedeckt sind Langhaus, Querhaus und Vierung, gratgewölbt die Nebenchöre und rippengewölbt das Chorquadrat. Die kräftig profilierten Arkaden ruhen auf großenteils erneuerten Säulen (Abb. 39). Nur das letzte Stützenpaar vor der Vierung besteht aus quadratischen Pfeilern, was wiederum ein typisch hirsauisches, den ›chorus minor‹ kennzeichnendes Merkmal ist. Den erstmals hier Eintretenden überrascht möglicherweise die aus noch nachweisbaren Spuren wiedergewonnene Farbigkeit mit dem dominierenden Rot gebrannten Ockers.

Daß Tschira und seine Mitarbeiter das Kind nicht mit dem Bade auszuschütten gedachten, beweist die respektvolle Erhaltung des barocken Hochaltars von 1752, der seinen Platz jetzt im nördlichen Querhausarm hat – eine nicht nur in ihren meßbaren Dimensionen, sondern auch künstlerisch gewichtige Arbeit von Martin Eigler. Rund fünfzig Jahre älter ist der Rufinenaltar im südlichen Querschiff. Aus dieser Zeit stammt auch das schöne eichene Chorgestühl mit dem drehbaren Lektionarium (Lesepult); es soll unmittelbar am Ort in den Werkstätten des Klosters gefertigt worden sein.

Die mit ihrem französisch-spätbarocken Prospekt die Rückwand des Mittelschiffs beherrschende Orgel wird in der Literatur vielfach – und auch heute noch – als Silbermann-Orgel vorgestellt (Abb. 39). In Wahrheit hat sie Johann Andreas Silbermann nur begutachtet und als ein Instrument »ohne Saft und Krafft« bezeichnet. Ihr Erbauer (um 1758) war Johann Georg Rohrer, Bruder des Rastatter Hofbaumeisters Johann Michael Ludwig Rohrer. Heute ist das Originalwerk durch eine neuzeitliche Klais-Orgel ersetzt.

So vielgestaltig der Ostbau mit seinen gestaffelten Apsiden und dem mächtigen Vierungsturm sich darbietet, vor allem in der Ansicht von Südosten (Abb. 36), so bemerkenswert ist andererseits die Westfassade mit den Figuren des thronenden Christus und der beiden Kirchenpatrone im Bogenfeld des Portals. Bemerkenswert vor allem auch deshalb, weil die der Fassade aufgelegten Halbsäulen und Bögen verraten, daß das Hauptportal ursprünglich innerhalb des gewölbten Erdgeschosses einer ›Paradies‹-Vorkirche lag. Die Empore im Obergeschoß dieser vor 1723 abgebrochenen Vorkirche hatte sich in zwei Zwillingsfenstern (mit einer Altarnische dazwischen) zum Hauptraum geöffnet.

Zum Abschluß der Restaurierungsarbeiten in Schwarzach im Sommer 1969 erschien eine Gedenkschrift für Professor Dr. Arnold Tschira, die in einer zweiten, erweiterten Auflage 1977 vom Institut für Baugeschichte der Universität Karlsruhe (Professor Dr. Wulf Schirmer) und der Koldewey-Gesellschaft wiederveröffentlicht wurde. Texte von Tschira und Mitarbeitern sowie ein umfangreicher Bildteil informieren über Geschichte und Baugeschichte der Abtei Schwarzach, die Schwarzacher Münsterkirche, ihre Restaurierung und die damit verbundenen Probleme.

Achern

Mehr noch als die katholische *Pfarrkirche Unserer Lieben Frau* mit ihrem gotischen Turmunterbau und dem Langhaus von Jodok Friedrich Wilhelm aus dem Umkreis von Friedrich Weinbrenner ist in Achern die mitten in der Stadt an der B 3 stehende *Nikolauskapelle,* das sogenannte Klausenkirchle aus dem ganz frühen 13. Jahrhundert bemerkenswert. Es ist wirklich nur ein ›Kirchle‹, der Rede nicht wert, was seine äußeren Dimensionen betrifft, aber mit seinem Rundtürmchen an einer Ecke doch eine große Seltenheit in dieser Gegend. Außerdem erfreut es mit einem schönen Kreuzrippengewölbe über quadratischem Grundriß und einem gut profilierten gotischen Portal.

Ein Stück aufwärts im Achertal, im Weinort **Kappelrodeck,** sind in die 1879 zu großen Teilen neu errichtete *Burg Rodeck* auch noch ältere Reste, so u. a. von einem Renaissanceportal übernommen worden. Der Ursprung dieser Burg ist im 11. Jahrhundert zu vermuten.

An der am nördlichen Stadtende von Achern abzweigenden Zufahrt zur Schwarzwaldhochstraße liegt inmitten der Vorberge **Sasbachwalden,** ebenfalls ein Weinort, der wegen seiner vielen, adrett herausgeputzten, im Sommer über und über mit Blumen geschmückten Fachwerkbauten zu einer Touristenattraktion wurde (Farbt. 14).

Sasbach

Für die frühmittelalterliche Siedlung Sasbach ist 1136 eine Kirche erwähnt. Daß die irische Heilige Brigitta ihre Patronin ist, verweist auf die irischen und schottischen Mönche des Rheininselklosters Honau und auf die schon viel frühere Existenz einer Pfarrkirche an diesem Ort. Von dem vermutlich dritten, spätgotischen Kirchenbau ist der Turmchor, die heutige Sakristei, erhalten geblieben. Ein viertes Gotteshaus wäre dann das Bindeglied gewesen zum weitgehenden Neubau der heutigen *Pfarrkirche* nach 1774, die sehr wahrscheinlich ein Werk des Vorarlberger Baumeisters Kaspar Walner ist: ein einfacher, lichter Saal, stilistisch schon im Übergang vom Rokoko zum frühen Klassizismus, jedenfalls eines der letzten reifen Beispiele der Barockepoche in der Gegend.

Die künstlerisch bedeutsamsten Teile der Ausstattung sind die drei erst in den sechziger Jahren eingebrachten Altäre aus einer aufgegebenen Kirche in Freudenberg am Main, hervorragende Werke des Würzburger Hofbildhauers Johann Peter Wagner, vor allem was die figürlichen Arbeiten am Hochaltar betrifft (um 1790). Im linken Seitenaltar wurde eine Plastik aus neuerer Zeit, eine Pietà (1938) von Wilhelm Amann aus Freiburg, aufgestellt. Eine der wertvollsten Sasbacher Skulpturen ist ein Relief (ca. 1480) der von Hilfesuchenden umgebenen Brigitta an der hinteren nördlichen Langhauswand über dem Taufstein von 1518, der später barockisiert wurde.

Den nahegelegenen Friedhof sollte man wegen des mächtigen Steinkruzifixus von 1549 inmitten der Gräberfelder besuchen. In ihm verbindet sich die späte Gotik mit dem Realismus der Dürerzeit so ausdrucksvoll, daß man sich sogleich an das zeitlich frühere Vorbild des Kreuzes von Nicolaus Gerhaert in der Baden-Badener Stiftskirche erinnert fühlt.

Der *Granitobelisk* mit Porträt und Wappen des französischen Marschalls Turenne am Südende des Ortes ersetzt seit 1829 einen älteren Denkstein, den der Straßburger Bischof Kardinal Louis de Rohan 1782 hatte setzen lassen. An dieser Stelle war der Marschall 1675 in der Schlacht von Sasbach gefallen.

Ottersweier

Das Langhaus der *Wallfahrtskirche Maria Linden* am Nordausgang von Ottersweier an einem Platz unmittelbar neben der B 3 wurde 1756 neu angebaut an den Chor, der wie die rechts anschließende Kerzenkapelle ein gutes Stück Spätgotik aus den Jahren um 1484 ist. Die einheitliche barocke Altarausstattung gehört in die Erbauungszeit des Langhauses. Religiöser wie auch künstlerisch bedeutsamer Mittelpunkt des Gotteshauses ist das Gnadenbild auf dem Hochaltar, eine in Holz geschnitzte sitzende Madonna aus unbekannter Hand, die um 1330 entstanden sein dürfte. Ein früheres Gnadenbild muß vorausgegangen sein, denn diese bekannteste Wallfahrt im badischen Mittelland ist zum erstenmal schon für 1148 bezeugt.

Bühl

Die alte, zu ihrer Zeit bereits zweite *Kirche St. Peter und Paul* in Bühl besteht heute nur noch im Rathausturm fort. Meister Hans von Maulbronn und seine Steinmetzen hatten sie zwischen 1514 und 1524 erbaut, aber dann war sie trotz mehrfacher Erweiterungen und Erneuerungen mit der Zeit doch zu klein geworden, und schließlich wurde auch die Absicht aufgegeben, sie neben einem Neubau als zweites Gotteshaus zu erhalten. Der prachtvolle gotische Chor fiel schließlich dem innerstädtischen Verkehr zum Opfer. So blieb denn am Ende nur noch der zum Wahrzeichen Bühls gewordene, jetzt vom Rathaus umschlossene *spätgotische Turm* mit der schönen steinernen Fischblasenmaßwerk-Balustrade am Übergang vom viereckigen Unterbau zum achteckigen Glockengeschoß mit seinen spitzbogigen Öffnungen.

Die neue *Stadtpfarrkirche St. Peter und Paul* unmittelbar daneben wurde 1872–77 von Karl Dernfeld im neugotischen Stil aufgeführt und mit einem Turm versehen, dessen Helm sich am Vorbild des Freiburger Münsters orientieren sollte. In ihrer Art ist sie nach der Behebung der schweren Schäden, die ihr der Zweite Weltkrieg zugefügt hat, ein bemerkenswertes Bauwerk geblieben, in dem auch die in den fünfziger Jahren eingesetzten Fenster von Albert Burkart zu beachten sind.

In ihrer langen Vergangenheit, die einigen Indizien zufolge sogar bis auf die Römerzeit zurückgehen könnte, erscheint die Siedlung Bühl unter verschiedenen Namen, darunter 1387 als ›Buhel unter Windeck‹. Das verweist auf die südöstlich über die Vorberge sich erhebende *Burg Altwindeck*, deren Herren das ebersteinische Lehen Bühl zeitweise in Besitz hatten. Die Ruine mit zwei viereckigen Bergfrieden, einem hohen Palasgiebel und der ovalen Ringmauer, dazu an guten Tagen eine prächtige Aussicht auf die Vorberge, das mittelbadische Rebland und über die Rheinebene hinweg bis hinüber zum Straßburger Münster und zu den Vogesen, könnten auf den Weg zur Altwindeck locken.

An diesem Wege läge dann auch, ebenfalls schon in der Vorbergzone, die *Pfarrkirche* des Bühler Stadtteils **Kappelwindeck**, ein 1766 vollendetes Werk von Ignaz Franz Krohmer, dessen figurengeschmückte Westfassade mit Turm und reich gegliederter Zwiebelhaube großen Eindruck macht. Zu der schönen dörflichen Szenerie an diesem Kirchenplatz trägt auch die uralte Linde vor dem Pfarrhaus ihr Teil bei.

Neuweier

Folgt man von Bühl den kleinen Schildern mit der stilisierten Weinrebe, die die ›Badische Weinstraße‹ kenntlich machen, zurück in Richtung Baden-Baden, so kommt man ohne weiteres Zutun auch nach Neuweier, einer der größten Weinbaugemeinden in der nördlichen Ortenau (Farbt. 9).

Ein *Schloß* am Fuß des Mauerberges ist eine der ältesten erhaltenen Tiefburgen Südwestdeutschlands. Urkundlich schon im 12. Jahrhundert erwähnt, erhielt das in Privatbesitz befindliche, aber mit einem Restaurant verbundene und daher in Teilen zugängliche Schloß seine jetzige Gestalt mit den runden Flankierungstürmen an der Talseite der dreistöckigen Wohngebäude 1548/49 durch den Tiroler Baumeister Lux Rengolstein. – Übrigens ist auch von Neuweier aus die Yburg (s. S. 106) gut zu erreichen.

Im Herzen der Ortenau

Offenburg – Meißenheim – Schuttern – Niederschopfheim – Griesheim – Appenweier

Vom Herzen der Ortenau hat gut reden, wer wenigstens weiß, wovon er spricht. Grob vereinfacht ist die Ortenau die nördlichste alamannische Landschaft am rechten Oberrhein zwischen der Murg und der bei Rastatt in sie einmündenden Oos, dem hohen Schwarzwald und dem Bleichbach südlich von Herbolzheim. 768 Mordenaugia, 1466 Ortnow genannt, war sie in der Frühzeit ein einheitliches politisches Teilgebiet, ein Gau im alamannischen Siedlungsraum, an den im Süden der Breisgau, im Westen auf der anderen Rheinseite das ebenfalls alamannische Elsaß, im Norden der fränkische Ufgau und ostwärts der schwäbische Nagoldgau grenzten. Doch kam es im Lauf der Jahrhunderte gerade hier zu einer kaum noch überschaubaren territorialen Zergliederung im kleinen, in deren Folge Teile der Ortenau u.a. an die Markgrafschaft Baden-Baden, das Hochstift Straßburg und das Fürstentum Fürstenberg übergingen. Anderseits waren selbständige politische Gebilde wie die Landvogtei Ortenau, die Herrschaften Hanau-Lichtenberg, Geroldseck, Lahr-Mahlberg, die Reichsstädte Offenburg, Gengenbach, Zell am Harmersbach, das freie

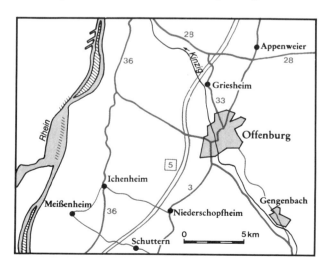

Hier sind noch Kostbarkeiten zu entdecken

112

Reichstal Harmersbach und die Reichsritterschaft Ortenau entstanden. Im Bewußtsein der Menschen indessen, die hier lebten, blieb die Ortenau bis heute eine allen gemeinsame Landschaft und Offenburg ihr Herz, wie schon ein flüchtiger Blick auf die Landkarte zeigt.

Offenburg

Die am Kreuzungspunkt zweier alter Römerstraßen liegende Stadt soll mit ihrem Namen angeblich auf eine wehrhafte Burg hinweisen, die aber weder urkundlich, noch durch Funde nachweisbar ist. Die Umstände scheinen viel mehr für die u. a. von Dr. Alfons Schäfer (Generallandesarchiv Karlsruhe) ausführlich begründete Meinung zu sprechen, man habe im gegebenen Falle von dem burgundischen Begriff ›burgus‹ auszugehen, was so viel wie Marktsiedlung bedeute. Da die Zähringer Herzöge, die die Stadt vor 1120 gründeten, zu Burgund engste Beziehungen hatten, liegt dieser Zusammenhang erst recht nahe. Derselbe Autor ordnete Offenburg etwas früher ein als die Zähringer-Gründungen Freiburg und Villingen und sah darin eine Art Prototyp für das Meisterstück, das Freiburg (s. S. 216/17) werden sollte: Meisterstück einer nicht dem Zufallswachstum überlassenen, einem Feudalhof anhängenden, sondern vom ersten Schritt an als geschlossenes funktionales System geplanten Stadtanlage mit einem Hauptstraßenkreuz und dem Straßenmarkt als Rückgrat des Grundrisses.

Leider hat sich von diesem alten Offenburg, das seit etwa 1240 Freie Reichsstadt war, von der Mitte des 16. Jahrhunderts an zu Österreich, zwischen 1706 und 1771 vorübergehend zur Markgrafschaft Baden und von 1805 an zu Baden gehörte, so gut wie nichts mehr erhalten. Bis auf das Kapuzinerkloster und zwei kleine Häuser ist die Stadt 1689 zerstört worden, nachdem die Franzosen sie an allen Ecken und Enden angezündet hatten. Das heutige Stadtbild ist, soweit es noch historische Dimensionen hat, im 18. Jahrhundert entstanden.

Von überallher findet man leicht zur Stadtmitte, und hier ist auch gleich alles nahe beieinander, was Offenburg an Sehenswertem zu bieten hat. So an der marktartig verbreiterten Hauptstraße das barocke *Rathaus* (Abb. 41), das der Stadtbaumeister Matthias Fuchs 1741 unter Verwendung älterer Bauteile entwarf und mit einer reichen Fensterarchitektur versah, wenige Häuser weiter (Nr. 96) der *ehemalige Amtshof der Landvogtei Ortenau* – auch dies ein stattlicher Barockbau, den Dominicus Ellmenreich nach Plänen von Johann Michael Ludwig Rohrer ausführte, während Franz Ignaz Krohmer für das Portal und den dekorativen Balkonaufsatz sorgte. Ebenfalls an der Hauptstraße beeindruckt das Haus der *Einhorn-Apotheke* mit seinem volutengeschmückten Giebel und dem Neptunbrunnen davor.

Gegenüber dem Rathaus öffnet sich einer der heimeligsten Plätze Offenburgs, der *Fischmarkt* mit dem Löwenbrunnen und dem mit abgetrepptem Giebel versehenen Haus der *Hirsch-Apotheke*. Den Platz flankiert die *Kapelle des Andreasspitals* mit ihrem schwungvollen Barockportal. Das Spital, das jetzt Behördensitz ist, war um 1300 für arme und kranke

113

Offenburg. Kupferstich von Matthäus Merian

Offenburger Bürger gestiftet worden und wurde um 1700 neu gebaut. Ein Stück weiter südlich trifft man auf die Ritterstraße, deren Nummer 10 das *ehemalige Ritterschaftshaus* ist – eine gute Architektur des späten Barock und vermutungsweise dem gleichen Matthias Fuchs zuzuschreiben, der auch der Erbauer des Rathauses war.

In der Gegenrichtung, doch immer noch östlich der Hauptstraße – im Winkel zwischen Rée-Anlage und Langer Straße – sind die *Kirche* und der *Gebäudekomplex des ehemaligen Franziskaner- und heutigen Klosters Unserer Lieben Frau* kaum zu verfehlen. Der unmittelbare Zugang zur Kirche ist außerhalb der Gottesdienste meistens geschlossen, aber gleich neben dem von Sandsteinfiguren der Madonna und des heiligen Nepomuk ›bewachten‹ Portal findet man die Klosterpforte und dort wiederum mit Sicherheit eine freundliche Schwester aus dem Orden der Chorfrauen des heiligen Augustinus, die hier ein Lehr- und Erziehungsinstitut (seit 1948 Mädchengymnasium) unterhalten. Interessierten Besuchern zeigen sie gern ihr Gotteshaus, den Kreuzgang und die Grabkapelle.

Die Kirche wurde in den Jahren nach 1702 auf gotischen Fundamenten und Mauerteilen neu erbaut. Es ist eine einschiffige Halle mit tiefen Seitenkapellen und Emporen nach Vorarlberger Schema. Der Baumeister ist nicht mit Sicherheit festgestellt, könnte jedoch Franz Beer, nach anderer Lesart auch Ulrich Beer gewesen sein. Mit Stuck wurde sparsam umgegangen; um so aufwendiger ist die Altarausstattung, vor allem der gewaltige, um nicht

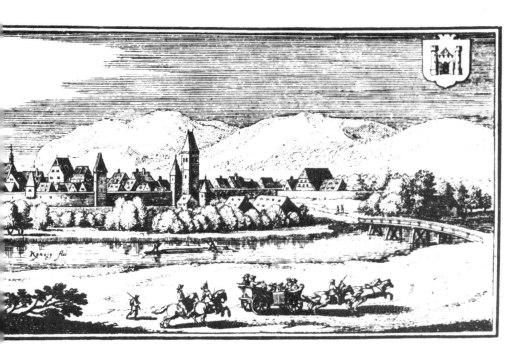

zu sagen: ein wenig schwülstige Hochaltar, dessen Aufbau ein Gemälde der Himmelfahrt Mariä umschließt. Um vieles feiner gearbeitet und kostbarstes Stück der Ausstattung ist das Rokokogehäuse der Orgel (früher ein Werk der Straßburger Silbermann-Familie) mit den geschnitzten Gittern der Emporenbrüstung davor. Das wesentlich später (1895) hinzugekommene Chorgestühl orientiert sich an klassizistischen Formen.

Über den mit Kreuzwegbildern aus der Beuroner Kunstschule geschmückten Kreuzgang, in dem seltsamerweise eine hölzerne Tür Brand und Zerstörung von 1689 überstanden hat, gelangt man zur ebenfalls geretteten *Grabkapelle* von 1515, einer kleinen dreischiffigen Halle aus rotem Sandstein mit Kreuzgewölbe auf kämpferlosen Rundpfeilern, mit Fratzen und Rosetten, die in die Schlußsteine eingemeißelt sind, mit einem mittleren Chörlein und schönem Fenstermaßwerk. Die Kapelle birgt eine hervorragende Schnitzfigur der Muttergottes aus dem ersten Viertel des 16. Jahrhunderts.

Die westlich der Hauptstraße gelegene katholische *Stadtpfarrkirche Hl. Kreuz* wurde zwischen 1700 und 1720 nach einem Plan von Franz Beer neu gebaut; der am Gengenbacher Vorbild (s. S. 128) orientierte, schlanke und zierliche, jedoch etwas einfacher gehaltene Turm folgte einige Jahre später nach. Vom vorausgegangenen gotischen Bau des 14. Jahrhunderts wurden die Grundmauern des Langhauses und die Umfassungsmauern des Chors übernommen, der damit im Äußeren seinen mittelalterlichen Charakter bewahrte.

IM HERZEN DER ORTENAU

Der stark in die Breite gehende Innenraum entspricht einer dreischiffigen tonnengewölbten Hallenkirche mit engen, von Emporen unterteilten Seitenschiffen, wobei die Emporen in
Kapitellhöhe der Pfeiler ansetzen. Das vorderste der sechs Jochpaare hat mehr als die
doppelte Breite der anderen, ist auch nicht mehr mit Emporen besetzt und vermittelt so den
Eindruck eines Querhauses, das jedoch nach außen nicht aus dem Baukörper des Langhauses hervortritt. Hochaltar und Seitenaltäre sind von Franz Lichtenauer (um 1740), das
Hochaltarblatt von Joseph Esperlin. In die Erbauungszeit gehören Gemeinde- und Chorge-
stühl, die klassizistische Kanzel dagegen in das Ende des 18. Jahrhunderts. Beachtung
verdienen das Orgelgehäuse und das Rokokogitter der Musikempore. Die relativ spärliche
Ausmalung wurde erst nach 1900 ins Werk gesetzt und 1956 erneuert. Die spätgotische
Kapelle an der Nordseite des Chors, das sogenannte ›Josefschörle‹, bewahrt einen guten
Sandstein-Kruzifixus, in dem deutlich – wie an vielen Orten dieser Gegend – das Beispiel des
Baden-Badener Kruzifixus von Gerhaert nachwirkt.

An den Außenmauern der Kirche befinden sich mehrere Grabdenkmäler von teils
hervorragender Qualität. Letzteres trifft vor allem auf das Epitaph des 1538 gestorbenen
Ritters Jörg von Bach an der Rückseite des Chors zu – ein üppig ausgeführtes und technisch
durchgebildetes Frührenaissance-Werk des Christoph von Urach (Abb. 38).

Vor der Kirche, im Gelände des alten, zu einer öffentlichen Anlage umgestalteten
Friedhofs, steht eine Kopie des ins Josefschörle verbrachten Kruzifixus und erinnert ein
großer Ölberg-Aufbau (Abb. 37) von 1524 an das qualitativ zwar nicht ganz erreichte, aber
in der Wiederholung doch gut getroffene Vorbild des Straßburger Ölbergs.

Meißenheim

Das Rieddorf Meißenheim nahe dem Rhein ist um Goethes und der Orgel willen all denen
bekannt, die von beidem mehr wissen als das Übliche. Zum Üblichen gehört die freud- und
leidvolle Liebesromanze, die sich zwischen dem jungen Goethe und der Pastorentochter
Friederike Brion im elsässischen Sesenheim entspann. Im Badischen, bei ihrer Schwester
und dem Schwager Pfarrer Marx in Diersburg, dann in Meißenheim hat die Enttäuschte
später gelebt; in Meißenheim starb sie 1803 im Alter von 61 Jahren, von allen als das ›Täntele‹
geliebt und verehrt. Der Mannheimer Bildhauer Wilhelm Hornberger schuf 1866 den
Grabstein mit dem marmornen Porträtkopf der Friederike, der sich an der Südwand der
evangelischen Pfarrkirche (1763–66) befindet. Was andererseits die Meißenheimer Orgel
betrifft, so ist sie nicht irgendeine, sondern eine der wenigen noch weitgehend original
erhaltenen Silbermann-Orgeln am Oberrhein, die wohl bei keiner Studienfahrt von
Orgelkennern ausgelassen wird.

Die *Kirche* selbst, deren Westfassade mit dem schlanken, von einer hochgereckten Haube
bekrönten Turm das Dorf weit überragt, ist die bedeutendste unter jenen Barockkirchen am
Oberrhein, die von Anfang an als evangelische Gotteshäuser geplant waren. Der aus Tirol
ins Elsaß eingewanderte Joseph Michael Schnöller war der Baumeister. Der rechteckige Saal
hat im Osten einen dreiseitigen Schluß, den die Orgelempore ausfüllt. Frei vor ihr steht der

Altar im Raum, der durch eine zweite Empore auf der gegenüberliegenden Seite etwas vom Charakter eines Zentralraums erhält. Der Altar und die auffallend schöne Kanzel sind Stuckmarmor-Arbeiten von Christian Eitel, der auch die prachtvollen, aus der Rocaille entwickelten Seitenkartuschen schuf. Das große Deckenbild mit der Himmelfahrt Mariä, das von vier schräg stehenden Eckfeldern umgeben ist, malte Johann Pfunner, während Sebastian Greither aus Baden-Baden u. a. die malerische Dekoration der Emporenbrüstung übernahm. Ein wenig verwunderlich ist es ja schon, daß für eine evangelische Kirche eine so relativ reiche und schmückende Ausstattung ins Haus geholt wurde. Offenbar waren sich die Gemeinde und die Ortsherrschaft der Wurmser von Vendenheim darin einig, daß Luther viel weniger als mancher seiner Mit- und Nachreformatoren besorgt war, ein Bild und sein Sinngehalt könnten miteinander verwechselt werden.

Das *Pfarrhaus* (ein Stück weit zurück auf der rechten Seite der Pfarrstraße) wurde möglicherweise wie die Kirche von Joseph Michael Schnöller entworfen und dabei recht großzügig ausgelegt. Hier erhalten interessierte Besucher den Schlüssel zur Pfarrkirche, es sei denn, sie kommen sonntags in den Sommermonaten. Da bleibt das Gotteshaus ohnedies bis zum Einbruch der Dunkelheit offen.

Schuttern (Friesenheim)

Ein adliger Pilgermönch irisch-schottischer Herkunft mit Namen Offo ist als Gründer von Offoniscella oder Offonisware im heutigen Schuttern überliefert – dem ältesten *Benediktinerkloster* auf der rechten Oberrheinseite, wenn man die Anfänge in die ersten Jahre des 7. Jahrhunderts datiert. Eine sehr frühe Gründung muß es auf alle Fälle gewesen sein, denn nach 725 hat der heilige Pirmin den Konvent schon wieder reorganisiert, und 817 erscheint Offoniscella im Dienstleistungsverzeichnis der Reichsklöster für Kaiser Ludwig den Frommen als zweites in der Gruppe der bestsituierten. Im Mittelalter zählte Schuttern zu den vierzehn bedeutendsten Reichsabteien, kam 1521 an Österreich und wurde 1803 säkularisiert. Die Klostergebäude sind zum größten Teil bis auf den Rest, der jetzt Pfarrhaus ist, abgebrochen worden.

Grabungen in den siebziger Jahren unter der Leitung des Lahrer Denkmalpflegers Karl List beglaubigten nicht nur die Existenz einer frühmittelalterlichen Zelle, sondern gaben auch genauen Aufschluß über die insgesamt sechs Kirchenneu- und umbauten auf dem Platz, auf dem zuvor eine römische Hofanlage und vermutlich auch ein kleiner Tempel gestanden hatten. Die gesamte Grabung liegt in der Unterkirche offen, ist übersichtlich geordnet und weitgehend zugänglich gemacht, jedoch dauern die Arbeiten noch an. Bis auf weiteres sind Besichtigungen der Unterkirche nur in kleineren Gruppen nach vorheriger Vereinbarung mit dem Pfarramt möglich. Vermittelt wird bei einer solchen Begehung ein erregender Einblick in mehr als eineinhalb Jahrtausende Baugeschichte und nebenbei auch in uralte Grabstätten. Die wertvollste Entdeckung, die den an der Grabung beteiligten Wissenschaftlern glückte, ist das älteste Mosaik, das man in der deutschen Kunst kennt. Es handelt sich um Fragmente einer Mosaikscheibe, die eine gemauerte Reliquiengrube des

IM HERZEN DER ORTENAU

Stifters Offo genau auf der Achse der karolingischen Kirche abdeckte, und die man jetzt, so gut es geht, zusammenzufügen und zu ergänzen versucht. Das Bildmosaik, das von Kain und Abel handelt und durch die Lebendigkeit der Gebärden und des Mienenspiels betroffen macht, ist allerdings nicht schon in karolingischer Zeit, sondern erst im frühen 11. Jahrhundert geschaffen worden.

Die gegenwärtige *Pfarrkirche Mariä Himmelfahrt* ist der barocke Endpunkt der langen Baureihe. Der markant aufragende Fassadenturm mit beiderseits geschlossenen Vorhallen, die oben mit Balustraden abschließen, greift auf Formen zurück, in denen sich französischer Einfluß geltend macht. Turmfront, Schiff und Chor bilden zusammen ein gutes Stück spätbarocker Architektur. Die originale barocke Ausstattung der bemerkenswert geräumigen Kirche, deren Raumstimmung eher schon klassizistisch kühl wirkt, ist nach einem Brandunglück (1853) durch weniger bedeutende, von verschiedenen Orten zusammengeholte Stücke ersetzt worden. Die Ausnahme ist eine spätgotische Madonna (um 1470) im südlichen Querhaus der Kirche – vermutlich eine Straßburger Arbeit aus dem Umkreis Gerhaerts, die man den besten Werken ihrer Art und ihrer Zeit im Oberrheinraum zurechnen darf.

Niederschopfheim (Hohberg)

Mit der *Pfarrkirche St. Brigitta* hat Johann Ellmenreich 1754–56 in Niederschopfheim eine der schönsten barocken Landkirchen im weiten Umkreis geschaffen – auch sie wiederum nur das letzte Glied in einer Reihe von Vorgängerbauten, über die allerdings die lückenhafte Geschichte der Pfarrei wenig verläßliche Auskunft gibt. Am Rande eines Hügels und in der Achse der auf sie zulaufenden Dorfstraße gelegen, spielt St. Brigitta mit ihrem dreigeschossigen Fassadenturm unter welscher Haube, der durch geschwungene Halbgiebel mit den Langhausseiten verbunden ist, mühelos die Hauptrolle im Dorf (Abb. 42). Im Innern wirkt alles sehr hell und heiter, wobei die Einzelteile der Ausstattung hinter dem Eindruck des Ganzen zurücktreten – auch der prachtvolle Hochaltar mit seiner Baldachinarchitektur, das gute Stuckwerk, der aus der vorangegangenen Kirche übernommene Taufstein (1616) mit Beschlagornament und einem etwas derben, doch recht ausdrucksvollen Figürchen Johannes des Täufers auf dem Deckel (Abb. 43), die dekorative Kanzel und ihr gegenüber in einer Nische eine holzgeschnitzte Pietà aus dem 17. Jh. Einheit in der Vielfalt stiften vor allem die Decken- und Kartuschenbilder Johann Pfunners mit Szenen aus dem Leben Christi.

Griesheim (Offenburg)

Das Äußere der barocken *St. Nikolauskirche* in Griesheim mit dem zum Vorplatz und zur Straße hin vorgebauten spätgotischen Chorturm wirkt unauffällig schlicht und verspricht kaum etwas von der Pracht, die den Besucher hier erwartet. Er betritt ein Gotteshaus und einen Festsaal zugleich. Johannes Schütz, der Stukkateur des Rastatter Schlosses, hat den Raum geradezu verschwenderisch dekoriert, während der vielbeschäftigte Johann Pfunner das signierte Hochaltarblatt mit der Verklärung des heiligen Nikolaus malte. Er darf wohl auch für die Darstellung von Mariä Himmelfahrt an der Langhausdecke in Anspruch genommen werden. Ebenso verschwenderisch wie der Stuckdekor kommt einem der Hochaltar des Bildhauers Franz Anton Hegenauer und des Jakob Karg aus Griesheim vor, der den Hauptteil aller Schreinerarbeiten in seiner Heimatkirche ausgeführt hat. Sowohl die Gruppe der Dreifaltigkeit mit den begleitenden Engeln über dem Hochaltarbild, als auch die Figuren der Pestheiligen Rochus und Sebastian zwischen den seitlichen Doppelsäulen sind ungewöhnlich feine, elegante Bildwerke.

Die Seitenaltäre, von denen der rechte – der Wendelinsaltar mit einer bezaubernden Figur des Hirtenheiligen (Abb. 40) – ursprünglich Hauptaltar war, treten hinter dem Prunk des jetzigen Hochaltars bescheidener zurück. Die Herkunft der Rokokokanzel mag ungeklärt sein, auf alle Fälle aber geht sie – wie der neben ihr stehende Beichtstuhl – in der Harmonie dieses Raumes voll mit auf. Das von reichem Rocailleschmuck umgebene baden-badische Allianzwappen über dem Triumphbogen verweist im übrigen auf die Beziehung der Griesheimer Kirche zum Herrscherhaus. In den Urkunden erscheint Markgraf Georg Ludwig von Baden-Baden als Bauherr. Er ließ den Erweiterungs- und Neubau der älteren Kirche 1748–50 von Johann Ellmenreich nach Plänen seines Hofarchitekten Franz Ignaz Krohmer erstellen. (Falls die Kirche geschlossen ist, wende man sich an die Kirchenpflegerin im Fachwerkhaus vor dem Turm.)

Appenweier

Kein Ort, dessen Name in aller Munde ist, ja nicht einmal den Kunstkennern recht geläufig – und doch beherbergt die Landgemeinde Appenweier ein schönes Stück stilreinen Rokokos: die nach Plänen Krohmers von Ellmenreich 1748–52 ausgeführte *St. Michaelskirche*. Äußerlich ist sie ein ansprechender, wohlproportionierter, dabei recht schlichter Bau, dessen Hauptakzente der Chornebenturm und die Westfassade mit ihren kräftigen Querprofilen und den spielerisch über den Eckpilastern des Untergeschosses aufgesetzten Obelisken sind.

Freundliche Stimmung herrscht erst recht im Innern, einem einschiffigen Saalraum mit Spiegelgewölbe und stark eingezogenem Chor. Die Stukkaturen an Decken und Wänden wie auch die in Stuckmarmor gearbeiteten Altäre und die Kanzel sind vorzügliche Leistungen von Johann Schütz. Die Gemälde, darunter die Himmelfahrt Mariens im Hauptraum und das Abendmahl an der Chordecke, stammen zum überwiegenden Teil von Benedikt Gambs. Johann Pfunner war der Maler des Hochaltarblatts (mit einer Darstellung des Kirchenpatrons) und der fünf Landschaften an der Emporenbrüstung, während der Rastatter Hofmaler Heinrich Lihl die Nebenaltarblätter zu der durchweg einheitlichen Ausstattung beisteuerte. Einziges Relikt aus einer früheren Kirche ist in einer Wandnische neben dem Kanzelaufgang die zwischen später Gotik und früher Renaissance vermittelnde Anna-Selbdritt-Gruppe, ein Holzrelief aus unbekannter Meisterhand. Es gehört zum wertvollsten Besitz des Appenweirer Gotteshauses.

119

Auf den Spuren Grimmelshausens

Oberkirch – Lautenbach – Allerheiligen – Unterharmersbach – Zell a. H. – Gengenbach – Ortenberg – Durbach – Herztal

Im Oberkircher Ortsteil *Gaisbach* zu Füßen der Schauenburg erinnert das Gasthaus ›Zum silbernen Stern‹ an die Zeit, da Johann Jakob Christoph von Grimmelshausen neben seinem wenig einträglichen Amt als Burgvogt sich und seiner zahlreichen Familie ein ebenfalls bescheidenes Zubrot als Wirt verdiente. Er war nach dem Ende des Dreißigjährigen Krieges mit seinem letzten Vorgesetzten, dem Obristen Hans Reinhard von Schauenburg, aus Offenburg hierher gekommen. Durch Vermittlung seines Schwiegervaters im Elsaß wurde er 1667 Schultheiß im nahen Renchen, wo er 1676 starb – seinen Zeitgenossen zwar als

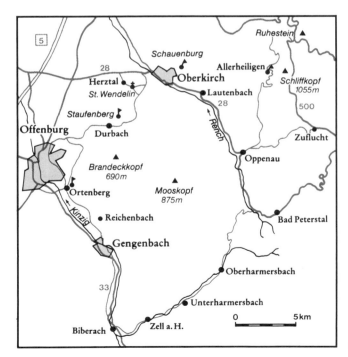

Von überallher der Blick zur Hohen Moos

›Schreiber‹ bekannt, jedoch nicht im entferntesten als einer der großen europäischen Dichter begriffen. Der Erstdruck seines berühmtesten Werkes, des ›Abenteuerlichen Simplicius Simplicissimus‹ war freilich auch nicht unter seinem Namen, sondern unter einem Pseudonym erschienen (s. Abb. S. 13).

Das Land an Acher, Rench und Kinzig, zwischen der Hornisgrinde und dem langgestreckten Gebirgsstock der Hohen Moos, ja bis hinüber zur Hohengeroldseck, ist Grimmelshausen-Land. Viele seiner Wanderungen in dieser Gegend haben sich im Werk des Dichters niedergeschlagen. Nicht von ungefähr kommt es auch, daß er seinen Helden Simplicius in der Gegend des Mooskopfs auf den Höhen zwischen Oppenau und Gengenbach zum Einsiedler werden und ihn hier die Landschaft schildern ließ, in der er jetzt lebte: das »schöne Aussehen gegen Aufgang in das Oppenauer Thal« beispielsweise, oder die »Grafschaft Geroltzeck, allwo dasselbe hohe Schloß zwischen den benachbarten Bergen das Aussehen hat wie der König in einem aufgesetzten Kegel-Spiel« oder auch den Rheinstrom »gegen Mitternacht der niedern Markgrafschaft Baden zu«.

Oberkirch

Das zuerst zähringische, dann fürstenbergische Oberkirch, das 1326 von Straßburg Stadtrecht erhalten hatte, blieb bis 1803 ein Kernstück der rechtsrheinischen Besitzungen der Straßburger Bischöfe mit der Folge, daß es immer wieder in deren kriegerische Händel mit hineingezogen und verwüstet wurde. Die heutige Stadt, soweit sie noch historisch ist, hat sich darum im wesentlichen erst im 18. Jahrhundert herausgebildet. Unter den vorherrschenden Fachwerkbauten ist einer der prächtigsten der Komplex des Hotels ›Zur oberen Linde‹ an der B 28 stadtaus- und renchtalaufwärts.

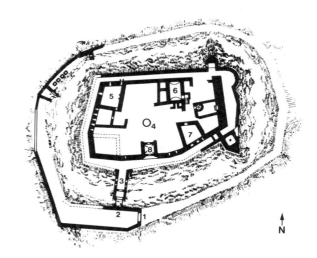

Schauenburg, Grundriß nach Rudolf H. Zillgith

1 *Burgtor*
2 *ehemalige Zugbrücke*
3 *Brückenbau*
4 *Reste des Brunnens*
5 *nordwestlicher Wohnturm*
6 *ausgegrabene Kellerräume*
7 *südöstlicher Wohnturm (Vollmarsturm)*
8 *Torhaus*

AUF DEN SPUREN GRIMMELSHAUSENS

Unmittelbar vor der ›Oberen Linde‹ zweigt nordwärts eine der Zufahrtsstraßen zur Ruine
der Schauenburg ab, die ursprünglich ebenfalls zähringischer Besitz war und als Mitgift der
Tochter Herzog Bertholds II. an den Grafen Gottfried von Calw kam. Dessen Tochter Uta
ist als Herzogin von Schauenburg und Stifterin des Klosters Allerheiligen (s. S. 124) in die
Geschichte eingegangen.

Hauptbauzeit der *Schauenburg* waren das 12. und 13. Jahrhundert. Seit 1689 ist sie Ruine
(Abb. 46). Innerhalb des Berings stehen noch zwei von vermutlich sechs Ganerbentürmen;
sie waren jeweils bewohnt von Abkömmlingen eines Burgherrn, die in ungeteilter Erbenge-
meinschaft miteinander lebten. Der stattlichste und besterhaltene von ihnen, der Vollmarsturm, zeigt noch eine Reihe gekuppelter frühgotischer Fenster. An die ungewöhnlich starke,
bis zu fünf Meter dicke Schildmauer auf der Bergseite hatte sich die Burgkapelle angelehnt.

Lautenbach

Hinter dem schlichten Äußeren der in jüngster Zeit durchgreifend restaurierten *Wallfahrtskirche Maria Krönung* in Lautenbach ist nicht ohne weiteres ein wahres Schatzkästlein der
Gotik zu vermuten, obwohl schon beim Näherkommen die hervorragende Bildhauerarbeit
einer von Engeln begleiteten Muttergottes aus weißem Sandstein im Bogenfeld des
Hauptportals Besonderes verspricht: eine ungemein lebendige, reich ausgeführte Skulptur
in der Gerhaert-Nachfolge.

Das Besondere ist auch im Inneren zunächst eine einfache, doch in allen Einzelheiten fein
durchgebildete und harmonisch gegliederte Architektur, ein netzgewölbter Saal mit stark
eingezogenem und verhältnismäßig langem Chor – das Ganze ein solides Lehrstück der
Straßburger Schule (Abb. 50). Die schmuckreichsten Akzente setzt einerseits die auf der
Südseite eingebaute Gnadenkapelle (1485), ein großzügig dekoriertes, fast nur aus Fenstern
bestehendes Sandsteingehäuse für die nach Diebstahl durch eine Kopie ersetzte Gnaden-
Muttergottes (um 1430). Andererseits wird das Bild belebt durch den Lettner – einen der
insgesamt acht aus der Zeit der Gotik, die in Deutschland noch vollständig erhalten sind. Er
nimmt die ganze Breite des Schiffes ein. Auf seiner rechten Seite befindet sich ein Kruzifixus
etwa aus dem Jahrzehnt vor 1500 aus der Hand eines unbekannten Bildschnitzers, der sich
offensichtlich den Baden-Badener Kruzifixus (Abb. 30) des Nicolaus Gerhaert zum Vorbild
nahm.

Der Hochaltar der Lautenbacher Kirche gehört zum Besten, was die spätgotische Kunst
am Oberrhein hervorgebracht hat. Dies gilt gleichermaßen für die Bildhauerarbeit am
Mittelschrein (Farbt. 19) wie für die Malerei auf den Flügeln. Da als Stifter Propst Johannes
Magistri von Allerheiligen durch sein Wappen ausgewiesen ist, muß die Entstehungszeit des
Altars mit dessen Amtszeit (1475–92) korrespondieren; alle Umstände deuten auf die letzten
Jahre dieser Zeitspanne hin. Die einen sehen im Mittelschrein mit den drei perspektivisch
vertieften, von üppigstem Rippen- und Rankenfiligran überwölbten Nischen sowie den in
Gold und Silber gefaßten Figuren der gekrönten Muttergottes auf der Mondsichel und den

122

beiden Johannes ein Werk des Heinrich Yselin, doch gibt es auch einleuchtende Gründe, statt seiner den elsässischen Meister der Dangolsheimer Madonna zu vermuten. Seit neuestem werden überdies Anhaltspunkte diskutiert, die für die Straßburger Bildschnitzer Geuch und Kamensetzer sprechen könnten.

Auch die Zuschreibung der acht hervorragend schönen Tafelgemälde auf den Flügeln – Szenen aus dem Marienleben auf dem geschlossenen, Christi Geburt, Beschneidung, Anbetung der Könige und Darstellung im Tempel im geöffneten Schrein – ist nicht gesichert. Argumente dafür, sie mit dem jungen Matthias Grünewald in Verbindung zu bringen, werden vielfach angezweifelt. Bei Dehio geht die Überlegung in Richtung einer Straßburger Werkstatt und eines an Hans Baldung gebildeten Meisters, was aber wiederum zu bedeuten hätte, daß die Flügel erst Jahrzehnte nach dem Schrein entstanden sein könnten. Allein der Umstand, daß bei allen Versuchen, die Autorschaft für den Lautenbacher Hochaltar zu klären, nur erste Künstler ihrer Zeit in Betracht gezogen werden, spricht für den Rang dieses Kunstwerks.

Es wird von kaum minder beachtlichen Seitenaltären begleitet. Der linke mit einer Pietà sowie den Heiligen Philippus und Jakobus im Schrein, den Heiligen Katharina und Barbara als Reliefs auf den geöffneten, einer gemalten Verkündigung auf den geschlossenen Flügeln ist ein weiterer Streitfall unter den Gelehrten. Einigkeit besteht darin, daß auch das Verkündigungsbild zu den Höhepunkten oberrheinischer Malerei der Zeit gehört, doch dann gehen die Meinungen wieder in Richtung Grünewald und den Kreis um Baldung auseinander. Gesichert ist die Entstehungszeit der Flügel durch das Stifterbild des Allerheiligen-Propstes Heinrich Fehl (1514–31) und ein für 1523 überliefertes Datum. Wiederum für Grünewald in Anspruch genommen wird das am rechten Seitenaltar (1521) wohl erst nachträglich angebrachte Standflügelpaar mit Bildern der Heiligen Elisabeth und Magdalena. Im Schrein stehen die Figuren der Heiligen Wolfgang und Martin, die auf den beiden beweglichen Flügeln gemalt wiederkehren. Auf deren Rückseite sind die Heiligen Antonius und Wendelin im Relief dargestellt.

Damit nicht genug: Das Lautenbacher ›Schatzkästlein‹ bewahrt immer noch 59 von ursprünglich 81 gemalten Scheiben mit Stifterbildnissen und Andachtsbildern – die letzteren vornehmlich zu Marienthemen. Hier ist sicher, daß sie in der berühmten Straßburger Werkstatt des Peter Hemmel aus Andlau entstanden sind. Zweifelsfrei steht auch fest, daß der zur Straßburger Bauhütte gehörende Hans Hertwig aus Bergzabern der Baumeister war.

Maria Krönung in Lautenbach ist eine Gründung der Ortenauer Ritterschaft im Anschluß an eine schon bestehende ältere Wallfahrt und mit Beihilfe des Bischofs von Straßburg. Mit dem Bau wurde 1471 begonnen; Schlußweihe war 1488. Schon acht Jahre vorher hatte der Bischof die Kirche an das Kloster Allerheiligen übergeben, dessen Mönche sich nach einer Brandkatastrophe in Lautenbach niedergelassen und hier ein neues kleines Kloster errichtet hatten. Dieses Ausweichquartier wurde nach dem Wiederaufbau von Allerheiligen Klosterhospiz. Von ihm übrig geblieben ist das an der Südseite von Maria Krönung angebaute Pfarrhaus. Das Schicksal hat es im übrigen mit dieser Kirche gut gemeint und sie nahezu unbeschädigt auch Kriegszeiten überstehen lassen. Gegen Ende des letzten Jahrhunderts

AUF DEN SPUREN GRIMMELSHAUSENS

wurde sie um zwei Joche nach Westen erweitert, dabei die alte Fassade unter Verwendung der originalen Portalgewände und des Skulpturenschmucks wiederholt sowie der Turm an der Nordseite neu danebengesetzt.

Allerheiligen (Oppenau-Lierbach)

Oberhalb der vielbesuchten *Büttensteiner Wasserfälle* und weit über dem *Lierbachtal,* das sich von Oppenau bis zu dem über 1000 Meter hohen *Schliffkopfrücken* hinaufzieht, liegt in der weltfernen, rings von Bergen und Wald umgebenen ›Wiesenau‹ die Ruine der *ehemaligen Prämonstratenser-Klosterkirche Allerheiligen* (Abb. 51), eines der frühesten gotischen Bauwerke in Deutschland und am Oberrhein. Herzogin Uta von Schauenburg hatte das Kloster 1196 gestiftet. Wenngleich Konvent und Kirche am Ende des 13. Jahrhunderts immer noch nicht zu Ende gebaut waren, weisen die Relikte jener Periode darauf hin, daß dies eine erste Blütezeit gewesen sein muß. Wir sind über sie allerdings kaum durch chronikalische Daten informiert.

Auf die 1469 vom damaligen Prior geäußerte Klage hin, das ganze Allerheiligen sei baufällig, beginnt ein Jahr später die Renovierung, aber noch im gleichen Jahr brennen große Teile der Klosteranlage ab. Der Konvent geht bis zum Wiederaufbau nach Lautenbach ins Exil. Ein weiterer Brand anno 1555, dazu die unsicheren Zeiten des Straßburger Bischofskrieges und des Dreißigjährigen Krieges lassen das Kloster nicht zur Ruhe kommen, bis es 1657 auf dem Generalkapitel des Prämonstratenserordens zur Abtei erhoben wird. Jetzt beginnt in Allerheiligen eine neue Blütezeit. Das Kloster wird Wallfahrtsort für ungezählte Pilger, zugleich aber auch wissenschaftliche Lehrstätte für den Ordensnachwuchs.

Mit der Säkularisation endet das klösterliche Leben. Den Verfall der Gebäude leitet im Sommer 1804 ein Blitzschlag ein. Was Winden und Wettern wohl noch eine lange Zeit standgehalten hätte, wird jetzt zu großen Teilen von Menschenhand zerstört und die Ruine als Steinbruch genutzt, bis Vernunft und Ehrfurcht endlich Einhalt gebieten. Heute müssen beträchtliche Mittel aufgebracht werden, um die Reste eines weit über die Landesgrenze hinaus berühmten Kulturdenkmals zu erhalten.

Diese Reste vermitteln noch eine recht anschauliche Vorstellung davon, wie das Münster einmal ausgesehen hat: da ist die Vierung, über der sich einst ein kleiner Turm erhob, da kehrt das Grundmaß dieser Vierung im Chorquadrat und in den frühgotischen, noch von romanischen Erinnerungen bewegten Querschiffarmen wieder, und da sind vor allem viele Architekturglieder und Schmuckformen, die auf Straßburg und über Straßburg hinaus auf St. Denis und andere Vorbilder verweisen. Das Langhaus wurde nach dem Brand von 1470 als spätgotischer Hallenraum neu errichtet, doch auch hier – in der Westwand und in den Ruinen der Vorhalle – klingt noch romanische Formensprache aus der Frühzeit nach. Das Kloster selbst ist bis auf geringe Reste von Sakristei, Kapitelsaal und Kreuzgang südlich des Querhauses, die in jüngster Zeit konserviert wurden, verschwunden.

Alles in allem mag man es viel oder auch wenig nennen, was die Zeiten von Allerheiligen übrigließen – es ist jedenfalls mehr als das bloße Gemäuer. Wer in den stilleren Jahres- oder

Kloster Allerheiligen, aufgenommen von Abt Felix. Lithographie von Brückert-Vogelweith in Gebweiler

Tageszeiten den Touristenbussen zu entgehen versucht und mit um so freieren Sinnen hierher kommt, wird diesen Ort eines von ungezählten Mönchen geteilten Lebens zu Gott hin inmitten einer der schönsten Schwarzwaldlandschaften kaum gleichgültig wieder verlassen.

Nach Allerheiligen führt die Straße von Oppenau durch das *Lierbachtal* hinauf. Auf gleichem Wege nach Oppenau zurück und renchtalaufwärts bis Bad Peterstal ist der Übergang ins Harmersbach- und Kinzigtal am schnellsten zu erreichen. Weniger Eiligen sehr zu empfehlen ist der Umweg zu der Paßhöhe oberhalb von Allerheiligen (dort auf dem ebenen Weg in Verlängerung des Parkplatzes schöne Ansichten des Wiesengrundes mit der Klosterruine und nach knapp zehn Minuten Gehzeit an einer Felskanzel prachtvoller Ausblick ins Renchtal und auf den mittleren Schwarzwald), dann weiter zur *Schwarzwaldhochstraße* beim *Ruhestein*, schließlich über *Schliffkopf* (hier lohnende zehn Minuten Anstieg zum Gipfel) und Zuflucht nach Oppenau.

AUF DEN SPUREN GRIMMELSHAUSENS

Zell a.H. mit Unterharmersbach

Das historische ›Freie Reichstal Harmersbach‹, zu dem die jetzt an Zell am Harmersbach übergegangenen Gemeinden Ober- und Unterharmersbach gehörten, und das 1718 seine Reichsunmittelbarkeit erlangte, war nicht mehr und nicht weniger als eine kleine Bauernrepublik mit eigenen Sitten, Rechtsnormen und einer Art von bäuerlicher Aristokratie, die sich allemal auch gegen die benachbarte Stadt Zell durchsetzte, wenn es sein mußte. Gewiß hängt es mit dieser lange eingeübten Selbständigkeit zusammen, daß sich im Harmersbachtal mehr als anderswo alte Bauernhöfe, Trachten und Bräuche, ja sogar ungewöhnlich viele Bildstöcke erhalten haben. Zell wiederum, die ›Cella‹, war sehr wahrscheinlich eine Gründung des Klosters Gengenbach, erscheint erstmals 1139 in einer Urkunde, wird die kleinste aller Reichsstädte und ist seit 1803 badisch.

In **Unterharmersbach** – aus Richtung Gebirge am Ortsende, von Zell her am Ortsanfang – trennt der Bach, über den an dieser Stelle eine Brücke führt, die Straße von der *Wallfahrtskirche Maria zur Ketten.* Den Namen hat diese von zwei Kettenwundern: der Befreiung eines frommen Schmiedegesellen aus Schuttern von seinen Ketten in türkischer Gefangenschaft zur Zeit der Kreuzzüge und von der gescheiterten Absicht eines Ketzers, eine vermutlich als Votivgabe in der Kirche hängende Kette in einen Steigbügel umzuschmelzen.

Der spätgotische Chor, der vordere Teil des Langhauses bis zur jetzigen Kanzel und der Turm der Wallfahrtskirche wurden gegen 1480 gebaut, das Schiff um 1550 zum erstenmal verlängert, 1744 im hinteren Teil durch einen Querbau vergrößert und 1911 ein weiteres Mal um zwei Joche nach Westen erweitert. Dabei wurde die Fassade von 1744 erneut vorgesetzt. Das Gnadenbild auf dem Hochaltar der überwiegend barock (u. a. von Philipp Winterhalter und Andreas Maulbertsch) ausgestatteten Kirche ist ein frühgotisches, fast einen Meter hohes, aus Kiefernholz geschnitztes Marienbildnis, das zu Anfang des 18. Jahrhunderts dem Zeitgeschmack des Barock angepaßt wurde. Marianische Themen klingen auch in den Gemälden der Flachdecke an. Ein zweites Gnadenbild vom Ende des 17. Jahrhunderts wurde 1911 von einem der Seitenaltäre in die Nische über dem Westportal übertragen, und noch einmal von Gnade ist die Rede an dem Brunnen vor der Kirche mit einer Sandsteinfigur der Madonna von 1790.

Die Stadt **Zell** hat durch Kriege und eine Reihe schwerer Brände so sehr gelitten, daß von dem alten Stadtbild und der Stadtbefestigung nur Reste übriggeblieben sind. Zu ihnen gehören die *Alte Kanzlei* hinter dem an der marktartig erweiterten Hauptstraße stehenden *Rathaus* (1895) sowie – noch ein kleines Stück weiter zurück – der *Storchenturm.* In ihm wurde ein *Heimatmuseum* eingerichtet, das u. a. auch einen Überblick auf die Produktion der 1794 in Zell gegründeten Fayencefabrik gibt. Interessant an der katholischen *Pfarrkirche St. Symphorion,* einem Neubau von 1790–94 mit einheitlicher und durchaus achtbarer Ausstattung im Louis-seize-Stil, ist der Altaraufbau mit Orgel, Sängerempore und Altar übereinander.

126

Gengenbach

Zusammen mit den Tortürmen der Stadt und dem Turm der ehemaligen Abteikirche weist schon von weitem das kleine *Wallfahrtskirchlein* auf dem *Einbethenberg*, dem ›Bergle‹, den Weg nach Gengenbach. Dort oben hatten die Kelten ein Heiligtum, das sie den Schicksalsfrauen Einbeth, Wilbeth und Warbeth weihten, dort folgten ihnen die Römer mit einer Kultstätte zu Ehren Jupiters, aus der sich ein Votivstein (jetzt im Badischen Landesmuseum in Karlsruhe) erhalten hat, und schließlich wurde im frühen Mittelalter die erste St. Jakobs-Kapelle errichtet, die seit 1661/62 durch einen Neubau ersetzt ist. Zwei der Schutzheiligen, der Apostel Jakobus d. Ä. und Bischof Apollinaris von Ravenna sowie die heilige Anna und Joseph mit dem Jesuskind sind hier als charaktervolle Figuren eines Villinger Meisters (vermutlich Johann Schupp) aus der Erbauungszeit gegenwärtig. Eine barocke Außenkanzel an der Nordseite der 1970 renovierten Kapelle läßt auf den großen Zuspruch schließen, den die Bergwallfahrt einmal hatte.

Vom Bergle herab hat man den schönsten Überblick auf die Tallandschaft und die Stadt (Abb. 47), die von einer ovalen Ringmauer umschlossen und im Innern des gemeinsamen Berings durch eine weitere Mauer vom Klosterbezirk getrennt war. Im Norden, wo auch das *Haigeracher Tor* (Kern 13. Jh., mehrfach der Zeit angepaßt) steht, überdauerte ein Teil der Ummauerung mit dem halbrunden *Schwedenturm* nach Westen und dem *Prälatenturm* im Südosten. Gegenstück des Haigeracher Tors im Süden ist das ebenfalls mehrfach veränderte *Kinzigtor* (14. Jh., Dach und Barockerker 17. Jh.), während vom ehemaligen Offenburger Tor im Westen nur der reicher als die anderen Türme durchgebildete *Niklas- oder Niggelturm* (neuerdings als *Narrenmuseum* eingerichtet) übrigblieb.

Anheimelnder als in Gengenbach, belebter und zugleich behutsamer aufs Bewahren bedacht, kann ein Stadtbild kaum sein. Der Kriege und Verwüstungen wegen, die das Kinzigtal heimsuchten, präsentiert es sich vornehmlich mit der Bausubstanz des 18. Jahrhunderts als ein schönes Beispiel bürgerlichen Barocks, in dem Fachwerk – auch in vielen reinen Schmuckformen – dominiert und stattliche Steinbauten der Gemeinde wie des Patriziats auf gediegenen Wohlstand schließen lassen. Einer dieser Bauten ist das von einer Madonna im Volutengiebel beschützte *Pfaffsche Haus*, die ehemalige Ratskanzlei an der Westseite des Marktplatzes, als deren Baumeister der Vorarlberger Franz Beer vermutet wird. Das *Haus Löwenberg* auf der Marktplatz-Südseite in Richtung Kinzigtor beherbergt ein *Heimatmuseum* und darinnen einige Räume für Wechselausstellungen moderner Kunst. Zu den historischen Sammlungen gehört auch Kunstbesitz der ehemaligen Abtei.

Das klassizistische *Rathaus*, das der Stadtbaumeister und Ratsherr Victor Kretz anno 1784 den Gengenbachern hinstellte, ist über dem Giebel des Mittelrisalits gleichwohl noch in Formen des Rokoko mit allegorischen Figuren der Gerechtigkeit und der Klugheit sowie mit einem Wappenadler von Peter Schwab geschmückt. Die steinernen Maskenkonsolen des Balkons versinnbildlichen die vier Weltteile. Unmißverständlich sollte sich in diesem mächtigen Bau das Selbstbewußtsein der Freien Reichsstadt gegenüber dem Kloster dokumentieren.

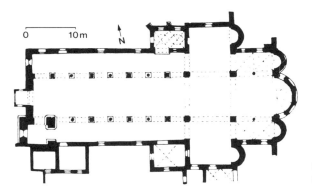

*Gengenbach,
ehemalige Klosterkirche, Grundriß*

Als Dienstältester in der Runde amtierte indessen lange vor dieser Zeit – um genau zu sein: seit 1582 – der steinerne Ritter auf dem *Marktbrunnen* (Farbt. 7), Sinnbild reichsstädtischer Vergangenheit, wie sie die Urkundenrolle in seiner Hand bezeugt. Um noch einmal genau zu sein: Der Herr Ritter läßt sich seit kurzem durch eine Kopie vertreten und zog sich selbst altershalber ins Haus Löwenberg zurück.

Reichsstadt war Gengenbach von etwa 1218 bis 1803, mußte allerdings die Reichsstandschaft immer wieder hart dem Kloster gegenüber verteidigen und setzte sich auch nur für eine kurze Zeit mit dem Bekenntnis zur Lehre Luthers durch. 1547 war es hier mit der Reformation schon wieder zu Ende.

Die Gründung des *Benediktinerklosters* durch den heiligen Pirmin ist um 740 anzunehmen. 1007 kommt es als kaiserliche Schenkung an das neu eingerichtete Bistum Bamberg, tritt zur Amtszeit des 1120 gestorbenen Abtes Friedrich der Hirsauer Reform bei, erlangt vor 1278 Reichsunmittelbarkeit, schließt sich 1483 der Bursfelder Kongregation an und wird 1803 säkularisiert.

Die Bausubstanz der jetzigen *Stadtpfarrkirche St. Maria* (Abb. 47) entspricht in ihren wesentlichen Teilen noch der Klosterkirche zur Zeit des Anschlusses von Gengenbach an die Hirsauer Reform. Das Gotteshaus ist damit neben Schwarzach (s. S. 107) der bedeutendste der noch weitgehend original überkommenen oder in ihren ursprünglichen Zustand zurückrestaurierten romanischen Kirchenbauten am rechten Oberrhein und am Schwarzwaldrand. Bauzeit waren die ersten Jahrzehnte des 12. Jh. Spätere Eingriffe im Sinne der Gotik und des Barock wurden Ende des 19. Jh. mit drei größeren Ausnahmen wieder rückgängig gemacht: die eine ist die gotische Apsis des Hauptchors, die andere die barocke Vorhalle, die eine verschwundene, durch Grabungen nachgewiesene, wahrscheinlich zweistöckige romanische Vorgängerin ersetzt, und die dritte der 1714–16 von Johann Jakob Rischer aus Bregenz (möglicherweise unter Beteiligung von Franz Beer) erbaute barocke Turm, einer der schönsten, elegantesten seiner Art, der in der weiten Umgebung von Gengenbach mehrfach nachgeahmt wurde. Geblieben sind allerdings auch die seitlichen Anbauten: die Marienkapelle von 1505 am nördlichen Querschiff mit der spätgotischen

2 KARLSRUHE Schloß und Schloßplatz mit Lengelachers Skulpturenschmuck
◁ 1 ETTLINGEN Asam-Saal im Schloß   4 TIEFENBRONN St. Maria Magdalena ▷
3 BADEN-BADEN Kurhaus mit dem original verbliebenen Mitteltrakt von Weinbrenner

5 Reichental über dem Murgtal

6 Altensteig

7 Gengenbach Marktplatz ▷

9 NEUWEIER mit der Yburg
◁ 8 Blick von der Schwarzwald-Hochstraße in das Bühlertal und zu den Vogesen
10 BURG ORTENBERG

11 Das Bücherntal bei Haslach

12 Bauernhaus im Gutachtal

13 Berneck
14 Im Fachwerk- und Blumendorf Sasbachwalden

15 CALW Marktstraße

16 SCHILTACH Fachwerkgruppe beim Gasthaus ›Zum Adler‹

17 WALDKIRCH   St. Margaretha

18 BUCHENBERG   Ehemalige Nikolauskirche

20 NIEDERROTWEIL   Marienkrönung, um 1525/30 ▷
19 LAUTENBACH   Wallfahrtskirche Maria Krönung, Mittelschrein des Hochaltars

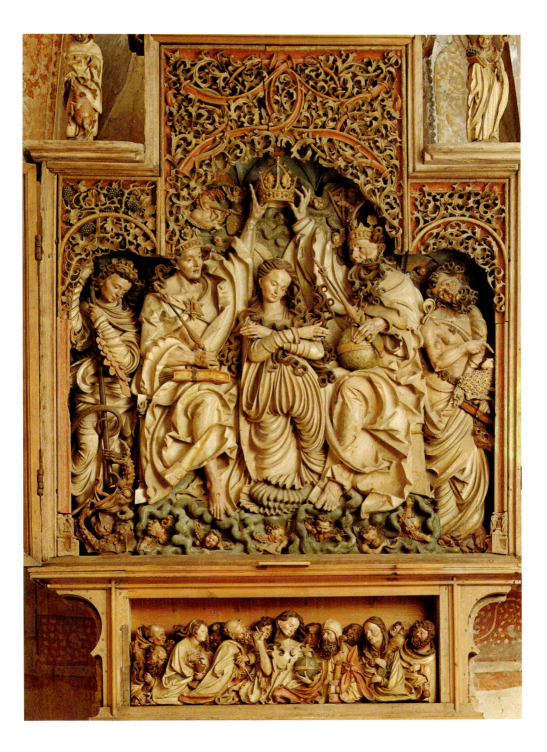

21 BREISACH Münster und Stadt
22 BLANSINGEN Evang. Pfarrkirche, Szene aus dem Leben Petri
23 KIPPENHEIM Kath. Pfarrkirche, Altarflügel ›Mariä Verkündigung‹

25 FREIBURG Hochaltar von Hans Baldung im Münster

◁ 24 FREIBURG Das Münster mit dem ›schönsten Turm der Christenheit‹

26 FREIBURG Münster, ›Fenster der Bäckerzunft‹ ▷

27 St. Trudpert im Münstertal
28 Freiburg Muttergottesfigur am Hauptportal des Münsters
29 Freiburg Anna Selbdritt (um 1480), Augustinermuseum

30 St. Ulrich im Möhlintal

31 St. Peter

32 Blick vom Schauinsland in den Hofsgrund ▷

33 Oberbergen im Kaiserstuhl

34 Kirchhofen

35 Burgruine LANDECK bei Emmendingen

36 Burgruine HOCHBURG

37 Elzacher Schuddige

38 Laufenburger Tschättermusik

39 Offenburger Hexe

40 Staufener ›Mittwocher und Schnurrewibli‹

41 Kleiner Bollenhut (›Rosenhut‹) und Festtracht mit ›Brautschäpel‹

42 Erntedankfest in St. Peter

43 Nazo-(Ignaz-)Häusle bei St. Märgen

44 Ein ganzer ›Wald‹ voll Reben

45 Kellertür eines Winzerhauses in Fessenbach

46 Weinberge in der Ortenau

47 Spätlese bei Schliengen

48 Weinlese

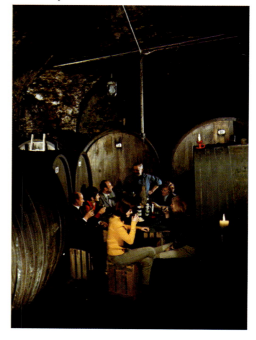
49 Weinprobe ›vor Ort‹

50 TENNENBACH Frühgotische Kapelle des abgebrochenen Klosters
51 URACH Wehrkirche   52 Hotzenwald-Landschaft mit Alpenblick ▷

53 Blick von Breitnau zum Feldberg

54 Sommertag am Schluchsee

55 PRÄG im Südschwarzwald

56 LAUFENBURG am Hochrhein

57 Über den Talnebeln im Hornisgrindegebiet ▷

Zierarchitektur eines Heiligen Grabes von bester Qualität und Figuren nach straßburgischen Vorbildern (Abb. 48) sowie Franz Beers barocke Josephskapelle am südlichen Querschiff. Barock ist außerdem eine Maria mit Kind an der Westfassade, die Steinmadonna im Giebel darüber jedoch romanisch wie das Relief mit dem Johannes-Symbol des Adlers neben der Vorhalle und die beiden liegenden Löwen am Portal.

Der romanische Hauptraum (Abb. 49), dem in allen Abschnitten des Grundrisses das Raumquadrat der Vierung als Maß zugrunde liegt, folgt mit dem Verzicht auf eine Krypta und der dreischiffigen Choranlage, mit zwei Apsiden an den Nebenchören und zwei weiteren an den Querhausarmen sowie der Eingrenzung des chorus minor durch Pfeiler Hirsauer Baugewohnheiten (s. S. 69), weicht aber in einem wichtigen und rechtsrheinisch sonst nicht bekannten Detail von ihnen ab: Beiderseits des chorus minor werden die Arkaden abwechselnd von Säulen und Pfeilern gestützt. Dieser Stützenwechsel ist ein elsässisches Element und wohl von Surburg (nördlich von Hagenau) übernommen worden. Besonders schön ausgebildet sind in Gengenbach die Würfelkapitelle und die abgeschrägten Kämpferplatten mit eingemeißelten Ornamenten.

Die Ausmalung des Innenraums ist in ihrer jetzigen Form ein Werk der letzten Jahrhundertwende. Dehio sieht in ihr einen Widerspruch zu heutigem Empfinden. Man kann es aber auch anders sehen: als einen Versuch nämlich, mittelalterlicher Architekturauffassung, die einen romanischen Innenraum ohne Farbe nicht gelten läßt, nachträglich wieder gerecht zu werden. Nach ausführlicher Diskussion des Für und Wider, die der Renovierung der Kirche in der ersten Hälfte der achtziger Jahre vorausging, hat denn auch das Landesdenkmalamt entschieden, daß die neuromanische Ausmalung erhalten bleiben sollte, weil es sie in einer so reinen Ausprägung im ganzen süddeutschen Raum nicht noch einmal gibt.

Stadtauswärts in Richtung Ortenberg sind noch zwei weitere Gengenbacher Sehenswürdigkeiten mit Aufmerksamkeit zu bedenken: der *Löwenbergsche Park* mit seinen beiden Barock-Pavillons, mit Statuen des Mars und der als Rokokobildwerk meisterhaft gelungenen Minerva von Fidelis Sporer, ferner die ehemalige Pfarr- und jetzige Friedhofskirche *St. Martin*, eine frühe fränkische Gründung um das Jahr 500, seit der Mitte des 15. Jahrhunderts ein inzwischen wieder mehrfach veränderter Neubau. Prunkende Altäre von Philipp Winterhalter (1722 und folgende), das Hochaltarblatt mit St. Martin und dem Bettler von Hansjörg Hildebrandt aus Wolfach, die stilreine Rokokokanzel und der danebenstehende Grabstein von Peter Schwab sind die wichtigsten Stücke der Ausstattung. Als sehr gute Steinmetzarbeiten empfehlen sich zahlreiche reichverzierte Grabdenkmale an der Kirchenmauer und auf dem für sich allein schon sehenswerten, parkartig angelegten Friedhof.

Weiter außerhalb im freien Gelände an der Straße nach Ortenberg steht unterhalb einer kleinen, an der steinernen Randmauer kenntlichen Brücke ein hübscher *Johann-Nepomuk-Brunnen* (Abb. 45) von bedeutender künstlerischer Qualität, ein Werk des Peter Schwab. Der Platz gehört schon zum Stadtteil **Reichenbach,** zu dem einige hundert Meter weiter rechts eine Straße abzweigt. Gleich nachdem man die neue Richtung eingeschlagen hat,

161

AUF DEN SPUREN GRIMMELSHAUSENS

erscheint rechterhand über dem Bach (hier auch eine Brücke) hinter Bauernhäusern die *Peterskapelle* aus dem 12. Jahrhundert, ein einschiffiges Chorturmkirchlein, das von den alten romanischen Fenstern nur noch eines behalten hat, im 14. Jahrhundert den Turm und den Chor mit doppeltem Rippengewölbe und gotischen Maßwerkfenstern hinzuerhielt und im frühen 18. Jahrhundert mit einem barocken Altaraufbau ausgestattet wurde. Beachtenswert sind außen unter dem Vordach ein recht roh gearbeitetes Relief (Ende 12. Jh.) mit einer Darstellung der Schlüsselübergabe an Petrus im geraden Türsturz und innen der Rest der ursprünglichen Bemalung, ein nahezu acht Meter langer Bilderfries mit Passionsszenen an der Südwand (etwa 1450).

Ortenberg

Die Wegweiser zur Jugendherberge führen zugleich zur *Burg,* die man schon von weither in den Weinbergen liegen sieht (Farbt. 10). Ihre Wohnbauten sind der allgemeinen Besichtigung nicht zugänglich, wohl aber die Turmanlage. Die – wie anzunehmen ist – zähringische Gründung des 11. Jahrhunderts spielte als Abschirmung des Kinzigtals gegen die Oberrheinebene eine wichtige Rolle. Nach dem Aussterben der Zähringer kam die Burg vorübergehend an die Staufer. Seit 1678 war sie Ruine, wurde jedoch im Auftrag des Freiherrn von Berckholtz von dem Karlsruher Baurat Jakob Friedrich Eisenlohr in den Jahren 1838 bis 1843 im Stil romantischer, wenn auch etwas trocken wirkender Neugotik neu auf- und ausgebaut. Alter Bestand ist nur noch der aus schönen Bossenquadern gemauerte Unterbau des Bergfrieds.

Ähnlich wie angesichts der Hohkönigsburg im Elsaß hat es auch im Falle Ortenberg nicht an Kritikern gefehlt, die mit einer solchen Baukastenarchitektur wenig oder nichts im Sinn haben. Man darf aber wohl nicht ganz übersehen, daß es unter den heutigen Bauweisen Schlimmeres gibt als eine solche neugotische Fata Morgana, die selbst schon wieder historisch geworden ist und immerhin Erinnerungen belebt an Zeiten von früher landvögtischer Vergangenheit unter habsburgischen, straßburgischen und anderlei Vorzeichen bis zur Beinahe-noch-Gegenwart Altbadens.

Die *Wallfahrtskapelle Mariä Ruh* am Bühlweg im Ortenberger Ortsteil **Käfersberg,** deren Gnadenbild, eine Vespergruppe, in die Erbauungszeit Ende des 15. Jahrhunderts gehört, birgt einen reichen Schatz von Wandmalereien aus dem frühen 16. Jahrhundert, auf dessen Existenz hier zumindest hinzuweisen ist.

Durbach

Folgt man unserer Wegweisung, dann ist Durbach als einer der berühmtesten Weinorte der Ortenau nicht zu verfehlen, wenn man sich an die Beschilderung der Badischen Weinstraße hält. Es lohnt sich, den Ort ein wenig näher kennenzulernen, auch einen Blick auf das

Holzschnittillustration aus dem frühesten Straßburger Druck eines Versepos (um 1310) des Dichters Egenolf von Staufenberg

Schlößchen Grol im Dorf zu werfen, das heute Freiherr von Metternichscher Besitz ist, und vielleicht zum markgräflich-badischen *Schloß Staufenberg* hinaufzugehen oder zu fahren, sei es der reizvollen Aussicht oder auch eines guten Tropfen Weines wegen. Die auf einer steilen Bergkuppe gelegene Burg ist – unter Einbeziehung alter, romanischer Reste – ein Werk der Romantik, in ihrer gegenwärtigen Form von 1832 an errichtet. Gegründet hatte sie Otto von Hohenstaufen, Bischof von Straßburg, im 11. Jahrhundert. Die Ritter von Staufenberg, zu deren Geschlecht der Dichter Egenolf von Staufenberg (um 1300) gehörte, waren Lehensmannen der Herzöge von Zähringen.

Herztal (Oberkirch-Nußbach)

Zu guter Letzt gibt es zwar keinen zwingenden Grund, auf der Rückfahrt nach Oberkirch in Bottenau die Badische Weinstraße für einen Abstecher zur *Wallfahrtskapelle St. Wendelin* über der kleinen Ortschaft *Herztal* zu verlassen. Doch die Fassade des hübschen, von Johann Ellmenreich erbauten Barockkirchleins ist mit ihrem Rundturm in der Mitte und der Außenkanzel über dem kleinen Portal immerhin originell. Und originell auf eine andere Art ist auch die von Johann Pfunner mit Darstellungen des Hirtenheiligen und der Dreifaltigkeit ausgemalte Chornische, die Wand- und Altarbild zugleich ist.

Der Hünersedel lädt zu sich ein

Lahr mit Burgheim – Seelbach – Wittelbach – Hohengeroldseck – Prinzbach – Steinach – Haslach – Elzach – Waldkirch – Hochburg – Tennenbach – Emmendingen – Burg Landeck – Kenzingen – Herbolzheim – Ettenheim mit Ettenheimmünster – Mahlberg – Kippenheim

Mit den Tausender-Gipfeln des Schwarzwaldes kann der *Hünersedel* zwar nicht mithalten, aber in dem kleinen Reich, das wir in dem folgenden Kapitel umfahren, ist der Hünensitz oder Riesensessel, wie man seinen Namen zu deuten versucht, mit 744 Metern der unumstrittene Herrscher. Um sich herum hat die in grauen Vorzeiten vom hohen Schwarzwald abgebrochene Majestät, die ihre Besucher mit herrlichen Wanderwegen und noch schöneren Ausblicken belohnt, eine beschaulich weit nach allen Seiten sich dehnende Landschaft versammelt, in deren Hintergrund überm Elztal ein gewaltiger Kulissenschieber die Großen der Gegend vom Rohrhardsberg bis zum Kandel als Bühnenbild hingestellt hat.

Nun sollte man aber nicht versuchen, die in diesem Kapitel vorgeschlagene Strecke, die für sich allein schon weitläufig genug ist, auch noch mit dem Wandererlebnis Hünersedel in einer einzigen Tagestour zu verbinden. Ohnehin wäre vielleicht eine Halbierung des Rundwegs zu erwägen – dergestalt etwa, daß man von Elzach aus auf abwechslungsreichen Nebenstraßen über *Schweighausen* (mit einer hübschen, ganz frisch restaurierten Barockkirche) entweder ins *Schuttertal* Richtung Lahr oder ins *Ettenbachtal* Richtung Ettenheim hinüberfährt und die andere Hälfte der Runde bei anderer Gelegenheit nachholt. In der Gegend von Schweighausen wäre man dann auch dem Hünersedel recht nahe. Eine weitere Querverbindung zwischen *Elzach* und *Biederbach* auf der einen, dem *Brettenbachtal* und der *Gemeinde Freiamt* auf der anderen Seite käme ihm noch näher.

Lahr

Der als Museum eingerichtete *Storchenturm* (Abb. 52) mit Teilen seiner Schenkelmauern mitten in der wohnlich aufgeräumten Altstadt von Lahr ist der bescheidene Rest einer der großartigsten spätstaufischen Burgen in Deutschland und zugleich der älteste Zeuge für die Geschichte der Siedlung, die sich um die Wasserburg der Herren von Geroldseck entwickelt hatte und gegen Ende des 13. Jahrhunderts Stadtrecht erhielt. Vier solcher Rundtürme umstellten einst die streng quadratische Anlage, in deren Mitte sich ein ebenfalls quadratischer Bergfried erhob. Die Ähnlichkeit dieses Konzepts mit der Bauweise staufischer Kastelle in Süditalien ist nicht von der Hand zu weisen. Das mit größter Sorgfalt behauene

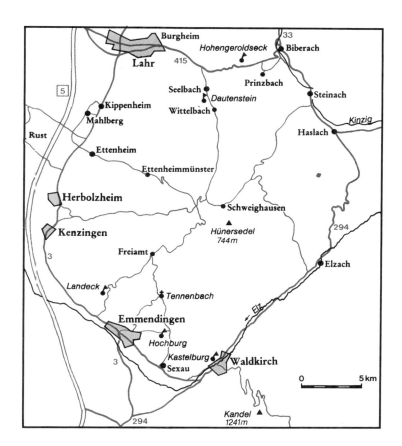

Beschauliche Landschaft vor großer Schwarzwald-Kulisse

Buckelquaderwerk wie auch Details der Türstürze und Fensterformen belegen die handwerklich-künstlerische Qualität, die dem ganzen Bauwerk einmal eigen gewesen sein muß. Die Franzosen zerstörten die Burg 1677; sie wurde danach bis auf den verbliebenen Rest abgetragen.

Der Storchenturm steht nahe der Mitte der Straßenachse, die das alte mit dem neuen Rathaus verbindet. Das *alte Rathaus* von 1608 mit seiner Freitreppe, im Grunde ein reizvolles Beispiel für die Stilmischung von Gotik und Renaissance, ist durch spätere Umbauten zu seinem Nachteil verändert worden (Abb. 54). Nicht weit von hier, Kaiserstraße 41, ist das durch seine Schaufenster im Erdgeschoß ein wenig entstellte *Stößersche Haus* allemal einer der bemerkenswertesten Wohnbauten Lahrs, die man im übrigen als eine recht bunte Mischung von Spätbarock, Rokoko, Klassizismus und Biedermeier neben noch älterem Baubestand (z. B. der *Stiftsschaffnei* aus der zweiten Hälfte des 16. Jahrhunderts beim alten Rathaus) vorfindet. Das *neue Rathaus* war ursprünglich Privatbesitz und 1808 im

165

DER HÜNERSEDEL LÄDT ZU SICH EIN

Lahr, Rekonstruktion der Wasserburg von Karl List (heutiger Rest: der Storchenturm)

Weinbrennerstil als vornehmes, von einem kleinen Parkgarten umgebenes Stadtpalais für die Familie Lotzbeck erbaut worden.

Die jetzt *evangelische Pfarrkirche* gehörte in den Anfängen zu einem Augustiner-Eremitenkloster des 13. Jahrhunderts, das 1482 zum Stift erhoben wurde und als solches bis 1558 bestand. Von der alten Kirche ist nur die Chorpartie (Abb. 53) noch nahezu original erhalten, das übrige 1848–51 in eine erweiternde Neugestaltung durch den Weinbrenner-Schüler Friedrich Eisenlohr integriert worden. Ganz neu sind der Turm und die Westfassade, letztere allerdings unter Verwendung der spätgotischen Portale. Geblieben ist der Kirche dessen ungeachtet die Harmonie der Maße, geblieben auch noch viel vom Charakter, der lichten Transparenz früher Gotik, wobei um so merkwürdiger der Kontrast ist, der von den altertümlich wirkenden, eher der Romanik zuzuordnenden, jedenfalls ganz ungotisch schweren, gedrungenen Arkadenpfeilern ausgeht.

Im Denkmalhof neben der Kirche, der einmal Friedhof war, sind an der Mauer zahlreiche interessante Grabplatten beieinander – interessant vor allem deshalb, weil sich an ihnen einige Jahrhunderte Stilentwicklung ablesen lassen. Mittelpunkt ist eine Kreuzigungsgruppe aus der zweiten Hälfte des 16. Jahrhunderts.

Im nordöstlichen Stadtteil **Burgheim** war die jetzt evangelische, ehedem katholische *Kirche St. Marien, Petrus und Allerheiligen* bis 1492 die Pfarrkirche für Lahr. Grabungen in den fünfziger Jahren wiesen eine merowingische Saalkirche mit halbkreisförmiger Ostapsis für die Zeit vor 700 nach. In ihr wurden u. a. alamannische Steinkistengräber mit zum Teil reichen Grabbeigaben entdeckt. Der bisher einzige rechtsrheinisch gefundene Monolith-Sarkophag aus Burgund wurde dabei freigelegt. Er stammt aus der Zeit um 650. 1035 wurde der Neubau einer doppelchörigen Kirche geweiht. Auf gleicher Breite, jedoch länger gestreckt, wurde die alte Anlage im 12. Jahrhundert neu überbaut und erhielt jetzt einen rechteckigen Ostchor sowie den dreigeschossigen Chorturm mit Satteldach und je zwei gekuppelten romanischen Schallarkaden an jeder Seite.

Im 15. Jahrhundert wurde das Langhaus noch einmal nach Westen verlängert, wobei das romanische Portal mitversetzt wurde (im Tympanon Reste einer gemalten Kreuzigung). Im Langhaus sind die Sandsteingewände der ursprünglichen Fenster erkennbar; eines von ihnen ist voll freigelegt. Die spitzbogigen Fensteröffnungen wurden erst 1857 von Eisenlohr eingefügt. Im Langhaus und im Chor sind umfangreiche Wandmalereien des 15. Jahrhunderts restauriert worden.

Seelbach

Die *Pfarrkirche St. Nikolaus* in Seelbach, die den Platz einer 1749 abgebrochenen romanischen Vorläuferin einnimmt und in den jüngsten fünfziger Jahren erweitert wurde, darf man ohne Geringschätzung eine schlichte Landkirche nennen. Ihr Neubau erfolgte zu einer Zeit, in der Seelbach für knapp siebzig Jahre ein Franziskanerkloster der Tiroler Provinz mit einer eigenen Klosterkirche beherbergte. Da nimmt es nicht wunder, daß der franziskanische Geist der Einfachheit auf die neue Pfarrkirche abfärbte und ihr neben manch anderem auch einen Glockenturm vorenthielt. Den hat sie, zusammen mit den an die alte Halle angebauten Seitenschiffen, erst bei der jüngsten Erweiterung hinzubekommen. Doch bei aller Schlichtheit wird man dieses helle, im Glauben heiter stimmende, seit 1979 renovierte Gotteshaus schön finden, und man sollte vor allem auch um seiner drei kraftvollen Barockaltäre und der eleganten Rokokokanzel willen Notiz von ihm nehmen. Zu seinem wertvollsten Besitz gehört eine in jüngster Zeit restaurierte und ergänzte Stieffell-Orgel von 1781.

Nahe beim Ortsende von Seelbach führt die Dautensteiner Straße in die flache Talsenke hinunter zur 1251 schon bekannten *Wasserburg Dautenstein*, die die Geroldsecker wohl ihrer Lahrer Tiefburg nachgebaut hatten. In ihr starb 1634 der letzte der Herren von Geroldseck. Auch diese Burg war quadratisch angelegt; im 18. Jahrhundert wurde sie hufeisenförmig erneuert. Die alten Wohnbauten sind im Dreißigjährigen Krieg untergegangen. Zum bewohnten Rest der Burg gehören u. a. drei stämmige Rundtürme und ein kleines Herrenhaus des frühen 19. Jahrhunderts anstelle des alten Ostflügels.

Wittelbach (Seelbach)

Recht eigensinnig beherrscht der gedrungene Chorturm mit seinen kräftigen Strebemauern die kleine katholische *Pfarrkirche St. Petrus und Paulus* in Wittelbach, die ihre jetzigen Ausmaße erst seit einem erweiternden Neubau im Jahr 1952 hat (Abb. 57). Im Kern ist die Kirche ein Bauwerk aus der Mitte des 13. Jahrhunderts. Von einer älteren Vorgängerin (um 1100) sind der Triumphbogen und der Türsturz übernommen, der zum einstigen Westeingang gehörte und sich jetzt über einem der beiden Südportale befindet. Auf dem Sturz sind drei alte christliche Symbole – Kreuz, Sonnenrose und Baum – dargestellt.

Den Innenraum belebt auf ungewöhnliche Weise der Kontrast zwischen dem unmittelbar vor dem Chorbogen angebrachten Rokoko-Kanzelkorb, zu dem eine Steintreppe mit farbigen Reliefs auf den Stirnseiten der Stufen hinaufführt, und einem Bilderzyklus in dem mit derben Kreuzrippen auf Maskenkonsolen überwölbten Chorraum. Allerdings sind von den Malereien, die stilistisch der frühen Gotik zugehören, meist nur die roten Vorzeichnungen übriggeblieben, während die auf trockenen Grund aufgebrachten bunten Farben nach späterer Übertünchung zum größten Teil abgewaschen wurden. Der frühere Hauptaltar im Chor, ein Werk des zwischen Renaissance und Barock vermittelnden ›Knorpelstils‹, versehen mit wenig bedeutender Malerei, hängt jetzt an der Nordwand, als wäre er ein riesiges Grabmal. Seinen Platz behalten hat der Seitenaltar, doch sind von ihm nur die Predella, die Säulen und das Auszugsbild (der heilige Sebastian) noch original.

Burg Hohengeroldseck

Ein päpstlicher Schutzbrief für das Kloster Gengenbach aus dem Jahr 1139 erwähnt eine *Burg Geroldseck*. Es war die erste Höhenburg des Herrengeschlechts, die dem Schutz seiner Silbergruben diente. Sie lag etwa zwei Kilometer nordwestlich der heutigen *Ruine Hohengeroldseck*. Diese neue, größere, von zwei Ringmauern umgebene Burg über der Straße, die von Lahr ins Kinzigtal hinüberführt, ließ Walter I. um die Mitte des 13. Jahrhunderts erbauen. Altgeroldseck auf dem Rauhkastengipfel wurde aufgegeben.

Den Zugang zu der mächtigen Anlage sicherte eine zwischen zwei Toren liegende Vorburg. Über den nur noch in Resten erhaltenen Wirtschafts- und Wohngebäuden der niederen Burg waren zwei viergeschossige, turmartige Palasbauten, die Oberburg, der

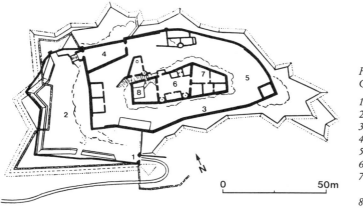

Hohengeroldseck, Grundriß

1 *Burgtor*
2 *Vorburg*
3 *Ringmauer*
4 *Vorwerk*
5 *Niedere Burg*
6 *Hof der Hauptburg*
7 *Altes oder Hinteres Hus*
8 *Vorderes Hus*

eigentliche Herrschaftssitz. Von den Wehrmauern, die die Oberburg und einen inneren Hof umschlossen, deckte die südliche, der sogenannte ›hohe Mantel‹, die Wohngebäude bis zur Traufhöhe. Ein Bergfried war bei dieser Lage und Bauweise entbehrlich.

Vom etwas jüngeren ›Vorderen Hus‹ sind zur Hauptsache nur noch die Grundmauern zu sehen. Dagegen macht das ›Hintere Hus‹ auch als Ruine noch großen Eindruck (Abb. 56). Neben Doppelfenstern mit horizontalem Sturz über Mittelpfosten weisen gekuppelte, teils zu Dreiergruppen zusammengeschobene Spitzbogenfenster auf drei Seiten des zweiten Obergeschosses auf die früheste Gotik, zugleich aber auch darauf hin, daß hier die Repräsentationsräume gewesen sein müssen. Ein steiler Treppengiebel hat das hintere Haus überdeckt, wie die noch vorhandenen Ansätze beweisen. Zerstört wurde Hohengeroldseck 1689.

Prinzbach (Biberach)

Wer zwischen Hohengeroldseck und Kinzigtal unterwegs ist und keine Eile hat, sollte sich die paar Minuten Umweg über Prinzbach gönnen. Dort gibt es in der katholischen *Pfarrkirche St. Mauritius,* einer Chorturmanlage um 1400 mit 1701 erneuertem Langhaus, ländliche Barockaltäre im allgemeinen und den reich bewegten Hochaltar der Ritterheiligen Mauritius, Georg und Sebastian im besonderen zu betrachten – ein Werk des Gengenbacher Klosterbildhauers Philipp Winterhalter (Abb. 58).

Wo übrigens in und um Prinzbach in einem anmutig-stillen Seitental der Kinzig die Bauern ihrem Tagwerk nachgehen, stand einst eine mittelalterliche, nachher in den Kriegen zerstörte Stadt. Sie war durch Silberbergbau im 13. Jahrhundert sehr wohlhabend geworden und trug vieles auch zum Reichtum und der Macht der Herren von Geroldseck bei.

Steinach

Wenn es Stars unter den Fachwerkhäusern gäbe, wäre der ›Schwarze Adler‹ von 1716 in Steinach gewiß einer – buchstäblich vom Scheitel bis zur Sohle (Abb. 55). Reicher und konsequenter ließe sich diese Bauweise jedenfalls kaum noch anwenden. Dann hat Steinach nahebei aber auch noch eine ansehnliche *katholische Pfarrkirche,* einen gegen Ende des vergangenen Jahrhunderts erweiterten, mit den Turmfundamenten andererseits bis ins 12. Jahrhundert zurückreichenden Barockbau, dessen Innenraum ein flachgedeckter und mit flachem Stuckdekor versehener Saal ist. Architekt war der fürstenbergische Baudirektor Franz Joseph Salzmann.

Auch die Ausstattung – obwohl nach Weisung der damaligen Fürstenberger Lehensherrschaft bescheidener ausgefallen als geplant – kann sich sehen lassen. Wüßte man nicht, daß Franz Xaver Bieheler, nachmals Hofbildhauer in Donaueschingen, mit dem Hochaltar und dem linken Seitenaltar viel Bedeutenderes im Sinn hatte, würde man das von ihm selbst, von

DER HÜNERSEDEL LÄDT ZU SICH EIN

dem Haslacher Schreiner Hansjörg Sutter, dem Triberger Bildhauer Joseph Kaltenbach und
von einer Reihe weiterer Handwerker und Künstler an allen drei Altären Geschaffene um so
unbefangener gut, ja zum Teil vorzüglich nennen. Den Reiz des Besonderen hat die zwar
ebenfalls abgemagerte, doch in den Details fein ausgeführte Architektur des Hochaltars.
Eine große Krone hält den Aufbau mit vier Volutenspangen über schlanken, von Kapitellen
überdeckten Säulen zusammen. Im Untergeschoß des mittelalterlichen Turms wurden
beachtliche Fresken freigelegt und zum Teil restauriert. Sie sind nach Vorsprache im Pfarr-
oder Mesnerhaus zugänglich.

Haslach

Den Älteren vor allem ist Haslach geläufig als Heimat des promovierten Dichter-Pfarrers
und Volksschriftstellers, Politikers und badischen Landtagsabgeordneten Heinrich Hansjakob (1837–1916), der nicht nur beschauliche Erzählungen um Landschaft und Menschen des
Schwarzwaldes, griffige Lebensbilder, immer noch lesenswerte Tagebücher und interessante kulturgeschichtliche Abhandlungen schrieb. Er bewies auch einen ausgeprägten Sinn
fürs Praktische – in Hagnau am Bodensee beispielsweise, wo er als Pfarrer den Rebbauern
mit der Gründung der ersten aller Winzergenossenschaften auf die Beine half. Seine
Heimatstadt ehrt sein Andenken mit einem *Museum im ›Freihof‹*. Ein gut bestücktes
Trachten- und Heimatmuseum hat sie im ehemaligen, 1630 gestifteten, 1976/77 restaurierten *Kapuzinerkloster* eingerichtet.

Zum Kloster gehörten die kleine *St. Fideliskirche* und die ihr als Fürstenbergische
Begräbnisstätte angebaute *Loretokapelle*. Die Fürstenberger hatten in Haslach, das von den
Zähringern auf altem, durch Römerfunde belegtem Siedlungsboden gegründet worden war,
seit 1218 das Sagen; sie verliehen dem Ort 1278 Stadtrecht und machten ihn von 1286 an für
ein volles Jahrhundert zur Residenz ihrer jüngeren Linie. Das *Schloß* ging mit der Stadt nach
Kriegen, Plünderungen und Bränden anno 1704 vollends unter. Nur die Pfarrkirche
überlebte – und mit ihr wenigstens die Erdgeschoßlauben des gegenüberliegenden *Rathauses*, das wegen eben dieser Lauben in dem freundlichen Stadtbild besonders auffällt.

Der Westturm der spätgotischen Vorgängerkirche von *St. Arbogast* blieb weiterhin
stehen, als Franz Joseph Salzmann zwischen 1780 und 1782 Langhaus und Ostturm neu
baute. Der Freiburger Joseph Meissburger sorgte für die gefällige, vom Rokoko schon zum
frühen Klassizismus gewendete Stuckdekoration, die dann auch in einem späteren Erweite-
rungsbau behutsam nachempfunden wurde und im übrigen merkwürdig genau überein-
stimmt mit den Stuckornamenten von St. Petrus in Endingen am Kaiserstuhl (s. S. 257). Mit
der in den Jahren 1907–09 von dem Karlsruher Kirchenbaumeister Johannes Schroth
ausgeführten Erweiterung glückte eine durchaus überzeugende Lösung des Problems,
zwischen gotischem Westturm, frühklassizistischem Langhaus und den neuen Um- und
Zubauten in wuchtigen Louis-seize-Formen eine Einheit herzustellen.

170

Von den Grabdenkmälern in St. Arbogast ist die überlebensgroße Bildnisfigur des 1341 gestorbenen Götz von Fürstenberg die hervorragende Arbeit. In das 12. Jahrhundert ist ein Sandsteinrelief des Sündenfalls zu datieren, das vom Tympanon einer romanischen Kirche in den spätgotischen Bau übernommen wurde und jetzt in den Durchgang des Westturms eingemauert ist.

Elzach

Wie St. Arbogast in Haslach präsentiert auch die Elzacher *Pfarrkirche St. Nikolaus* ein stilistisches Vielerlei. Dem rippengewölbten spätgotischen Chor folgt das barocke Langhaus mit modernen Seitenschiff-Anbauten, und das Ganze wird von einem klassizistischen Turm überhöht. Drinnen sind einige Kostbarkeiten zu bewundern: zuvörderst zehn Glasgemälde (1524/25) aus der Freiburger Werkstatt des Hans Gitschmann von Ropstein; dann ein mit seinem Sprengwerk fast bis in die Gewölbescheitel des Chors hinaufreichendes, luftigschlankes Sakramentshäuschen und neben noch manch anderen beachtlichen Teilen der Ausstattung der alte Taufstein im hinteren Teil des rechten Seitenschiffs: ein achteckiges, aus Sandstein gehauenes Gefäß, mit Steinmetzzeichen und eingemeißelter Jahreszahl 1480 versehen, merkwürdigerweise aber auch mit dem stark verwitterten Wappen der Ortsherrschaft Raphael von Reischach und Benigna von Thürheim, die erst 1575 heirateten. Das Ganze ruht auf einem Sockel mit Engelsköpfchen im Renaissancestil.

Nicht weit von der Kirche, an der Hauptstraße, steht der *Nikolaus-Brunnen* von 1620, und von da sind es wiederum nur wenige Schritte zum Haus Nr. 39, dem *alten Rathaus* mit einer heimatkundlichen Sammlung, in der auch die berühmte Elzacher ›Fasnet‹ die ihr gebührende Rolle spielt. Was sich in dem Städtchen an der Elz alljährlich zwischen ›Schmutzigem Donnerstag‹ und Aschermittwoch abspielt, ist von den vielen alamannischen Fastnachtsbräuchen wohl einer der wildesten, ein schon mehr dämonischer als lustiger Mummenschanz der ›Schuddige‹, die sich eine Woche lang Tag und Nacht in den Gassen austoben (Farbt. 37).

Eines der Glasgemälde im *neuen Rathaus* der von 1323 bis 1805 vorderösterreichischen Stadt stammt aus der Hand des gleichen Gitschmann von Ropstein, der auch für die Kirche arbeitete. Auf halber Höhe am Talhang über dieser Kirche sieht man die *Wallfahrtskapelle Unserer Lieben Frau zu Neunlinden* liegen, einen seit 1912 den 1778 zerstörten Vorgänger ersetzenden neugotischen Bau mit ebenfalls neuen Schnitzaltären, jedoch mit der feinen Schnitzarbeit einer sitzenden Muttergottes vom Anfang des 16. Jahrhunderts als Gnadenbild im Mittelpunkt.

Waldkirch

Am schönsten und herausgeputzt wie die gute Stube eines auch sonst sehr gepflegten Hauses ist Waldkirch dort, wo nach der Römerzeit seine mittelalterlichen Ursprünge waren: im Umkreis des Klosters und der ehemaligen Chorherrenstiftskirche St. Margaretha an einer

DER HÜNERSEDEL LÄDT ZU SICH EIN

Biegung der Straße, die von Waldkirch zum 1241 m hohen *Kandel* hinaufführt. Dem Stift vorausgegangen war ein adeliges Frauenkloster, eine Gründung des frühen 10. Jahrhunderts, lange bevor die mittelalterlichen Ortsherren sich um 1140 zuerst am Schwarzenberg auf der Kandel-Seite des Tales und 1249 auch auf dem gegenüberliegenden Kastelberg niederließen. Von der *Burg* auf dem *Schwarzenberg* ist nur wenig übriggeblieben, während die *Ruine der Kastelburg* mit Bergfried und Teilen des Palas noch recht imponierend in das Tal hineinragt.

Der Ort selbst hatte im 13. Jahrhundert Stadtrecht erhalten, ging dann aber durch zahlreiche Besitzerhände, angefangen bei dem Freiburger Patrizier Johann Malterer bis hin zu Erzherzog Ferdinand von Österreich. Berühmt wurde er durch seine seit dem späten Mittelalter ansässigen Edelsteinschleifer sowie durch den Dreh- und Jahrmarktorgelbau, der hier vor allem im 19. Jahrhundert und darüber hinaus bis zur endgültigen Kapitulation vor elektronisch erzeugtem und verstärktem Jahrmarktslärm florierte.

Doch zurück zur jetzigen *Stadtpfarrkirche St. Margaretha*, die seit 1732/34 ein bedeutender Neubau von Peter Thumb ist. Besonders wirkungsvoll zeigt sich die von einem elegant geschwungenen Volutengiebel überwölbte, dreigeteilte Westfassade, in der drei Nischen Figuren der Heiligen Margaretha, Johann Nepomuk und der Gottesmutter bergen. Es gibt Indizien dafür, daß diese Figuren aus der Freiburger Wenzinger-Werkstatt stammen.

Sicherer ist die Herkunft von Teilen der reichen und sehr einheitlichen Rokokoausstattung (Farbt. 17), vor allem der kostbaren, vorzüglich gearbeiteten und mit feinen Reliefdarstellungen versehenen Kanzel von Johann Joseph Christian, von dem wohl auch die großen Stuckfiguren der Apostel sowie die beiden Holzreliefs der Taufe Christi und des psalmodierenden David über den Taufsteinen im (architektonisch wenig ausgeprägten) Querhaus herrühren. Den Hochaltar mit Figuren der Heiligen Katharina und Barbara wie auch die Seitenaltäre schuf Johann Michael Winterhalter, während für die Deckengemälde Franz Bernhard Altenburger sorgte. Gutes Rokoko sind indes auch alle anderen Beiträge zur Ausstattung, darunter die Stukkaturen und besonders das Chorgestühl, in dessen handwerklicher Zurüstung Kenner dem gleichen Villinger Schreinermeister Martin Hermann wiederbegegnen, der auch im oberschwäbischen Zwiefalten und in Ottobeuren tätig war.

In seltener Geschlossenheit ist mit dieser Kirche die ganze Anlage des 18. Jahrhunderts als Beispiel für ein weltliches Chorherrenstift intakt geblieben: südlich des Gotteshauses die ehemalige Propstei mit einer Statue der Stiftspatronin von Joseph Anton Hops auf dem Giebel des Mittelrisalits, nördlich die Dekanei, daran anschließend der Fruchtkasten und das Kaplaneihaus, ein Kanonikerhaus am Ende des Platzes sowie Chorregenten- und Dienerschaftsgebäude nebst Scheune und Meierei auf der gegenüberliegenden Seite.

Hochburg

Den Parkplatz zehn Minuten unterhalb der Hochburg (auch als Hachberg bekannt) erreicht man über Sexau in Richtung Freiamt und nördlich von Sexau abbiegend in Richtung

Emmendingen. Diese größte Burg des badischen Oberlandes erscheint in den Urkunden gegen Ende des 12. Jahrhunderts als Sitz der Markgrafen von Baden-Hachberg, Nachfolgern des seit 1102 bekannten Geschlechts derer von Hachberg. Auf einer felsigen Höhe des Hornwaldes mit steilem Absturz zur Rheinebene war zunächst nur auf der obersten Kuppe die kleine ›Habichtsburg‹ angelegt worden. Ein erster Ausbau dieses Burgkerns wurde im wesentlichen im 13. Jahrhundert abgeschlossen. Im 15. und 16. Jahrhundert wurde der Burgfelsen ummantelt und die Anlage durch Vorwerke vergrößert. Von 1613 an kamen die sieben äußeren, mehrfach befestigten Bastionen hinzu, aber da war die Hochburg längst kein Herrensitz mehr, sondern bis zur Kapitulation vor den Kaiserlichen im Jahr 1636 Festung und Verwaltungsplatz. Militärisch war sie übrigens nicht bezwungen, aber die Besatzung ausgehungert worden.

Die Eroberer sprengten den Bergfried und schleiften die Außenwerke; den Rest der Zerstörung besorgten die Franzosen anno 1689. Dennoch ist von der Hochburg sehr viel Bausubstanz übriggeblieben (Farbt. 36), an der sich auch noch alle drei Etappen der Entwicklung ablesen lassen. Dehio ist freilich zuzustimmen, wenn er meint, die kunstgeschichtliche trete hinter der allgemein historischen und der malerischen Bedeutung dieser Ruine entschieden zurück. Was die letztere betrifft, findet man sie mit einem Blick von draußen auf die Burg gleichermaßen bestätigt wie mit der Aussicht von ihr herunter auf das Dreiländereck zwischen Schwarzwald, Jura und Vogesen.

Tennenbach (Freiamt)

Zwischen der Hochburg und Emmendingen lohnt sich unbedingt der kleine Zeitaufwand für den Umweg über den Tennenbachgrund und ein von dort weiterführendes Nebensträßchen. Da steht nämlich mit einemmal an der Straße nach Freiamt mitten im Grünen eine kleine *Kapelle*, die man stilistisch sogleich als edelste Frühgotik identifiziert (Farbt. 50). Da war einmal ein stattliches, 1161 gegründetes Zisterzienserkloster mit einem dreischiffigen, turmlosen Münster und mit eben diesem jetzt einzig verbliebenen Rest, der vermutlich als Krankenkapelle diente. Sie verdankt ihre damals sehr eilige Erbauung der Ächtung des Grafen Egeno, der auf seiten König Heinrichs VII. gegen den Stauferkaiser Friedrich II. konspiriert hatte; er durfte nicht in der Klosterkirche beigesetzt werden. Nach der Säkularisation wurden die barocken Klosteranlagen abgebrochen, 1829 auch das Münster, dessen Baumaterial in der 1944 zerstörten Freiburger Ludwigskirche wiederverwendet wurde (Klosterprospekt s. umseitig).

Eine kraftvolle Verstrebung und hohe, schlanke Fenster ohne Maßwerk bestimmen das äußere Bild der Tennenbacher Kapelle, zwei breitrechteckige Kreuzgewölbe, die das Schiff teilen, und eine das Erdgeschoß umziehende, knappe Blendarkatur geben dem Innenraum das Gesicht. Was gerade hier besonders naheläge, trifft merkwürdigerweise nicht zu: die Nachbarschaft der seinerzeit tonangebenden Bauhütten von Freiburg und Straßburg hat auf die Detailformen Tennenbachs offensichtlich nicht abgefärbt. Interessanterweise ist jeder Quader der Kapelle von zwei Steinmetzen bearbeitet worden, wie ihre Zeichen ausweisen.

DER HÜNERSEDEL LÄDT ZU SICH EIN

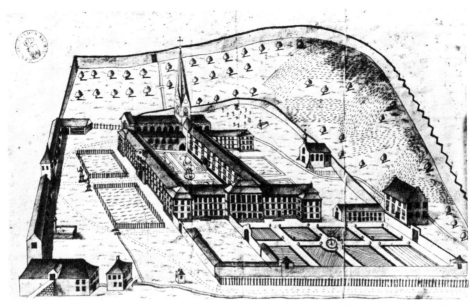

Tennenbach, Klosterprospekt auf einem Gemarkungsplan von 1759 (Generallandesarchiv Karlsruhe)

Emmendingen

»Eine glückliche Gegend, noch im September alles grün ... die Weiden in ihrer silbernen Schönheit, ein milder, willkommener Atem durchs ganze Land. Wollte Gott, wir wohnten hier zusammen. Der Rhein und die klaren Gebirge in der Nähe, die abwechselnden Wälder, Wiesen und gartenmäßigen Felder machen dem Menschen wohl und geben mir eine Art Behagens, die ich lange entbehrte.« So hat es Goethe gesehen. Seine Schwester Cornelia war die Frau des markgräflichen Oberamtmanns Johann Georg Schlosser in Emmendingen und beider Haus, die alte Landvogtei, das ehemalige Schloß, ein Treffpunkt vieler bedeutender Geister jener Zeit wie Herder, Pfeffel, Lavater, Klinger oder Herzog Karl August von Weimar, um nur einige zu nennen.

Besagtes *Schloß*, ein schlichtes Steinhaus mit Treppenturm, das sich abseits der verkehrsreichen Hauptstraße hinter der evangelischen Pfarrkirche versteckt hält, war 1574 als Hof des Klosters Tennenbach erbaut, 1588 vom Markgrafen Christoph III. von Baden-Hachberg gekauft und seit 1590 von ihm bewohnt worden. Emmendingen avancierte damals zur Residenz mit vollem Stadtrecht. Das Schloß wurde später Sitz des Landvogtes, beherbergte nach der Zerstörung der Hochburg die markgräfliche Verwaltung und schließlich die

Burgvögte. Heute ist es *Heimatmuseum,* in dem u. a. auch an Cornelia Schlosser erinnert wird.

Eine ältere Wasserburg, auf deren Reste im 18. Jahrhundert das ›*Weiherschlößle*‹ (jetzt Heil- und Pflegeanstalt) gebaut wurde, reicht ins 13. Jahrhundert zurück.

Die schon erwähnte *evangelische Pfarrkirche* ist eine mehrfach umgebaute spätgotische Basilika, deren schöner netzgewölbter Chor überkommen ist. Sie birgt u. a. das lebensgroße Grabrelief des Markgrafen Karl II. Die katholische *Pfarrkirche St. Bonifatius* hinter dem Parkplatz beim Schloß, eine Architektur des 19. Jahrhunderts, erfreut in der nördlichen Seitenkapelle beim Haupteingang mit einem gut gemalten spätgotischen Flügelaltar.

Wenn noch ein weiterer Bau zum Vorzeigen aus dem vielfältigen Angebot, das Emmendingen in dieser Beziehung zu machen hat, hervorgehoben werden soll, kann es nur das behäbige barocke *Rathaus* am Marktplatz mit seinem großen Mansarddach, dem Uhrtürmchen darauf und dem hübschen schmiedeeisernen Balkongitter über dem Hauptportal sein – nicht zu vergessen eine Büste des Markgrafen Karl Wilhelm von Baden (1709–38) in einer Nische der zur Hauptstraße zeigenden Schmalseite.

Burg Landeck

Ist die Hochburg die größte, so Landeck nördlich von Emmendingen die kunsthistorisch gewichtigste Ruine im Breisgau (Farbt. 35). Ritter Walter von Geroldseck hatte die Burg etwa um 1260 angelegt, um als Vogt des Klosters Schuttern dessen breisgauische Güter zu schützen. Bevor sie im Bauernkrieg 1525 unterging, gehörte sie den Markgrafen von Baden.

Die zum Teil über Schwibbögen zwischen den Felsen errichtete *Oberburg* verband möglicherweise den Palas mit dem Bergfried, dessen Standort nicht mehr verläßlich auszumachen ist, zu einem einheitlichen Baukörper. Bemerkenswert sind hier die Kelchkapitelle an den Kaminen der Ost- und Südwand. Reicher ausgestattet war offenbar die durch einen Graben geschiedene *Unterburg.* Ihre spätromanischen und frühgotischen Fenster sind mit Dreipaß- beziehungsweise Spitzbogenblenden über den Stürzen versehen, die Kamine wiederum mit Kelchkapitellen, und in der ehemaligen Kapelle finden sich Einzelformen, denen man ganz ähnlich in den ältesten Teilen der Pfarrkirche von Kenzingen begegnet. Die Eckkonsolen des quadratischen Chors ruhen auf kauernden Figürchen, und eine Piscina, ein Wasserbecken an der Wand des Altarraums, wurde hier nicht nur zum praktischen Gebrauch angebracht, sondern auch mit einem schmückenden Wimperg bekrönt.

Kenzingen

Mit einem der besterhaltenen mittelalterlichen Stadtbilder des daran wahrlich nicht armen Breisgaus wartet Kenzingen auf. Als Stadt 1259 von den Herren von Üsenberg gegründet, orientierte sich die Siedlung am Vorbild der Zähringer-Städte des 12. Jahrhunderts, insbesondere an Freiburg und Villingen. Mit dem alten Achsenkreuz aus der Gründungs-

DER HÜNERSEDEL LÄDT ZU SICH EIN

zeit, den Parallel- und Quergassen, dem unteren und oberen Zirkel und dem ausgesparten Platz für Kirche und Friedhof steht sie heute vorsorglich unter Denkmalschutz, nachdem sie sich in Jahrhunderten selbst erhalten hat.

Nord-Süd-Achse ist die breite Marktstraße, die von meist traufseitig zur Straße stehenden, durchweg stattlichen Häusern – zum Teil mit spätgotischen und Renaissance-Details auch an späteren Bauten – gesäumt wird. Wo solche Häuser eine besondere Bedeutung haben, sind sie mit entsprechenden Hinweistafeln versehen.

Das *Rathaus* aus der Mitte des 16. Jahrhunderts, dem das 19. Jahrhundert die Staffelgiebel aufsetzte, hatte ursprünglich im Erdgeschoß eine offene Halle, die aber schon im 17. Jahrhundert mit rundbogigen Türen und Fenstern geschlossen wurde. Die Gliederung des Obergeschosses mit sieben dreiteiligen, dicht an dicht in steinernen Kreuzstöcken stehenden Fenstern variiert ein architektonisches Motiv, dem man sehr ähnlich am Rathaus im elsässischen Ensisheim begegnet.

Die *Franziskanerkirche* am Westteil der Ost-West-Achse, der Eisenbahnstraße, ist jetzt evangelisch; Reste des ehemaligen Klosters sind im heutigen Krankenhaus aufgegangen.

Herz und Mitte Kenzingens ist die katholische *Stadtpfarrkirche St. Laurentius*, ursprünglich eine um 1275 angelegte dreischiffige Basilika, die später unter Beibehaltung der Westfassade zum einschiffigen Saal umgebaut wurde, Anfang des 16. Jahrhunderts die Seitenkapellen hinzubekam und um 1730 sich noch einmal einigen Veränderungen zu unterwerfen hatte. Geblieben ist der von starken Streben umstellte frühgotische Chor mit den beiden neugotisch behelmten Flankentürmen. Die Westfassade wurde 1734 mit einer Immaculata-Figur geschmückt, die Christian Wenzinger zuzuschreiben ist. Eine Arbeit Wenzingers könnte in der nördlichen Kapelle auch die Ölberggruppe (1734) mit der seltenen Darstellung eines die Gestalt Christi tröstend umfangenen Engels sein (Abb. 59), wenn nicht ein Werk Johann Michael Winterhalters, dessen Chorbogenfiguren (die Heiligen Sebastian und Johannes Baptist) der einzige Rest des alten, jetzt neugotischen Hochaltars sind. Die ganz hervorragenden steinernen Bildnisgrabmale der Familie von Hürnheim in der sterngewölbten Südkapelle (Veronika von Hürnheim am Betpult kniend, ihre Mutter Beatrix an einem Tisch lesend und der Vater Wolf im Riefelharnisch) werden, falls nicht alle drei, so doch mindestens die beiden erstgenannten Christoph von Urach zugeschrieben.

Herbolzheim

Wie das benachbarte Kenzingen muß man auch Herbolzheim ein ausgesprochen wohnliches Städtchen nennen. Das aufgelockerte, vielgestaltige Ortsbild, die zahlreichen schönen Portale an bürgerlichen Wohnbauten, Beispiele auch für den gehobenen Geschmack kleinstädtischen Patriziats (insbesondere das dem Rathaus auf der anderen Straßenseite gegenüberliegende Wohnhaus) geben dem zwischen 1315 und 1805 österreichischen Herbolzheim ein gutes Gesicht. Der markanteste Zug darin ist allemal die von Franz Ruedhart aus Kenzingen 1752–54 erbaute barocke Saalkirche, die einer nach Äußerung des damaligen Pfarrers ›uralten‹ Vorgängerin folgte.

Als *katholische Pfarrkirche* verfügt sie über eine recht aufwendige Altarausstattung und setzt mit den Deckenbildern von Johann Pfunner (dem auch das weniger gewichtige Hochaltarblatt zugeschrieben wird) und mit den Stukkaturen von Hans Georg Gigl beachtliche künstlerische Akzente. Die beiden äußeren der drei großen Gemälde über dem Langhaus verweisen auf den Eremiten und Pilgerheiligen Alexius als Schutzpatron, der als vorzüglich modelliertes Relief von Johann Michael Winterhalter auch das Hauptstück des äußeren Portalschmucks ist. Drinnen schnitzte derselbe Winterhalter die Figuren zwischen den Säulen des Hochaltars. Die Westpartie des Saalraums zieht besonderes Interesse auf sich mit dem eleganten Schwung, mit dem sich die beiden Emporen vorwölben, die obere mit der Orgel des ursprünglich als ›Klaviermacher‹ nach Herbolzheim gekommenen und hier seßhaft gewordenen Blasius Schaxel.

Zu Fuß in 20 Minuten zu erreichen, in gut fünf Minuten, wenn man zuvor bis ans Ende der Maria-Sand-Straße (Wegweiser ›Krankenhaus‹ an der Hauptstraße) fuhr, liegt südwestlich außerhalb die *Wallfahrtskirche Maria-Sand,* eine Gründung des mittleren 16. Jahrhunderts mit dem jetzigen Bau von 1747. Auch hier hat Pfunner wohl die Deckenbilder gemalt. Das Hauptbild des linken Seitenaltars ist eines der typischen Andachtsbilder des süddeutschen Barock, eine ›Sieben-Zufluchten‹-Darstellung, wie sie vor allem in Bayern und Tirol zuhause war. Unbekannt wie deren Maler ist auch der Meister des Gnadenbildes im Hochaltar, einer annähernd lebensgroßen Muttergottesstatue in Terrakotta, die in den Jahren um 1470 geschaffen wurde. Das breite Gesicht dieser Madonna wirkt auf eine merkwürdige Weise irritierend: einerseits möchte man ihm einen eher bäuerlich-derben Charakter zuschreiben – und doch fesselt es andererseits mit einer Feinheit des Ausdrucks, die so gar nicht zu der anderen Vorstellung paßt. Da bleiben wieder einmal Fragen offen.

Ettenheim und Ettenheimmünster

In einem ›Verbrüderungsbuch‹ aus den Jahren 810 – 900, das in der St. Galler Klosterbibliothek aufbewahrt wird, ist Ettenheim im 9. Jahrhundert erstmals urkundlich erwähnt, doch man weiß, daß Gründung und Name des Ortes zurückgehen auf Ettiko II. (gestorben um 712) und dessen Sohn Etto, Bischof von Straßburg, beide aus dem alamannisch-elsässischen Geschlecht der Etichonen, dem auch die Schutzpatronin des Elsaß, die heilige Odilia, entstammte. Etto hob 734 eine zerfallene Mönchssiedlung in Münchweier auf und stiftete statt ihrer das Benediktinerkloster Ettenheimmünster, das wenige Kilometer ostwärts vom heutigen Ettenheim in den Vorbergen des Schwarzwaldes lag. Um 1100 wurde Ettenheim Besitz des Bistums Straßburg, zu dem rechtsrheinisch auch die Herrschaft Oberkirch gehörte. Dieser Umstand brachte es zwangsläufig mit sich, daß die Stadt – wie Oberkirch – immer wieder in die vielen Fehden der Straßburger Fürstbischöfe verwickelt wurde und unter Überfällen, Plünderungen und Zerstörungen schwer zu leiden hatte.

Eine kurze Blütezeit erlebte der Ort nach der Französischen Revolution von 1789, als er zur Residenz des aus Straßburg emigrierten, letzten fürstbischöflichen Landesherren, des

DER HÜNERSEDEL LÄDT ZU SICH EIN

Kardinals Ludwig Renatus Eduard, Prinz von Rohan-Guémenée wurde. Sogar eine besondere Art von Weltberühmtheit erlangte er durch einen eklatanten Völkerrechtsbruch Napoleons, der hier 1804, mitten im Frieden, den mit einer Nichte des Kardinals verheirateten Prinzen Ludwig Anton Heinrich von Bourbon, Herzog von Enghien, verhaften und eine Woche später in Vincennes erschießen ließ. Der Kardinal hat dies nicht mehr miterleben müssen; er starb im Februar 1803 und wurde in der Ettenheimer Stadtpfarrkirche beigesetzt.

Das nach einem Brand 1637 neu gebaute Ettenheim war eine Barockstadt, die vieles von ihrem Charakter in die heutige Zeit herüber gerettet hat – auch die heimelige und sehr malerische Enge der Gassen und Winkel mit den spitzgiebeligen Häusern, den Brunnen und vielerlei gutem Fachwerk, umschlossen das Ganze von einem Ring entlang der ehemaligen Stadtmauer und sich hindrängend an den steilen Kirchberg. Die mittelalterlichen Tortürme sind verschwunden, aber zwei neuere Tore aus dem 18. Jahrhundert mit Volutengiebeln und dem Stadtwappen als Schmuck stehen noch. Das *Rathaus* (1757) am Fuß des Kirchberges ist ein einfacher, gut gegliederter Bau mit Schneckengiebel, Glockenturm und einem Nischenstandbild auf der Westseite, das an Bischof Etto erinnert. Das nach 1790 zur Residenz umgebaute Amtshaus, das ›Palais Rohan‹, das in seiner langen Existenz den Stilwandel von der Gotik über die Renaissance zum Barock durchlaufen hat und über dem Portal das Wappen des 1663–82 amtierenden Fürstbischofs Franz Egon von Fürstenberg trägt, steht unmittelbar gegenüber, und oberhalb am Weg zur Kirche auch das vom Herzog von Enghien bewohnte ›Prinzenschlößle‹, ein Gartenhaus der Familie Ichtrazheim.

Die über der Stadt aufragende katholische *Pfarrkirche St. Bartholomäus* ist 1768–71 nach Plänen Franz Anton Salzmanns von Franz Ignaz Krohmer erstellt worden – ein geräumiger, von sandsteinernen Elementen gefällig gegliederter und giebelbekrönter Putzbau, zu dessen reich gearbeitetem Hauptportal eine großzügig angelegte dreiläufige Treppe hinaufgeleitet (Abb. 60). Der lichte Saalraum mit guter Ausstattung aus der Erbauungszeit, wenn auch mit einem Gemälde von nur mäßiger Qualität an der Spiegeldecke, hat seinen wichtigsten künstlerischen Akzent in dem von Johann Pfunner gemalten Hochaltarblatt. Das Grab des Kardinals Rohan befindet sich im Chor.

Die Urzelle von **Ettenheimmünster** war der Legende nach von dem heiligen Landolin, einem irischen Mönch und Missionar, eingerichtet worden. Ein heidnischer Jäger soll ihn um 640 an der Stelle der heutigen Landolinsquelle, die an der Westfassade der *Wallfahrtskirche St. Landolin* eine eigene Brunnenkapelle bekam, ermordet haben. Die Kirche selbst ist, obschon sie nie Klosterkirche war, die einzig verbliebene Erinnerung an die noch im späten 18. Jahrhundert blühende Abtei Ettenheimmünster – abgesehen von den einige hundert Meter talaufwärts stehenden Teilen der einst den Klosterbezirk umgebenden Mauern. Alles übrige wurde nach der Säkularisation dem Erdboden gleichgemacht. Niemanden kümmerte damals, daß die Klosteranlage ein bedeutendes Werk des Peter Thumb gewesen war.

Der Neubau des Gotteshauses (1687), den Franz Joseph Salzmann 1765 umgestaltete, mit einem Querhaus und der zum Teil erneuerten Westfassade versah, ist künstlerisch keine allzu gewichtige Architektur, aber außen doch ansprechend belebt durch guten plastischen Schmuck an der Giebel- und den Querschiff-Fronten, vor allem an und über den Türen (Abb. 61). Im Innern birgt er hervorragende Ausstattungsstücke. Dazu zählen in erster Linie die zusammen mit Teilen des Chorgestühls aus der untergegangenen Klosterkirche hierher verbrachten Rokoko-Beichtstühle (Abb. 62) an den Seitenaltären, ebenso die Schnitzarbeiten an der Orgel und am Emporengitter, die Deckenmalerei mit der Landolin-Legende und das Hochaltarblatt von Anton Morath wie auch die vorzüglichen Stukkaturen. Zum wertvollsten Besitz der Kirche gehört die ebenfalls aus dem Kloster übernommene Orgel, eine nach einigen romantisierenden Eingriffen des 19. Jahrhunderts im Jahr 1964 wieder zurückrestaurierte Schöpfung des Straßburger Orgelbauers Johann Andreas Silbermann, gehört ferner eine in der Sakristei verwahrte, silbergetriebene und teilvergoldete, schmuckreiche Reliquienbüste des heiligen Landolin, eines der besten Werke oberrheinischer Goldschmiedekunst.

Mahlberg

Das auf einen fünfzig Meter hohen Basaltklotz vulkanischen Ursprungs gestellte Schloß in Mahlberg ist von weither zu sehen, jedoch unmittelbar davor erst die heute evangelische, ehemalige *St. Katharina-Kirche.* Sie ist ein in dieser Form seltener achteckiger Zentralbau, der nach Baufälligkeit 1687 wiederhergestellt, Mitte des 18. Jahrhunderts mit feinem Stuckdekor versehen, von Johann Pfunner am Gewölbe mit Szenen aus dem Leben der heiligen Katharina ausgemalt und in neuerer Zeit gut restauriert wurde.

Das burgartig schlichte zweigeschossige *Schloß* der Freiherrn von Türckheim, das anfangs geroldseckischer, später markgräflicher Besitz war und nach Zerstörung 1641 in veränderter Form wiederaufgebaut wurde, ist in seinen äußeren Teilen bis in die Nähe des von einem Hof- und Gartenidyll umgebenen Haupttrakts offen und verwehrt insoweit auch niemandem den Blick über die Rheinebene bis hinüber zu den Vogesen.

Seit den Zeiten der fast völlig verschwundenen Uranlage, einer Zähringer-Burg, hat Mahlberg auf seine Weise eine Menge Geschichte aus nächster Nähe erlebt – vor allem staufische Vergangenheit aus den Tagen Konrads III., Kaiser Friedrichs II., der hier die Adeligen der Gegend versammelte, und Konradins, des letzten Staufers, der Mahlberg an die Herren von Geroldseck verkaufte. Der ›Türkenlouis‹, Markgraf Ludwig Wilhelm von Baden, verbrachte in Mahlberg einen Teil seiner Jugend, und der mit der Kaspar-Hauser-Affäre belastete Major Hennhöfer lebte zwischen 1832 und 1840 zurückgezogen im Schloß.

Kippenheim

Das Rathaus von 1610 mit seinem hohen Staffelgiebel und zwei ornamentierten Eckerkern, viele der ansehnlichen Bürgerhäuser wie auch die ehemalige St. Mauritius- und heutige evangelische Pfarrkirche in Kippenheim stehen längs der B3-Ortsdurchfahrt. *Alt-St.*

DER HÜNERSEDEL LÄDT ZU SICH EIN

Mauritius in seiner heutigen Gestalt ist gewissermaßen um den romanischen Turm aus dem 12. Jahrhundert herumgebaut worden, aber auch er erhielt Obergeschoß und Haube erst im 18. Jahrhundert. Ursprünglich war es ein Chorturm gewesen, der diese Funktion jedoch verlor und zum Durchgangsjoch wurde, als man ihm im frühen 16. Jahrhundert den sternrippengewölbten Chor anfügte. Ein erneuertes Langhaus kam im 18. Jahrhundert hinzu.

Neben der spätgotischen Steinkanzel sind als die wichtigsten Kippenheimer Kunstwerke zwei Flügel aus der spätgotischen Altareinrichtung hervorzuheben, bedeutende Zeugnisse oberrheinischer Malerei um 1500, deren eines sich seit 1962 in der neuerbauten *katholischen Pfarrkirche* befindet. Es handelt sich um eine in leuchtenden Farben auf Holz gemalte Darstellung von Mariä Verkündigung (Farbt. 23) und auf der Rückseite um die Anbetung der Hirten, während in der (meist geschlossenen) alten Kirche die andere Tafel mit der Anbetung der Könige und dem Heimsuchungs-Thema verblieb. Die Signatur der Bilder, deren Handschrift dem Stil Martin Schongauers verwandt ist, lautet J. S. Sch. und wird einem Schongauer-Gehilfen zugeordnet. In der neuen Kirche befindet sich überdies eine gute, geschnitzte Muttergottesfigur aus dem verlorengegangenen Schrein des Flügelaltars.

Unterwegs zu Bollenhüten und Bilderbuch-Höfen

Freudenstadt – Klosterreichenbach und Heselbach – (Freudenstadt) – Alpirsbach – Wittichen – Schenkenzell – Schiltach – Buchenberg – Triberg – Gutach –
Hausach – Wolfach

Obwohl Freudenstadt nur am Rande noch zum Schwarzwald gehört, spielt es als Knoten-
punkt für viele Verkehrswege in den Schwarzwald hinein eine wichtige Rolle – von seiner
Bedeutung als heilklimatischem Kurort ganz abgesehen. Bundesstraßen, die mit dem
Nagold-, Enz-, Murg- und Kinzigtal verbinden, treffen hier mit der Schwarzwaldhochstraße zusammen. Auch die Übergänge ins *Renchtal* mit seinen beiden Bädern *Griesbach*
und *Peterstal* sowie in die Täler der *Kleinen Kinzig* und der *Wolfach* liegen in unmittelbarer
Nähe Freudenstadts. Wer der nachfolgend beschriebenen Osttour durch den mittleren
Schwarzwald folgen möchte, dem sei für den Rückweg gerade das letztgenannte, landschaftlich sehr lohnende Wolfachtal mit den Talorten *Schapbach* und *Bad Rippoldsau* ans Herz
gelegt.

Wer aber käme zuvor am *Gutachtal*, der Touristenattraktion Nummer eins im Schwarzwald vorbei? Da sind die berühmten Bollenhüte (Farbt. 41) zu bewundern, die roten für die
ledigen Mädchen, die schwarzen für die verheirateten Frauen. In natura und ganz ohne
werbeträchtige Hintergedanken bekommt man sie freilich nur an Sonn- und Festtagen,
vornehmlich beim Kirchgang, zu Gesicht. Die Tracht am Werktag steht meistens im Dienste
des Fremdenverkehrs. Im übrigen ist der Bollenhut mit der tatkräftigen Hilfe des Anden-
kengewerbes beinahe weltweit als eine Art Markenzeichen für den Schwarzwald bekannt
geworden. Auch im Lande selbst wird er für alle nur möglichen Zwecke verwendet, wenn
nicht in manchen Fällen schon eher mißbraucht. Zum Glück haben die Gutacher außer ihrer
Tracht auch noch eines der schönsten und lehrreichsten Freilichtmuseen Europas vorzuweisen, in dem man alte Schwarzwald-Bauernhöfe wie in einem Bilderbuch betrachten kann.
Doch davon später.

Freudenstadt

Kurz vor dem Ende des 16. Jahrhunderts gründete Herzog Friedrich von Württemberg, um
seiner nahegelegenen Silbergrube Christophstal Auftrieb zu geben und den Kniebispaß zu
schützen, eine Stadt, die wie ein Mühlebrettspiel angelegt wurde: in der Mitte ein riesiger
quadratischer Platz mit 225 Metern Seitenlänge, umbaut mit Häusern und Arkaden, um

UNTERWEGS ZU BOLLENHÜTEN UND BILDERBUCH-HÖFEN

Erkundungen am Ostrand des Waldes

diese Mitte herum drei konzentrische quadratische Straßenzüge. Das Schloß allerdings, das einmal im Zentrum dieser Anlage hätte stehen sollen, kam nie zustande. Statt dessen wurde der Marktplatz mit Brunnen belebt. Drei dieser Wasserspender aus der Rokokozeit erfreuen heute noch die Gäste Freudenstadts. An zwei Ecken setzten Rathaus und Kirche besondere architektonische Akzente. Heute ist der Platz zu einem Teil mit öffentlichen Einrichtungen überbaut, im unteren Teil als Park gestaltet. In diesem Heute dokumentiert sich für Freudenstadt auch eine nur mit großen Opfern und beispielhaftem Bürgersinn ermöglichte Wiederaufbauleistung nach dem Zweiten Weltkrieg, an dessen Ende der Stadtkern weitgehend vernichtet worden war. Die alte Stadtanlage wurde nach 1950, wenn auch in vereinfachten Formen, zurückgewonnen.

Heinrich Schickhardt baute in den Jahren 1601–08 die *evangelische Stadtkirche*, die in Form eines Winkelhakens eine Ecke des Marktplatzes umschließt und mit den Schmalseiten in je einem Turm endet. Sie bot s. Z. auch vielen Protestanten, die aus Österreich vertrieben worden waren und in Freudenstadt Aufnahme fanden, eine neue geistliche Heimat. Von den beiden Saalräumen wurde lange Zeit nur einer für den Gottesdienst gebraucht. Erst seit dem frühen 19. Jahrhundert nutzte man die räumlichen Gegebenheiten, um einem damals offenbar dringenden Bedürfnis abzuhelfen und die Geschlechter im Gottesdienst streng voneinander getrennt zu halten. Da die Umfassungsmauern und die unteren Teile der Türme der allgemeinen Zerstörung standhielten, ließ sich das äußere Bild in den überkommenen Formen einer gotisierenden Renaissance um so leichter wiederherstellen. Geblieben sind auch die außen am Winkelhaken entlangführenden Arkaden, die gleichsam in den Baukörper der Kirche hineingeschoben und drinnen mit Emporen überbaut sind.

Die ehedem reiche Ausstattung ist freilich bescheidener geworden, doch drei besonders kostbare Stücke sind geblieben: ein vorzüglich geschnitzter Kruzifixus aus den Jahren um 1500, ein Taufbecken aus dem frühen 12. Jahrhundert mit einer phantastischen Tierornamentik (Abb. 65), über deren Deutung immer noch nachgedacht wird, und ein um die Mitte des 12. Jahrhunderts geschnitztes, dem Hirsauer Umkreis zuzurechnendes hölzernes Lesepult, das ein erstrangiges Beispiel nicht nur für die bildnerische Kunst der Romanik, sondern auch für die Bedeutung der Farbe in Verbindung mit dieser Kunst ist. Diese Bedeutung ist im Falle des Lesepults, das von vier schlanken, bärtigen Männern mit den Schultern und hochgehobenen Armen getragen wird, erst wieder voll klar geworden, als nach dem Zweiten Weltkrieg die alte farbige Fassung freigelegt wurde. Anhand ihrer Symbole, die auf den vier Wangen des Pultes erscheinen, sind die Figuren als die vier Evangelisten zu identifizieren. (Für Besucher geöffnet mo–fr 8–12 Uhr, 14–18 Uhr; sa 8–12 Uhr, 14–17 Uhr; so 14–18 Uhr.)

Klosterreichenbach und Heselbach (Baiersbronn)

Sein erstes Priorat errichtete das Kloster Hirsau an der Mündung des Reichenbachs in die Murg. Damit ist die *ehemalige Klosterkirche St. Gregor* in Klosterreichenbach wohl auch das

UNTERWEGS ZU BOLLENHÜTEN UND BILDERBUCH-HÖFEN

früheste, zumindest eines der ältesten von Hirsau abhängigen Bauwerke. Einiges von seinem altertümlichen Reiz ging 1895 im Zusammenhang mit einer Renovierung und der wegen Baufälligkeit notwendigen Erneuerung des Chors sowie der Türme verloren. Vom Gründungsbau erhalten sind noch das einschiffige Langhaus und der von den Türmen begrenzte Raumabschnitt des Chors, dessen erster Umbau zu einer größeren dreischiffig basilikalen Choranlage schon 1180 erfolgt war. Bemerkenswert sind die echt schwäbischen Pfeilergruppen der Arkaden zwischen Chor und Seitenkapellen sowie die Wandsäulen mit ihren Knospenkapitellen. Die frühgotische Vorhalle auf der Westseite ahmt das Paradies von Maulbronn nach, erreicht jedoch – ungeachtet schöner Details wie zum Beispiel der Säulenbündel (Abb. 64) am Portal – nicht die Großartigkeit des Vorbildes, was sicher auch mit der unterschiedlichen Grundrißdisposition zusammenhängt. Im Anschluß an die Westseite stehen noch Teile der romanischen Klosteranlage, darunter auch das ehemalige Badhaus.

Etwa zwei Kilometer talabwärts sieht man am rechten Talhang den kleinen Ort **Heselbach** liegen, dessen jetzt *evangelisches Kirchlein* früher die Waldkapelle des Klosters Reichenbach war. In zwei Portalen klingt ein kraftvoller romanischer Akkord auf, in den auf der Südseite auch die markant, ein wenig grob gehauenen Reliefs des segnenden Christus im Tympanon sowie des Gotteslamms und der Evangelistensymbole im Türsturz einstimmen. In einem großen, früher in die Friedhofsmauer eingelassenen Stein, der sich jetzt im Kircheninnern befindet, ist die Gestalt des Petrus mit dem Schlüssel eingemeißelt – ein Kunstwerk, das man bei oberflächlicher Betrachtung primitiv nennen mag, das aber eher wohl ein bewußt gewählter Ausdruck für die dem Apostelfürsten zugedachte, übersinnliche Elementargewalt ist.

Alpirsbach

Die *ehemalige Klosterkirche St. Benedikt* in Alpirsbach ist nicht nur eine der großartigsten Mönchskirchen des romanischen Mittelalters in Deutschland, sondern auch eines der wenigen Werke in der Nachfolge Hirsaus, die nahezu unversehrt durch ein Jahrtausend gekommen sind. Nur die Spätgotik hat in bescheidenem Ausmaß in den originalen Baubestand eingegriffen: am südlichen Nebenchor, am Obergeschoß der Hauptapsis und an der ursprünglich zweigeschossig geplanten Vorhalle. Ein frühgotischer Anbau und insofern ein selbständiges Element ist die Sakristei am rechten Nebenchor, auf deren Nordwand Fresken aus dem 14. Jahrhundert freigelegt sind. Aus dem Organismus des Gründungsbaus, mit dem er nur bis zur Höhe des Dachsimses der Kirche gewachsen war, fällt auch der eine Turm von einem ursprünglich geplanten Paar merklich heraus. Es hat drei Bauetappen und nahezu fünf Jahrhunderte gebraucht, bis der letzte katholische Abt diesem kräftigen, dem Bergfried einer Burg nicht unähnlichen Turm Staffelgiebel und Satteldach aufsetzen ließ.

St. Benedikt vermittelt nicht nur eine Vorstellung, wie das ›Modell‹ St. Peter und Paul in Hirsau (s. S. 70) ungefähr ausgesehen haben könnte, sondern stellt auch klar, daß die von

184

Alpirsbach. Lithographie von Ludwig Friedrich Federer nach Theodor Dibold, 1839 (Städt. Museum Ludwigsburg)

Cluny und Hirsau ausgegangene Klosterreform vieles verändert hat, aber nicht den benediktinischen Sinn fürs Monumentale. Alpirsbach hatte die Reform nicht auf direktem Wege übernommen, sondern über St. Blasien (s. S. 290), von wo die ersten Mönche 1095 hierher gekommen waren. Etwa dreißig Jahre später dürfte der Kirchenbau schon vollendet gewesen sein. Die Württemberger, die seit dem Spätmittelalter die Vogteirechte in Alpirsbach hatten, setzten auch in diesem Kloster die von ihnen zielstrebig betriebene Reformation durch. Nach 1560 zogen evangelische Äbte in das bis 1810 bestehende Klosteramt ein. Evangelische Pfarrkirche ist St. Benedikt heute noch.

Die Herbheit und die Strenge des Außenbaus bestimmen auch den Charakter des Innenraums (Abb. 63), den man durch das in ganzer Breite der Westfront vorgelagerte Paradies und das große, von der Weiterführung des Fassadensockels umrahmte Portal betritt. Einziger Schmuck der Vorhalle außer den schönen Türbeschlägen ist ein Relief im Tympanon, das Christus auf einem von Engeln getragenen Regenbogen darstellt, zu beiden Seiten flankiert von den knienden Gestalten eines Mönchs und einer Nonne, in denen man sich das Stifterehepaar aus dem Geschlecht der Zollern personifiziert zu denken hat.

Die das dreischiffige, flachgedeckte Langhaus begleitenden Arkadenbögen stützen sich auf Monolithe, die zu schlanken Säulen behauen wurden und von kräftigen, schildverzierten

UNTERWEGS ZU BOLLENHÜTEN UND BILDERBUCH-HÖFEN

Würfelkapitellen bekrönt sind. Das am weitesten östlich stehende Säulenpaar trägt jedoch skulptierte Kapitelle, das eine mit dem Antlitz eines bärtigen Alten und drachenartigen Fabelwesen auf allen vier Seiten, das andere mit einem rätselhaften Liniengeflecht, das kleine Köpfe auf den Würfelkanten und in der Mitte der Würfelflächen umfließt. Einzig an diesem Säulenpaar sind auch die Ecksporen zwischen den quadratischen Sockelplatten und den attischen Basen als lurchähnliche Untiere ausgebildet (Abb. 66). Ist das noch eine christliche Bildersprache? Der Gedanke an heidnische Mythologien scheint viel näher zu liegen, und das hat wohl auch seine Richtigkeit an dieser Stelle des Wegs zum Altar und in die unmittelbare Nähe jener geistigen Welt, deren Geheimnis die Menschen seit Urzeiten bewegt, ihre Phantasie beflügelt, in ihren Träumen vielerlei Gestalt angenommen und erst durch Golgatha eine neue, die irdische Welt verwandelnde Dimension hinzugewonnen hat. Viele Deutungen sind möglich – und werden umstritten bleiben.

Dem östlichen Säulenpaar folgt das Pfeilergeviert, das den chorus minor eingrenzt, und ihm wiederum die Vierung mit himmelhohen Rundbögen nach allen Seiten. Im nachhinein will es einem so scheinen, als habe das steile, hochwandige Mittelschiff des Langhauses förmlich hineingedrängt in diesen lichten, weiten Raum und weiter zum Chor mit den beiden Nebenchören, in die sich die Seitenschiffe über das Querhaus hinweg fortsetzen. Sie enden mit geraden Abschlüssen statt der ursprünglich halbrunden Apsiden, wie sie jetzt nur der Hauptchor noch hat. In dessen Apsis sind drei kleinere Apsidiolen eingefügt. Auch diese Anordnung von drei Altarnischen am Ende des Hauptchors geht auf Hirsauer Vorbild zurück, ebenso die Anlage einer Chorbühne über den Apsiden.

Den stärksten Eindruck von der Alpirsbacher Kirche gewinnt man mit einem Blick zurück aus dem Chorraum in die Vierung und das Langhaus, in dessen Westwand zwei Paare gekuppelter Rundbogenfenster auf die zweigeschossige Anlage der Vorhalle hinweisen (Abb. 63). In dieser Raumerscheinung kommt die ganze wehrhafte Kraft und Strenge romanischer Bauweise zum Ausdruck, wirkt aber auch – dem Betrachter unbewußt – das mathematische Gesetz mit, dem der Raum seine Proportionen verdankt: Das Langhaus einschließlich des Chors hat die doppelte Länge des Querhauses. Die Querhausarme sind genau so, die Seitenschiffe aber nur halb so breit wie das Mittelschiff, dessen Höhe wiederum seiner doppelten Breite entspricht. Einer ähnlichen Gesetzmäßigkeit folgen auch die einzelnen Raumteile, für die das Vierungsquadrat das Leitmaß angibt.

Von der romanischen Ausstattung ist nicht viel übrig geblieben: abgesehen von der zwar restaurierten, aber nur fragmentarisch überkommenen Ausmalung der Altarnischen, insbesondere den spätromanischen Fresken in der mittleren Apsidiole, sind es die einfachen steinernen Altarmensen, einige für die Geschichte des Klosters aufschlußreiche Grabsteine (die ältesten aus dem 12. Jh.) und als kostbarstes Stück eine gedrechselte hölzerne Kirchenbank, eines der wenigen in Europa noch existierenden Exemplare romanischen Kirchenmöbels. Der frühere Hochaltar (um 1520), ein Schreinaufbau mit oberschwäbischen Bildwerken der Marienkrönung sowie der Heiligen Nikolaus und (vermutlich) Benedikt, hat seinen Platz jetzt im nördlichen Querschiff. Verkündigung und Heimsuchung, Geißelung und Dornenkrönung sind die Themen der Malerei auf den Altarflügeln.

Südlich schließen sich an die Kirche die um den Kreuzgang gruppierten, gut erhaltenen Klostergebäude an, unter anderem der noch romanische Kapitelsaal, darüber das im 15. Jahrhundert umgebaute und erst damals durch Zellen unterteilte Dormitorium, der Schlafraum der Mönche, aus gleicher Zeit der Konventsaal, ferner das Refektorium des späten 15. Jahrhunderts, das unter Einbeziehung darunter liegender Räume 1956/57 zur katholischen Pfarrkirche St. Benedikt erweitert wurde und einen eigenen Eingang auf der Südseite des Klosterkomplexes hat. Der spätgotische Kreuzgang, in dem romanische Reste mit aufgegangen sind, wurde zwischen 1481 und 1494 gebaut und ist alljährlich im Sommer der stimmungsvolle Rahmen für die von weither besuchten Alpirsbacher Kreuzgangkonzerte. Da sein Nordflügel aufgestockt und das Obergeschoß als Empore in die Kirche einbezogen wurde, ergab sich an dieser Stelle eine prachtvolle Doppelreihe von Maßwerkfenstern.

Die Alpirsbacher Klosterkirche ist für Besucher im Sommerhalbjahr von 8.30–12 Uhr und 13.30–17.30 Uhr geöffnet, im Winterhalbjahr von 9.30–12 Uhr und 13.30–16.30 Uhr. Zu den gleichen Zeiten kann der Kreuzgang gegen ein geringes Eintrittsgeld besichtigt werden. Führungen durch Kirche und Kloster, die sehr lehrreich und darum zu empfehlen sind, finden sommers um 10, 11, 14, 15, 16 und 17 Uhr, winters letztmals um 15 Uhr, bei hellem Wetter auch noch um 16 Uhr, im übrigen an allen Sonntagen des Jahres nur nachmittags statt.

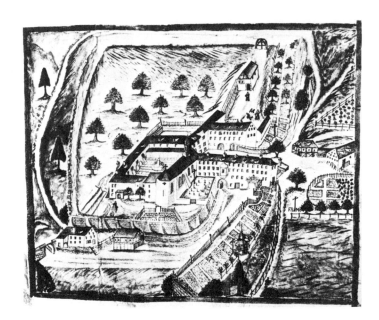

Klarissenkloster Wittichen bei Schenkenzell, 18. Jh. (Fürstlich Fürstenbergisches Archiv Donaueschingen)

UNTERWEGS ZU BOLLENHÜTEN UND BILDERBUCH-HÖFEN

Wittichen (Schenkenzell)

In Alpirsbach oberhalb des Klosterbezirks führt ein Sträßchen hinüber ins Tal der Kleinen Kinzig nach Reinerzau, von wo aus man nach wenigen Kilometern talabwärts nach Wittichen gelangt. Man kann das auch sein lassen und von Alpirsbach gleich nach Schenkenzell weiterfahren, doch dieses Wittichen ist ein so romantisch verträumter Ort, daß es wohltut, sich hier eine kleine Zeit aufzuhalten. Das *Abteigebäude* aus dem Ende des 17. Jahrhunderts mit seinem schmuckreichen Portal gehörte zu einem Klarissenkloster, das die selige Luitgard 1324 gründete. Die schlichte *Kirche*, ein Neubau von 1681 auf gotischer Grundlage, birgt einen Hochaltar aus der gleichen Zeit mit einem Gemälde der Marienkrönung und einer Allerheiligen-Darstellung sowie eine bemerkenswerte Kanzel (um 1720) mit der Figur der Klosterstifterin Luitgard auf dem Schalldeckel.

Schenkenzell

Der fürstenbergische Hofarchitekt Franz Joseph Salzmann baute die einfache, aber schöne, in jüngster Zeit wieder renovierte katholische *Pfarrkirche St. Ulrich* (1774). Zum Besitzstand aus der Erbauungszeit gehören u. a. zahlreiche Holzbildwerke von ansprechender Qualität und eine Altarausstattung aus der Klosterkirche von Oberndorf.

Talwärts in Richtung Schiltach umfährt die Straße die einst den Herren von Geroldseck gehörende *Schenkenburg*, die seit einer Fehde mit den Fürstenbergern 1534 Ruine ist. Teile des doppelten romanischen Palas, des Bergfrieds und der Ummauerung schließen sich auf einem gegen die Kinzig vorgeschobenen, niedrigen Bergsporn zu einem poesievollen Bild zusammen.

Schiltach

Die mit den Hohengeroldseckern verbundene Siedlung Schiltach dürfte im 10. oder 11. Jahrhundert entstanden sein, wurde 1277 als ›stött‹, 1379 als ›burg und statt‹ erwähnt und erlangte durch Holzhandel und Flößerei beachtlichen Wohlstand. Als die Eisenbahn die Holztransporte im Kinzigtal übernahm, machten Schiltacher Flößer die Wutach, Schlücht und Steinach im Südschwarzwald floßbar und wurden sogar an die Theiß nach Ungarn gerufen.

Viele prächtige Fachwerkbauten prägen das Ortsbild der kleinen Stadt und bilden am dreieckförmig nach oben ansteigenden Marktplatz eine besonders eindrucksvolle Gruppe (Farbt. 16). Von den Fachwerkhäusern im unteren, an die Kinzig angrenzenden Stadtteil steht das älteste (1557) in der Färbergasse. Von der einstigen Burg sind auf dem Schloßberg nur noch die Grundmauern zu sehen.

188

Flößer im Schwarzwald. Holzstich, 19. Jh. (Augustinermuseum Freiburg)

UNTERWEGS ZU BOLLENHÜTEN UND BILDERBUCH-HÖFEN

Buchenberg (Königsfeld)

Durch das landschaftlich abwechslungsreiche Schiltachtal (Abb. 67) über die Uhrenstadt **Schramberg,** die außer den umgebenden Burgruinen Hohenschramberg (Nippenburg), Schilteck und Falkenstein kaum kulturhistorisch Bedeutendes vorzuweisen hat, erreicht man den hohen Schwarzwald und den kleinen Ort Buchenberg, unmittelbar davor vielleicht noch mit einem kurzen Halt bei der benachbarten *Burgruine Waldau.*

Das ehemalige *Nikolauskirchlein* in Buchenberg am Wiesenhang unterhalb des Gasthauses ›Zur Linde‹ soll, so wird behauptet, eine karolingische Anlage sein, doch die Umstände sprechen eher für eine Gründung im frühen 12. Jahrhundert. Darauf deutet auch der primitive Türsturz mit zwei Krukenkreuzen und Ornamenten über dem zugemauerten Westeingang hin. Alt und ehrwürdig genug ist das erst nachträglich mit seiner Empore versehene und im Zusammenhang damit auch erhöhte Langhaus allemal (Farbt. 18). Der Chor wurde in der zweiten Hälfte des 15. Jahrhunderts angebaut.

Bedeutend sind die Reste der etwa um 1430 anzunehmenden Ausmalung in der feinteiligen Formensprache der späten Gotik. Sie wurde in den fünfziger Jahren aufgedeckt, restauriert sowie an einigen Stellen andeutungsweise ergänzt, um die Bildinhalte verständlicher zu machen. Auf größtes kunsthistorisches Interesse stieß die Auffindung des ›Buchenberger Herrgöttle‹, das jahrhundertelang unbeachtet auf dem Chorgewölbe gelegen hatte. Es handelt sich um den Torso eines romanischen Kruzifixus um oder vor 1200, der jetzt im Rathaus aufbewahrt und an der Chor-Nordwand durch eine Kopie vertreten wird. Er gehört zu den wenigen in Südwestdeutschland noch erhaltenen Holzplastiken hoher Qualität aus dieser Zeit und muß, wie sich aus der harten Linienführung und der Art der Oberflächenbehandlung schließen läßt, vor den Evangelisten am Freudenstadter Lesepult geschaffen worden sein. Beachtung verdienen in St. Nikolaus überdies die spätromanische Altarmensa, das gotische Sakramentshaus und ein Taufstein des 15. Jahrhunderts.

Triberg

Mit vier Sehenswürdigkeiten hat das zwischen drei Bergen – *Kapellenberg, Kroneck* und *Sterenberg* – gelegene Triberg aufzuwarten. Die vierte ist die *Schwarzwaldbahn,* an der die Stadt nur eben liegt, die aber gerade in dieser Gegend ihr interessantestes Teilstück vor Augen führt. Sie verbindet Offenburg mit Konstanz und hat zwischen Offenburg und Sommerau einen Höhenunterschied von rund 670 Metern zu überwinden, davon 590 allein auf der kurzen Strecke zwischen Hausach und Sommerau. Sie schafft das mit 38 Tunnels, deren längster 1697 Meter mißt, mit Schleifen und Kehren, die auch im Berginnern ansteigen und die Geleise in mehreren Etagen übereinander am Berghang wieder heraustreten lassen. Der badische Ingenieur und Baudirektor Robert Gerwig hat dieses auch heute noch kühn erscheinende Projekt geplant und zwischen 1867 und 1873 ausführen lassen. Es wurde zum Vorbild für die Gotthardbahn, an deren Planung Gerwig ebenfalls beteiligt war.

Die drei anderen Sehenswürdigkeiten der Uhrenstadt Triberg sind das reichhaltige *Heimatmuseum*, zu dessen Beständen u. a. ein Modell der Schwarzwaldbahn und eine Uhrensammlung gehören, des weiteren der *Wasserfall* oberhalb der Stadt, der die Gutach in sieben Hauptfällen fast 160 Meter tief stürzen läßt, und – an erster Stelle für uns – die *Wallfahrtskirche Maria in der Tanne* über der Straße nach Schönwald. Daß dieser Wallfahrtsplatz zu Zeiten sogar dem berühmten Maria Einsiedeln in der Schweiz den Rang streitig gemacht haben soll, vernimmt man zwar mit Staunen, versteht es jedoch besser, wenn man die nicht nur einheitliche, sondern auch ungewöhnlich prächtige und in ihrem ganzen Zuschnitt sehr volkstümliche Ausstattung dieses zwischen 1700 und 1705 erbauten Gotteshauses bedenkt. Hier ist Spätbarock sozusagen in voller Blüte zu erleben. Joseph Schupp aus Villingen schuf die Altäre und die Kanzel wie auch die künstlerisch bedeutende Kreuzigungsgruppe am Chorbogen. Das aus Lindenholz geschnitzte Gnadenbild im Hochaltar war 1645 von einem Triberger Schneider zum Dank für eine wunderbare Heilung gestiftet worden. Historisch interessant ist ein 1715 von Johann Georg Glyckher gemaltes Votivbild an der Südseite des Langhauses mit einer naturgetreuen Darstellung der Stadt Villingen. Kostbarster Kirchenschatz ist andererseits ein in Silber getriebenes Antependium, mit dessen Stiftung Markgraf Ludwig Wilhelm von Baden, der Türkenlouis, für die Heilung seines Sohnes von schwerer Krankheit danken wollte.

Hornberg

Das Städtchen unter der Schwarzwaldbahn (die es auf einem Viadukt überquert) ist zwar klein, doch zwei Schlösser hatte es immerhin. Als die Herrschaft Hornberg im 15. Jahrhundert an Württemberg überging, wurde die auf einem Felsen vierhundert Meter über dem Ort angelegte *Burg Althornberg* (um 1100) Sitz des württembergischen Obervogts am Schwarzwald. Im *unteren Schloß* auf dem nur bescheiden die Stadt überragenden Schloßberg hatte, wie es sich der Rangordnung nach ja auch gehörte, der Herr Untervogt sein Domizil. Das Felsennest hielt allen Belagerungen und Beschießungen wacker stand; es wurde auch im Dreißigjährigen Krieg nicht erobert. Erst 1689 zerstörten es, wie so vieles im Lande, die Franzosen.

Hornberg, Erinnerung an das sprichwörtliche ›Hornberger Schießen‹ am Rathaus

UNTERWEGS ZU BOLLENHÜTEN UND BILDERBUCH-HÖFEN

Anno 1564 erwarteten die Hornberger, die übrigens seit 1810 badisch sind, ihren damals noch württembergischen Landesherrn, und sie hatten einigen Grund, ihn freundlich zu stimmen. Sie putzten also ihre Kanonen, um Salut zu schießen, und sie taten es auch, als ihre Späher eine herannahende Staubwolke vermeldeten. Doch weder die Viehherde, die den Staub aufgewirbelt hatte, noch eine Postkutsche, die im Übereifer mit Böllerschüssen begrüßt wurde, waren das verschossene Pulver wert, und als dann der Herzog endlich kam, hatten die Hornberger keines mehr. Sie halfen sich, indem sie ihn mit lauten Bum-Bum- und Piff-paff-Rufen begrüßten. »Es ging aus wie das Hornberger Schießen« ist seither eine weitverbreitete Redensart. Die Hornberger Bürger erinnern sich dieser Geschichte alljährlich mit einem sommerlichen Festspiel.

Gutach

Niemand hat sich so grundlegend mit den Hausformen des Schwarzwaldes, dem vor allem in der spätkolonisierten Kernlandschaft zwischen Kinzig-, Dreisam-, Höllen- und Wutachtal verbreiteten ›Heidenhaus‹, dem Kinzigtäler, Gutacher und Zartener Haus, dem Schauinsland-, dem Hotzenhaus und den vielerlei Mischtypen befaßt wie Professor Hermann Schilli, der sein Lebenswerk mit der Gründung und Einrichtung des *Freilichtmuseums Vogtsbauernhof* in Gutach krönte. Schilli war aus der Praxis des Zimmermannshandwerks gekommen, bildete als Lehrer ganze Generationen von Meistern in diesem Handwerk aus, versah außerdem viele Jahre lang einen Lehrauftrag an der Universität Freiburg und widmete sich in zahlreichen Buchveröffentlichungen, insbesondere in dem Standardwerk einer methodisch breit angelegten Hausforschung über ›Das Schwarzwaldhaus‹ dem Thema seines Lebens (s. S. 210/11).

Den Grundstock des Gutacher Freilichtmuseums bildete der den Gutacher Haustyp repräsentierende, bodenständige *Vogtsbauernhof* von 1570, der 1962 vom Abbruch bedroht war und letztlich nur durch die von Schilli betriebene Museumsgründung gerettet wurde. Seither sind zwei weitere Höfe mit ihren Nebengebäuden nach Gutach übertragen worden: der 1599 im Katzensteig bei Furtwangen erstellte *Hinterseppenhof* als Beispiel für das ›Ältere Heidenhaus‹ und der *Lorenzenhof* aus Oberwolfach von 1746, der die Kinzigtäler Bauweise vertritt. Alles, was zu solchen Höfen gehörte, findet sich auch in Gutach wieder: Speicher und Hausmahlmühle, Back- und Brennhäusle, Sägemühle, Kapelle, Leibgedinghäusle, Hanfreibe und Kohlenmeiler – selbstverständlich auch die Ausstattung mit Hausrat und landwirtschaftlichen Geräten. Das Ganze ist in die schöne Landschaft des Gutachtales so eingebettet worden, als ob es schon immer dazugehört hätte (Abb. 69).

Hausach

An die Zeit vom Ende des 13. Jahrhunderts bis 1806, in der die durch Erzbergbau wohlhabend gewordene kleine Stadt Hausach fürstenbergischer Besitz war, erinnern noch die Reste einer 1643 zerstörten *Burg*, deren bulliger runder Bergfried sich dominierend in die

59 KENZINGEN Stadtpfarrkirche St. Laurentius, Christus am Ölberg

60 ETTENHEIM Kirchberg-Szenerie und Pfarrkirche St. Bartholomäus
61, 62 ETTENHEIMMÜNSTER Wallfahrtskirche St. Landolin, Portal und Beichtstuhl

63 ALPIRSBACH Ehemalige Klosterkirche St. Benedikt

64 KLOSTERREICHENBACH Ehem. Klosterkirche St. Gregor, Säulenbündel
65 FREUDENSTADT Stadtkirche, romanischer Taufstein
66 ALPIRSBACH Ehemalige Klosterkirche St. Benedikt, Säulenbasis

67 Im Schiltachtal 68 Im oberen Ibental bei St. Peter ▷

69 Freilichtmuseum Vogtsbauernhof in Gutach: Lorenzenhof und Backhütte
70 Hochzeitspaar aus St. Georgen   71 Frauen aus St. Märgen

72 ST. MÄRGEN

73 ST. MÄRGEN   Prozession am Kräuterbuscheltag

74 BREISACH Münster, Marienkrönung des Meisters HL am Hochaltar

75 ENDINGEN Neues und altes Rathaus (r.) am Marktplatz
76 MERDINGEN Immaculata von Christian Wenzinger an der kath. Pfarrkirche
77 FREIBURG Der Sündenfall (Meister HL), Augustinermuseum

78 Burkheim am Kaiserstuhl, Marktstraße

79 KIECHLINSBERGEN Dorfszenerie

81 Auf dem SCHAUINSLAND

◁ 80 KAISERSTUHLLANDSCHAFT mit Blick zum Totenkopf

Ansicht des Schloßberges vordrängt. Im Ort selbst gibt es noch gute Fachwerkhäuser und eine stattliche neugotische *Pfarrkirche*. Um zu der kunsthistorisch interessanteren alten Kirche zu gelangen, muß man die Stadt in Richtung Offenburg durchfahren und sieht dann *St. Mauritius* linker Hand in Hausach-Dorf inmitten des Friedhofs liegen.

Es ist eine in der Kernsubstanz noch romanische Landkirche, die Meister Erhart im Hof aus Freiburg um 1514 zu einem trefflichen Beispiel spätester Gotik verändert hat, ablesbar vor allem an dem schönen netzgewölbten Chor und der spätgotischen Sakramentsnische mit Stabwerkumrahmung. Kanzel und Rosenkranzaltar sind aus der Zeit um 1740, noch jünger der frühklassizistische Hochaltar (1780). Man beachte auch das dreieckige romanische Tympanon-Relief mit einer Kreuzigung, das außen über der Tür eingemauert ist – eine etwas rohe, aber für die Jahre um 1200 sehr charakteristische Arbeit.

Wolfach

Von Gutach kommend, durchfährt man in Wolfach zunächst, ohne es recht zu bemerken, das *Schloß*. Sein Binnenhof wird nämlich durch die unterm Staffelgiebel der Torturm-Einfahrt ins Städtchen führende Straße gehälftet – fast ein Symbol für das gute Zusammengehen der herrschaftlich vergangenen mit der bürgerlich gebliebenen Zeit. Als Herren hatten sich hier im Mittelalter die Fürstenberger eingerichtet und Wolfach als einen Schlüsselpunkt ihrer Herrschaft im nördlichen Schwarzwald betrachtet. 1631 wurde das Schloß, dem einmal eine bescheidene Burg vorangegangen war und das heute von Behörden genutzt wird, als Vierflügelanlage auf trapezförmigem Grundriß neu gebaut. Sein einziger nennenswerter Schmuck nach außen konzentriert sich auf sechs Giebel und das westliche Hofportal.

Am Ende der breiten, noch von einigen guten alten Bürgerhäusern und vom 1892 erneuerten Rathaus umstandenen Markstraße geht es vor der Kinzigbrücke eine halbe Wegstunde rechts hoch zu der im Wald gelegenen *Wallfahrtskirche St. Jakobus maior*, einem Neubau von 1680 mit Außenkanzel und ländlich-prunkvoller Altarausstattung, die an Arbeiten der Villinger Schupp und ihres Umkreises denken läßt.

Jenseits der Kinzigbrücke in Richtung Oberwolfach und Bad Rippoldsau steht in der Vorstadt die katholische *Pfarrkirche St. Laurentius*, in deren altem, netzgewölbtem Chor aus dem späten 15. Jahrhundert Mitte der siebziger Jahre Teile einer beachtlichen Bemalung freigelegt wurden. Dem Chor gegenüber im hinteren Teil des 1901 umorientierten Langhauses befindet sich eine Ölberggruppe von durchaus sehenswerter, wenn auch ländlich-einfacher Qualität (um 1530).

Ganz neu hergerichtet ist die schmucke katholische *Pfarrkirche St. Bartholomäus* in **Oberwolfach**, ein Saalraum von Franz Joseph Salzmann (1762) mit vorzüglicher Altarausstattung, einer etwas schlichteren, aber guten Kanzel und mehreren qualitätvollen Bildwerken aus der Erbauungszeit.

UNTERWEGS ZU BOLLENHÜTEN UND BILDERBUCH-HÖFEN

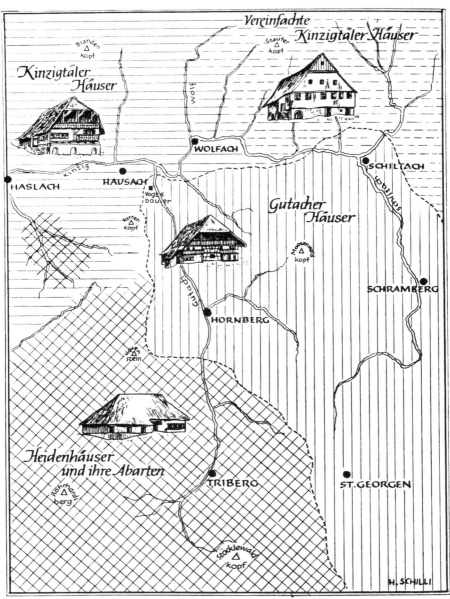

Die alten Hausformen im Kinzig-, Gutach- und Schiltachgebiet

Die Hausformen des Schwarzwaldes
a Heidenhaus b Heidenhaus jüngere Form c Zartener Haus d Schauinslandhaus e Hotzenhaus f Kinzigtäler Haus g Gutacher Haus

Durch Himmel und Hölle in den Hochschwarzwald

Freiburg – Kirchzarten – Oberried – Breitnau – Hinterzarten – Friedenweiler – Urach – St. Märgen – St. Peter

»Hinter Freiburg liegt ein lieblicher, reizender Thalgrund mit blühenden Auen, fruchtbaren Feldern und wohlhabenden Dörfern besät. Himmelreich ist der bezeichnende Name, den diese paradiesische Gegend führt. Aber hinter dem Himmelreich öffnet sich, gleich dem schwarzen Schlund der Hölle, ein dunkles, furchtbares Felsenthal.« So schildert Aloys Schreiber 1838 seine einschlägigen Reiseeindrücke. Zwei Jahre vorher hatte Albert Kreuzhage in seinem ›Tagebuch der Reise nach Baden und dem Schwarzwalde‹ von einer ›wahren Höllenpartie‹ berichtet und dem Leser blumig die gigantischen Gebirgsmassen vor Augen geführt, die sich beiderseits des Weges in schwindelnde Höhen auftürmten.

Schwarzwald-Landschaft in allen Schattierungen

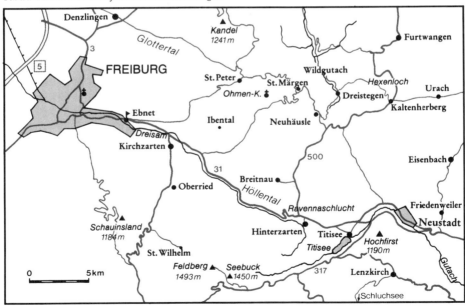

Der Hirschsprung. Stahlstich von Johann Poppel, 1848

Keine Sorge: Leute von heute durchfahren das **Höllental** auf breiter Straße angstfrei und unbehelligt, falls sie nicht eine etwa zehn Kilometer lange, hochromantische Wanderung auf dem ›Jägerpfad‹ vorziehen. Im engsten und wildesten Teil der *Ravennaschlucht* treffen die einen wie die anderen auf den ›Hirschsprung‹ und können sich angesichts einer Bronzeskulptur auf steiler Felskanzel die Sage vergegenwärtigen, wonach ein von Jägern und Hunden gehetzter Hirsch von dieser Stelle aus mit einem kühnen Sprung über den Abgrund sich in Sicherheit gebracht haben soll.

Auch die Hölle hat ein Ende: Vor Hinterzarten wird die Landschaft wieder weit und licht, geräumig genug auch für den **Titisee** (Abb. 99) und den gleichnamigen Ort nicht weit von Hinterzarten. Wer sich diese Gegend einmal von hoch oben betrachten möchte, sollte sich hier zu einem Abstecher auf den **Feldberg** (Umschlagrückseite) entschließen, doch auch der **Schluchsee** (Farbt. 54) wäre ein verlockendes Nahziel. Andererseits hat, wer die vorgeschlagene Route nicht voll ausfahren möchte, von Hinterzarten aus Gelegenheit, über Breitnau auf guten und aussichtsreichen Straßen schnell nach St. Märgen, St. Peter und ins Glottertal weiterzukommen.

DURCH HIMMEL UND HÖLLE IN DEN HOCHSCHWARZWALD

Freiburg

Ein Rundturm und einige Mauerteile über dem nach Freiburg eingemeindeten Dorf Zähringen sind die geringen Reste der *Burg*, mit der in Freiburg alles einmal anfing. Die Burg war Reichsbesitz und den Grafen des Breisgaus, die damals auch über die Baar geboten, als Lehen gegeben. Der mächtig gewordene Berthold II., der sich nach dem Tod seines Vaters Herzog von Zähringen nannte, befand, daß die alte Behausung nicht mehr standesgemäß sei, und ließ sich auf dem heutigen ›Schloßberg‹ über dem Dreisamtal ein neues *Schloß* bauen, das an Prunk alles übertroffen haben soll, was es im Lande an Herrensitzen gab. Von diesem Schloß sind nur Spuren übriggeblieben – mit ihnen allerdings auch die Stadt, die Berthold III. und sein Bruder Konrad II. im Jahr 1120 am Fuße des Schloßberges gründeten.

Im Zusammenhang mit Offenburg (s. S. 113) war darauf hingewiesen worden, daß die Stadtgründungen der Zähringer für die damalige Zeit – und nicht nur für sie! – bahnbrechende Taten waren. Eine einheitliche Planung lag ihnen zu Grunde, die Markt, Siedlung und das Leben auf beiden Ebenen des Gemeinwesens von allem Anfang an in eine funktional geordnete Form brachte, und dies, obwohl es zu jener Zeit weder Architekten noch Städteplaner im heutigen Sinne gab. Doch selbst wenn es sie gegeben hätte, wäre es eine auch nach jetzigen Maßstäben bewundernswerte Leistung gewesen, aus dem Nichts heraus einen so weitgehend systematisierten Bebauungsplan für eine Fläche von immerhin 28,4 Hektar aufzustellen, der gleichwohl flexibel genug blieb, die topographischen Verhältnisse, das Geländerelief, die schon vorhandenen Straßen, die Wasserläufe u. a. m. mit einzubeziehen und dadurch bedingte Unregelmäßigkeiten der Plangeometrie als viel mehr belebendes denn störendes Element hinzunehmen. Sich einer solchen Aufgabe zu stellen, waren wohl nur die im Umgang mit großen Bauvorhaben erfahrenen Bauhütten und Handwerker der Klöster imstande.

Dem Städtedreieck Offenburg, Freiburg und Villingen folgten noch zahlreiche weitere Gründungen der Zähringer, insbesondere in der heutigen Westschweiz mit Bern als der bedeutendsten von allen. Mit ihnen begann zugleich der Aufstieg der stadtbürgerlichen Zivilisation und Kultur in Europa, der in dem ›freien burgum‹, der Marktsiedlung an der Dreisam, eilige Fortschritte machte, begünstigt u. a. durch die Schnittpunktlage an alten Handelswegen, den Silber- und Erzbergbau im Glotter- und Münstertal sowie am Schauinsland, durch vielerlei Gewerbe und nicht zuletzt durch einen florierenden Weinhandel. Der wachsende Wohlstand versetzte die Bürgerschaft schon um 1200 in die Lage, mit dem Bau einer stolzen neuen Pfarrkirche zu beginnen, die uns als das ›Münster‹ vertraut ist.

1218 stirbt der letzte Zähringer. Die Grafen von Urach, die sich später Grafen von Freiburg nennen werden, erben die Herrschaft, aber die selbstbewußt gewordene Stadt kauft sich nach tiefgehenden Zerwürfnissen Schritt um Schritt von ihnen los und unterstellt sich 1368 freiwillig den Habsburgern. Mit Unterbrechungen im Verlauf der großen Macht-Auseinandersetzung zwischen dem Haus Habsburg und der französischen Monarchie bleibt sie bis 1805 österreichisch und geht danach an das neu geschaffene badische

214

Großherzogtum über. Bischofssitz ist Freiburg seit 1827, nachdem 1821 die Aufteilung des alten Bistums Konstanz auf Baden und Württemberg beschlossen worden war. Im Zweiten Weltkrieg wurde mit Ausnahme des Münsters fast die ganze Innenstadt Ende November 1944 zerstört, mit dem Wiederaufbau danach Vorbildliches geleistet.

Über das *Münster* sind Bücher geschrieben worden, ohne daß das Thema je zu erschöpfen gewesen wäre. Versuchen wir's dennoch, mit einem Bruchteil solcher Buchumfänge wenigstens ein paar der wichtigsten Fakten zusammenzutragen, wobei sich das himmelragende Wahrzeichen Freiburgs, das man den schönsten Turm der Christenheit genannt hat, für den Anfang förmlich aufdrängt (Farbtafel 24). Denn kein Teil seiner großartigen Architektur hat das Freiburger Münster so berühmt gemacht wie die westliche Einturmfassade – die erste in Deutschland, mit der dieses Bauprinzip auf den neuen gotischen Stil übertragen wurde, und auf Anhieb ein Meisterwerk von europäischem Rang.

Der quadratische, in einer einfachen, klaren Formensprache sich ausdrückende Unterbau bis zum Uhrgeschoß muß, wie sich aus Indizien folgern läßt, um die Mitte des 13. Jahrhunderts begonnen worden sein. Ein anderer Meister, der wie sein Vorgänger aus der Straßburger Münsterbauhütte nach Freiburg gekommen war, setzte diesem Unterbau nach einem grundlegend veränderten Plan das steinerne Filigran des Oktogons und die erstmals in der Geschichte der Gotik vollkommen durchbrochene Maßwerkpyramide des Helmdachs auf. Ihre elegante Wirkung verdankt sie nicht zuletzt einer minimalen Ausbuchtung der Pyramidenkanten nach dem Vorbild griechischer Tempelsäulen. Dehio sah darin die kühnste Emanzipation des selbstherrlichen Kunstzwecks vom Gebrauchszweck. Kopien mehrerer Planvarianten, die in Archiven erhalten geblieben sind, veranschaulichen, wie mit dem Baufortschritt am Oktogon auch die tragende künstlerische Idee gewachsen ist – ein hochinteressanter Beleg für die Art und Weise mittelalterlichen Bauens überhaupt. Genaue Daten zum Freiburger Turmbau sind nicht überliefert, doch gibt es Hinweise darauf, daß er um 1320 fertiggestellt war. Als leitende Bauhandwerker, Steinmetzen und möglicherweise auch Planer werden ein Meister Gerhart, ein Meister Heinrich der Leiterer und auch Peter von Basel genannt, doch sichere Zuweisungen einzelner Bauteile sind nicht möglich.

Die geräumige Vorhalle im Erdgeschoß des Turms und ihr Portal sind zwar als Haupteingang gedacht, zum Vorplatz hin jedoch gewöhnlich durch ein Gitter abgesperrt und nur von innen her zugänglich. Als reine Architektur wirkt die Vorhalle recht nüchtern, doch dessen wird man sich kaum bewußt angesichts der beinahe erdrückenden Fülle von hervorragender Bauplastik an den Wänden, dem Portalgewände und im Bogenfeld (Abb. 85). Als ob es darum gegangen wäre, möglichst viel christliche Ikonographie in der Vorhalle unterzubringen, reiht sich Bild an Bild, Thema an Thema – ja es reiht sich nicht nur, sondern mischt sich auch ziemlich bunt durcheinander, so daß sich ein durchgehendes Programm kaum ausmachen läßt. Verkündigung und Geburt Christi, Kreuzigung und Jüngstes Gericht, die anbetenden Könige, Adam und Eva, die Klugen und die Törichten Jungfrauen, allegorische Figuren der sündigen Wollust und des teuflischen Verführers, Propheten und Patriarchen, die Sieben Freien Künste und noch viele andere Bildwerke sind in eine mehr oder weniger äußerliche Verbindung zueinander gebracht und manche wohl nur zu dem

215

Freiburg. Kupferstich von Matthäus Merian

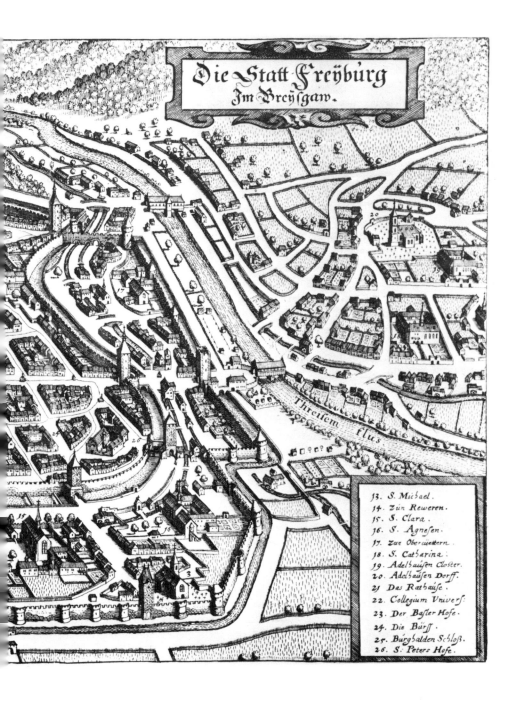

DURCH HIMMEL UND HÖLLE IN DEN HOCHSCHWARZWALD

Zweck hinzuerdacht, den von der Architektur vorgegebenen Raum so dicht wie nur möglich auszufüllen. Zentrum und ruhender Pol ist die hoheitsvolle Erscheinung der Muttergottes, der Patronin von Münster und Stadt, am Mittelpfosten zwischen den Portaltüren (Farbt. 28). Andererseits erinnern die gestaffelten Steinbänke an den Seitenwänden beiläufig daran, daß im Münster nicht nur gebetet, sondern in der Vorhalle auch Gericht gehalten wurde.

Eine zweite Halle wurde dem romanischen Südportal 1620 im Stil der Renaissance vorgelegt. Sie bereitet auf das durch hohe Giebelfronten hervorgehobene spätromanische Querhaus vor, mit dessen Bau um 1200 zuerst begonnen wurde. Mit seiner Vierungskuppel, dem Choransatz und den seitlich anliegenden Hahnentürmen (denen später in Angleichung an den Westturm gotische Helme aufgesetzt wurden), lehnt sich der in schöner Quaderung aufgemauerte, von einer feierlichen Stimmung umfangene Raum eng dem Basler Münster und nordburgundischen Vorbildern an.

Zur Zeit der Renaissance, 1579, waren Hochchor und Langhaus durch einen Lettner voneinander getrennt worden. Dieser Lettner wurde 1790 abgetragen, geteilt und je zur Hälfte als Musikempore an der Nord- und Südwand des Querhauses wieder aufgestellt. Der Nordarm des Querbaus endet in der Peter- und Paul-Kapelle (um 1350) mit ihren Resten einer Kreuzigung aus gleicher Zeit und etwas späterer Glasmalerei sowie in dem näher zum Chor gelegenen ›Endinger Chörlein‹, das 1322 für den erschlagenen Ritter Thomas von Endingen gestiftet wurde und auch Zugang zur hochgotischen Alexanderkapelle (mit einem Glasgemälde der Heiligen Sippe von Hans Gitschmann von Ropstein nach einem Entwurf von Hans Baldung) ist.

Die Erdgeschosse der beiden Hahnentürme waren ursprünglich als geschlossene Kapellen ausgebildet und sind erst nachträglich Durchgänge zum Chor geworden: links die Magdalenen-, rechts die Nikolauskapelle mit ihrem ikonographisch interessanten, von Basel beeinflußten Friesrelief, auf dem sich Simson und Alexander der Große, Sirenen, Greife, Wölfe und Kentauren ein Stelldichein geben. Hervorragende Leistungen spätromanischer Glasmalerei, die Radfenster mit ihren schönen Farbscheiben, die zugleich die ältesten des Münsters sind, des weiteren der Dreikönigsaltar (1505, im 19. Jahrhundert erneuert und ergänzt) am nordöstlichen Vierungspfeiler aus der Werkstatt des oberrheinischen Meisters Hans Wydyz und schließlich der dem Meister HL des Breisacher Hochaltars zugeschriebene Annenaltar am Südostpfeiler bezeichnen den hohen künstlerischen Rang der anfänglich und nachträglich in das Querhaus investierten Ausstattung.

Gegenstück zum Westturm und die andere Glanzleistung gotischen Bauens ist die riesige Choranlage mit Hochchor, Umgang und Kapellenkranz auf einem vieleckigen Grundriß. 1354 übernimmt Hans von Gmünd aus der berühmten Baumeisterfamilie der Parler den Auftrag zum Neubau, aber 1370 kommt das Projekt aus finanziellen Gründen zum Stillstand. Es dauert ein volles Jahrhundert, bis unter der Leitung von Hans Niesenberger nach den Parlerischen Plänen weitergebaut werden kann. Mit der Chorweihe 1513, auf der Schwelle vom Mittelalter zur Neuzeit, endet der letzte große Bauabschnitt am Münster, dessen Charakter sich in den folgenden Jahrhunderten nicht mehr nennenswert verändern wird.

Freiburg. Das Münster nach einem Stahlstich von H. Worms, um 1840 (Augustinermuseum, Freiburg i. Br.)

DURCH HIMMEL UND HÖLLE IN DEN HOCHSCHWARZWALD

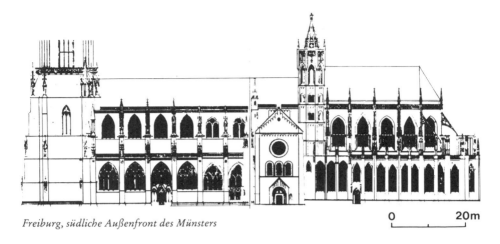

Freiburg, südliche Außenfront des Münsters

Freiburg, Münster 1 Vorhalle 2 Lammportal 3 Turmportal 4 Nordportal 5 Grafenkapelle (Ölbergkapelle) 6 Abendmahlskapelle 7 Peter-und-Pauls-Kapelle 8 Chornordportal 9 Chorsüdportal 10 Vorhalle 11 Aufgänge zum Turm 12 Portalmadonna 13 Kanzel 14 Orgel 15 Madonna auf der Mondsichel 16 Sakramentsaltar 17 Heiliggrabkapelle 18 Grabfigur Bertholds V. 19 Josephsaltar 20 Fenster im Mittelschiff 21 Südlicher Hahnenturm mit Nikolauskapelle 22 Nördlicher Hahnenturm mit Magdalenenkapelle 23 Ehemaliger Lettner 24 Endinger Chörlein 25 Alexanderkapelle 26 Annenaltar 27 Dreikönigsaltar 28 Kreuzaltar 29 Grabplatte Konrads II. von Freiburg 30 Grabmal v. Rodt 31 Dreisitz 32 Erzbischöflicher Thron 33 Hochaltar 34 Sakristei 35 Südlicher Choreingangsraum 36 Stürzelkapelle 37 Universitätskapelle 38 Lichtenfels-Krozingen-Kapelle (Dettinger Chörlein) 39 Schnewlinkapelle 40 Erste Kaiserkapelle 41 Zweite Kaiserkapelle 42 Villinger- oder Böcklinkapelle 43 Sotherkapelle 44 Lochererkapelle 45 Nördlicher Choreingangsraum 46 Blumeneckkapelle 47 Heimhoferkapelle 48 Marienbrunnen 49 Renaissance-Epitaphien 50 Hl. Katharina und Johannes d. T.

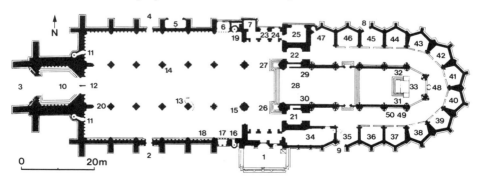

220

Überwältigend ist der Eindruck von Weite und Helle in der Chorzone (Abb. 83). Doch auch der weiche Fluß der die Architektur gliedernden Linien, die eleganten Übergänge von den Runddiensten zum Netzmuster der Rippen, die das schöne Gewölbe tragen, mit einem Wort: das spezifisch Böhmisch-Parlerische dieses Bauwerks prägt sich nachhaltig ein. Erst recht dann beim Näherkommen das zentrale Kunstwerk des Münsters, das zu den bedeutendsten am Oberrhein gehört und selbst im größeren Zusammenhang der deutschen Kunst des 16. Jahrhunderts wenig Vergleichbares neben sich hat: der *Hochaltar*, den Hans Baldung gen. Grien in den Jahren 1512 bis 1516 malte. Im Mittelpunkt seines Aufbaus steht in leuchtenden Farben und genial zur Gruppe komponiert die Marienkrönung durch Gottvater, den Gottessohn und die Taube des Heiligen Geistes, umgeben von munter sich tummelnden und musizierenden Engelchen (Farbt. 25), deren fröhliches Spiel sich fortsetzt in dem von Hans Wydyz geschnitzten rahmenden Rankenwerk. Von ihm stammt auch die Predella mit der Huldigung der Drei Könige und den Wappen Freiburgs und Österreichs.

Auf den beweglichen Seitenflügeln bringen je sechs von Petrus beziehungsweise von Paulus angeführte Apostel der Gottesmutter ihre Verehrung dar. Der geschlossene Schreinaltar zeigt in vier Szenen Verkündigung, Heimsuchung, Christgeburt und die Flucht nach Ägypten, die Rückseite der Mitteltafel eine bedrängend realistische Kreuzigungsgruppe, zu der sich als Zuschauer auch Meister Baldung mit roter Kappe gesellt hat. Auf den Rückseiten der Standflügel erscheinen Hieronymus und Johannes d. T., Georg und Laurentius. In alledem haben sich der gotischen Form eine Sinnlichkeit und Ausdruckskraft überlagert, wie man sie eher einem barocken Kunstwerk zutrauen würde. Ein Glanzstück barocker Bildhauerkunst findet sich ohnedies im Chor: das pompöse Epitaph für den österreichischen General Franz Christian von Rodt an der Südwand, das dessen Söhne 1743 errichten ließen. Es ist ein Werk Christian Wenzingers. (Umittelbar neben dem Denkmal befindet sich übrigens der Hauptspieltisch für die vier Orgeln des Münsters im Mittelschiff, im nördlichen Querschiff, in der Michaelskapelle und im Chor, die, wenn auch unter Mitverwendung einiger alter Teile, durchweg neu sind.) Der Dreisitz aus Sandstein rechts beim Hochaltar ist noch ein Stück der späten Gotik. Große künstlerische Bedeutung kommt den Farbscheiben der Chorfenster zu, auf denen Heilige als Patrone der Stifter, darunter deren Wappen dargestellt sind: auf den von Kaiser Maximilian I. und seinen Enkeln gestifteten Fenstern des Chorhaupts die Wappen des Reiches und der Habsburgischen Erbländer, seitlich anschließend die des vorderösterreichischen Adels und der Freiburger Bürger. Einen Teil der Entwürfe hierzu lieferte Hans Baldung; ausgeführt wurden die Fenster von Hans Gitschmann von Ropstein und Jakob Wechtlin aus Straßburg.

Die neben der Nikolauskapelle gelegene Sakristei, deren 1466 durch einen Zwischenboden abgetrenntes Obergeschoß jetzt Münsterschatzkammer ist, leitet über zum Chorumgang mit dem anliegenden Kapellenkranz. Diese Raumfolge war in der Vergangenheit mehr als nur ein Ort des stillen Verweilens im Gebet: Patrizier und Kleriker der Stadt, der Adel, das Kaiserhaus und für eine längere Zeit auch das Basler Domkapitel hatten hier ihre geistlichen Fest- und Repräsentationsräume. Dem entsprach auch die Ausstattung mit zum Teil hervorragenden Kunstwerken, auf die nur summarisch hingewiesen werden kann.

DURCH HIMMEL UND HÖLLE IN DEN HOCHSCHWARZWALD

Die Sakristei mit einer großen spätgotischen Kreuzigungsgruppe und einem Erbärmde-bild von Lucas Cranach d. Ä. (1524) sowie der Choreingangsraum, in dem um 1670 ein Renaissancebrunnen mit einer Standfigur des seligen Markgrafen Bernhard von Baden (diese aus dem 19. Jh.) errichtet wurde, leiten über zur ersten der meist nach ihren Stiftern benannten Kapellen. Ein prachtvoller barocker Taufstein von Christian Wenzinger und ein Flügelaltar aus dem Umkreis Hans Baldungs sind die wichtigsten Ausstattungsstücke dieser Stürzelkapelle. Die folgende Universitätskapelle, früher Grablege der Professoren, bewahrt die beiden Flügel eines als Ganzes verlorenen Altars von Hans Holbein dem Jüngeren mit der Geburt Christi und der Anbetung der Könige. In die Lichtenfels-Krozingen-Kapelle (auch Dettinger Chörlein genannt) schenkte der Basler Domkustos Wilhelm Blarer von Wartensee 1615 einen Altar mit Marien- und Heiligendarstellungen. Die Schnewlinkapelle birgt u. a. ein vergoldetes Kupferepitaph für den 1756 gestorbenen Universitätsrektor J. S. Stapf und ein Altarkreuz aus geschliffenem Bergkristall (17. Jh.).

Die erste der mit Mitteln kaiserlicher Stiftungen ausgestatteten Kaiserkapellen hat außer dem schönen Gewölbe, das beide Kapellen auszeichnet, einen prachtvollen Rokoko-Beichtstuhl vorzuweisen. Die zweite Kaiserkapelle umschließt den ursprünglich für die Schnewlinkapelle bestimmten und so auch benannten Altar (1515), in dem Plastik und Malerei großartig zusammenklingen: Zur plastischen Gruppe ›Ruhe auf der Flucht‹ des Mittelstücks von Hans Wydyz malte Hans Baldung einen kostbaren Hintergrund mit Rosenhag und Gebirgslandschaft (Abb. 84), während er auf den Flügelbildern die Taufe Christi, Johannes auf Patmos und Mariä Verkündigung festhielt. Die beiden Johannes sind das Bildthema der später hinzugekommenen schmalen Außenflügel aus anderer Hand. Den beiden Kaiserkapellen steht im Umgang der schöne Marienbrunnen von 1511 gegenüber.

In der Villinger- oder Böcklinkapelle befindet sich eines der wertvollsten Stücke des Münsterschatzes, das noch vom ersten Münsterbau herrührt und in die Jahre um 1180 zu datieren ist: ein mehrfach überarbeiteter spätromanischer, in Silber getriebener und vergoldeter Kruzifixus über einem Eichenholzkern mit einem Relief der Himmelfahrt am oberen Kreuzbalken und Evangelistenbildern an den Enden der Kreuzarme, von denen allerdings nur das linke original ist; das rechte wurde wie das Gotteslamm-Medaillon am Kreuzesfuß um 1300 hinzugefügt.

Der neugotische Altar in der Sotherkapelle umfängt mit seinem Schrein drei oberrheini-sche Holzfiguren der Heiligen Nikolaus, Stephanus und Laurentius (um 1500). Mit dem spätgotischen, schon zur Renaissance tendierenden Schnitzaltar der Schutzmantelmadonna (1521/24) in der Lochererkapelle hat sich der Bildhauer Hans Sixt von Staufen als eine Künstlerpersönlichkeit von überregionaler Bedeutung ausgewiesen. Über den nördlichen Choreingangsraum, dessen Portal innen wie außen mit Skulpturen reich geschmückt ist, schließt sich der Kapellenkranz mit der Blumeneckkapelle, deren spätgotische Altarfiguren aus Heinstetten bei Meßkirch stammen, und der Heimhoferkapelle, für die der Baseler Weihbischof M. Tegginger 1598 den Altar mit großem Renaissance-Aufbau stiftete.

Das Langhaus ist räumliches und zeitliches Bindeglied zwischen Querschiff und West-turm und wurde nach 1220 von Osten her mit zwei Jochen in noch unsicher gehandhabter

Gotik begonnen, wie vor allem der unbeholfene Umgang mit dem Maßwerk deutlich zeigt. Auch andere Mängel weisen auf die Schwierigkeiten hin, die deutsche Baumeister anfänglich bei der Übernahme des neuen gotischen Stils aus Frankreich hatten. Der Besucher des Münsters wird davon allerdings kaum etwas bemerken, und darum ist das Thema hier auch nicht weiter zu vertiefen.

Immerhin wurde an den Ostjochen der entscheidende Schritt von der blockhaften Bauweise der Romanik zur vielfältig gliedernden Architektur der Gotik, von der massigen Mauer zur gelockerten, durch große Fensteröffnungen weitgehend aufgelösten und dünn gespannten Wand, auch vom ornamentalen Schmuck zur großfigürlichen Plastik am Außenbau getan. Strebebögen und Strebepfeiler, die den Gewölbeschub aufnehmen, nachdem die Wände ihrer statischen Funktion entkleidet wurden, bestimmen jetzt wesentlich das äußere Bild der Kirche mit.

Der Meister der Ostjoche, der offensichtlich noch mit Steinmetzen vom romanischen Bau zusammenarbeitete, wird von einem technisch und künstlerisch versierteren Meister aus Straßburg abgelöst – dem nämlichen, der nach den vier Westjochen auch den Unterbau des Turms in Angriff nehmen wird. Seine architektonischen Formen, sein Maßwerk, die Gewölberippen, Kapitelle und Ornamente sind unvergleichlich feiner und perfekter als die seines Vorgängers und orientieren sich durchweg am Straßburger Münster, dessen Vorbild sich am reinsten widerspiegelt in dem zierlichen ›Lammportal‹ des Südseitenschiffs.

Noch einmal muß auf den Zwang zur Kürze angesichts einer den ganzen Schwarzwald und sein Vorland umfassenden Thematik hingewiesen werden, wenn aus den vielen beachtenswerten Details der Langhausarchitektur einzig noch die für die hochgotische Baukunst ungewöhnliche Gestaltung der Zone über den Arkaden hervorgehoben wird, denn sie steht in einem auffälligen Gegensatz zur weitestgehend aufgelösten Arkadenfront wie auch zum durchlichteten Obergaden. Da fehlt der gliedernde und belebende Laufgang französischer Kathedralen, fehlt das schmückende Maßwerk, bleibt nur glatte Mauer, die allein durch die aufschießenden Bündel von Diensten für die Gewölbe unterbrochen wird. Ein Produkt des Zufalls, Folge planerischen Unvermögens oder Ausdruck einer bestimmten Absicht? Die Nachahmung dieser Freiburger Besonderheit in vielen südwestdeutschen Pfarrkirchen gibt indirekt die Antwort: Die eigenwillige Behandlung der Wandflächen im Langhaus sollte von Anfang an, also auch schon an den Ostjochen, den Unterschied zwischen einer Pfarr- und einer Bischofskirche charakterisieren. Hier macht Adam auch auf verwandtschaftliche Beziehungen dieser ›unklassischen‹ Hochgotik zur gleichzeitigen Architektur der Bettelorden aufmerksam.

Nun aber den Fenstern sich zuwendend, mag es einem zunächst seltsam erscheinen, daß es Farbverglasungen nur in den Seitenschiffen gibt – ausgenommen ein einziges Fenster im Obergaden des Mittelschiffs mit einer Darstellung von Bergleuten im Schauinsland. Da hat das 18. Jahrhundert dem Drang des Barock nach mehr Licht nachgegeben; farbige Scheiben wurden durch weiße ersetzt. Zum Glück ist ein bedeutender Teil des im Zweiten Weltkrieg rechtzeitig ausgelagerten bunten Fensterschmucks intakt geblieben. Er ist von allen Kostbarkeiten des Langhauses die größte. Jedenfalls gibt es im deutschsprachigen Raum nur

223

DURCH HIMMEL UND HÖLLE IN DEN HOCHSCHWARZWALD

wenige Kirchen, die heute noch mittelalterliche Glasgemälde in einer solchen Schönheit und Fülle vorzuweisen haben. Von den 60 ganz oder teilweise bemalten Fenstern des Münsters sind noch 35 original verglast. An 20 weiteren wurden die alten Scheiben durch Kopien ersetzt und die Originale ins Augustinermuseum verbracht. Fünf Verglasungen sind modern.

Durchweg handelt es sich, wie die Inschriften und Wappen belegen, bei den farbenprächtigen erzählenden Szenen aus dem christlichen Heilsgeschehen oder den Heiligenlegenden um Stiftungen von Freiburger Patrizierfamilien, Handwerkerzünften und Berggewerken, nach denen die Fenster jeweils auch benannt wurden (Farbt. 26). Größtenteils sind sie im 14. Jahrhundert in Freiburg entstanden, einige auch mit Scheiben aus der Freiburger Dominikanerkirche und dem Konstanzer Münster ›angereichert‹ worden. Ihr heutiger Zustand ist zu einem nicht geringen Teil der behutsam konservierenden, Verfremdungen des 19. Jahrhunderts bereinigenden, von Fall zu Fall auch ergänzenden Arbeit des Glasmalers und Restaurators Fritz Geiges in der ersten Weltkriegszeit und den zwanziger Jahren zu verdanken. In einem aufwendigen, Ende 1981 abgeschlossenen Zehnjahresprogramm, das die Staatliche Denkmalpflege, die Erzdiözese und die Stadt Freiburg finanzierten, mußten die Fenster erneut restauriert werden. Sie sind jetzt durch eine Außenschutzverglasung schädlichen Umwelteinflüssen weitgehend entzogen.

In das Ostjoch des südlichen Seitenschiffs wurde um 1330 die Heiliggrabkapelle eingebaut, deren feingliedrige, von Wimpergen bekrönte Baldachinarchitektur stilistisch dem Oberbau des Westturms nahesteht. Die drei Marien (Maria Magdalena als die edelste Erscheinung unter ihnen) und zwei Engel umstehen die Tumba, auf deren Deckplatte der ausgezehrte, in Tücher gehüllte Leichnam Christi ruht. Die Grabfigur im Joch nebenan erinnert an Berthold V., den letzten Zähringerherzog. Der Heiliggrabkapelle steht auf der Nordseite als historisierende Nachahmung die Abendmahlskapelle von 1806 gegenüber. Zwei Joche weiter hatte Jörg Kempf 1555 zwischen die Strebepfeiler außen die Ölberg- oder Grafenkapelle plaziert, die nach Abbruch des Klosters Tennenbach zur neuen Grablege der Markgrafen von Hachberg und später der Freiburger Erzbischöfe wurde. Seit 1828 ist die Kapelle ins Seitenschiff geöffnet und der Zugang von außen vermauert. Die ums Jahr 1560 geschaffene Kanzel, ein Beispiel guter Spätgotik, ist das Werk von Jörg Kempf, der sich selbst als Halbfigur unter der Treppe verewigte. Den Schalldeckel lieferte Franz Xaver Hauser als beachtliches Frühwerk der Neugotik anno 1795 nach.

Wenn sich zu guter Letzt der Blick durchs Mittelschiff zurück und an den Apostelfiguren der Arkadenpfeiler vorbei zur westlichen Portalwand wendet, wo die zur Musikempore gewordene, kreuzrippengewölbte Michaelskapelle über der Vorhalle im Hinblick auf ihre ursprüngliche Funktion noch ungedeutet ist, wird er am Schönsten und Kostbarsten haften bleiben, was die Gotik dem Freiburger Münster an Skulpturen geschenkt hat: eine stehende steinerne Muttergottes (um 1290) von bezaubernder Anmut am Innenpfeiler des Hauptportals – unnachahmlich darin, wie der lockere Faltenwurf des Gewandes der schwingenden Körperlinie folgt und mit ihr eine vollkommene Einheit bildet.

Hier endet unsere Betrachtung, doch sie könnte ebenso gut neu beginnen und beim zweiten Mal ganz andere Aspekte hervorkehren. Geöffnet ist das Münster täglich 9.30 bis

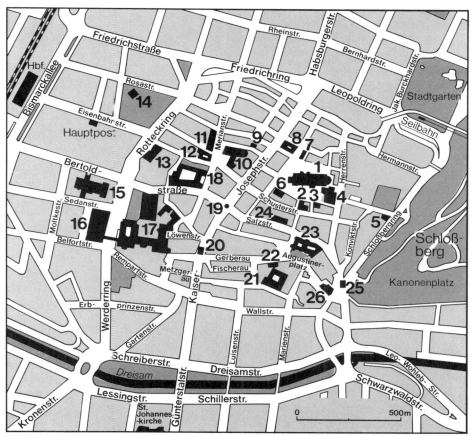

Freiburg 1 Münster 2 Kaufhaus 3 Haus ›Zum schönen Eck‹ (Musikhochschule) 4 Ehemalige Stadtwache und alte Münsterbauhütte 5 Neue Münsterbauhütte 6 Erzbischöfliches Palais 7 Kornhaus (›Große Metzig‹) 8 Basler Hof 9 Haus ›Zum Walfisch‹ 10 Martinskirche 11 Altes Rathaus 12 Neues Rathaus 13 Schwarzes Kloster und altkatholische Kirche 14 Colombi-Schlößchen (Museum für Ur- und Frühgeschichte) 15 Stadttheater 16 Neue Universitätsbibliothek 17 Neue Universität mit Peterhof und Haus ›Zur lieben Hand‹ (Musikhochschule) 18 Alte Universität und Universitätskirche (ehem. Jesuitenkirche) 19 Bertoldsbrunnen 20 Martinstor 21 Adelhauser Kloster und Kirche 22 Museen für Natur- und Völkerkunde 23 Augustinermuseum 24 Sickingen-Palais (Landgericht) 25 Schwabentor 26 Insel

DURCH HIMMEL UND HÖLLE IN DEN HOCHSCHWARZWALD

17.30 Uhr, der Chor zwischen 1. Juli und 30. September montags bis freitags jeweils 10 bis 12 Uhr und 14.30 bis 17 Uhr, der Turm dienstags bis samstags 9.30 bis 17 Uhr, an Sonn- und Feiertagen 12 bis 17 Uhr. Der Eingang zum Turm befindet sich im hinteren südlichen Seitenschiff neben dem Westportal.

Die Südseite des Münsterplatzes wird beherrscht vom historischen *Kaufhaus* (Abb. 82) mit seiner dekorativen farbigen Fassade, den hohen Staffelgiebeln, einem Laubengang im Erdgeschoß und schmucken Erkern an den Flanken, zwischen denen die Habsburger Maximilian I., Karl V., Ferdinand I. und Philipp II. als Standbilder aus der Werkstatt des Sixt von Staufen auf die späten Nachfahren ihrer vorderösterreichischen Untertanen herabschauen. Der aus Ettlingen stammende Münsterbaumeister Lienhard Müller, aber auch Hermann Neuhauser aus Münster i. W. werden mit dem zwischen 1525 und 1532 errichteten Bau in Verbindung gebracht. Das Erdgeschoß diente als Lagerraum für Kaufmannsgüter, das Obergeschoß war der Festsaal der Stadt, der auch heute noch für Konzerte benutzt wird, während der Innenhof sommerlichen Freilichtaufführungen einen stimmungsvollen Rahmen gibt.

Ein paar Schritte weiter in östlicher Richtung (Münsterplatz 30) ist das palaisartige *Haus ›Zum schönen Eck‹* – einst Wohnhaus des Bildhauers Christian Wenzinger und von ihm auch erbaut (1761) – Verwaltungssitz der Freiburger Musikhochschule geworden. Eine Treppe mit schönem schmiedeeisernem Geländer lenkt im Innern den Blick hinauf zu einem Deckengemälde, das den Einzug des Hephaistos in den Olymp schildert und Wenzinger Gelegenheit gab, sich selbst – unter einer Zopfperücke dem griechischen Feuergott zuwinkend – in die erlauchte olympische Gesellschaft einzumischen.

Die *ehemalige Stadtwache* und die *alte Münsterbauhütte* an der Herrenstraße – letztes mittelalterliches Fachwerkhaus in Freiburg – grenzen den Südteil des Münsterplatzes nach Osten ab. Die *neue Bauhütte* befindet sich am Ende der von der Herrenstraße ostwärts weiterführenden Schoferstraße; sie ist dienstags und donnerstags von 8–11 Uhr geöffnet.

Der *Georgsbrunnen* (Anfang 16. Jh.) und das *Erzbischöfliche Palais*, das nach 1765 als Ständehaus der Breisgauer Ritterschaft erbaut wurde und an seiner schlichten Barockfassade und dem geschmiedeten Balkongitter zu erkennen ist, sind zwei markante Akzente der Platzanlage auf der anderen, westlichen Seite des Kaufhauses. Vorbei an den drei Barocksäulen vor dem Westturm des Münsters, Stiftungen der Breisgauischen Landstände von 1719 mit Statuen der Stadtpatrone Lambertus und Alexander sowie einer gotischen Skulptur der Muttergottes, gelangt man zum *Fischbrunnen*, einer Schöpfung des Meisters Hans von Basel (1483). Die in den Brunnenaufbau integrierten acht Statuetten stammen aus dem frühen 17. Jahrhundert.

Die Nordwestecke des Platzes nimmt das zeitweise als ›große Metzig‹ zweckentfremdete *Kornhaus* (Anfang 16. Jh.) ein. In seinem Obergeschoß hatten die Bürger ihren Tanz- und Festsaal, zwischen 1789 und 1823 auch ihr Theater. Unmittelbar benachbart ist der in der Flucht der Kaiser-Joseph-Straße liegende *Basler Hof* mit seiner von gotischen Erkern unterbrochenen, mit Bildhauerarbeiten geschmückten Fassade. Zur Erbauungszeit um 1500

Erasmus in der Erkerstube des Freiburger Hauses ›Zum Walfisch‹. Holzschnitt, 1533 (Universitätsbibliothek Basel)

war dies das Haus des kaiserlichen Kanzlers Konrad Stürzel von Buchheim. Von 1590 bis 1651 residierte darin das vor der Reformation nach Freiburg geflohene Basler Domkapitel.

Jenseits der Kaiser-Joseph-Straße bildet der *Kartoffelmarkt* mit den umliegenden Häusern und dem nach seinem Stifter benannten neugotischen Raubrunnen ein behagliches Ensemble. Das Gebäude der Sparkasse am Südrand des Platzes umschließt auf seiner der Franziskanerstraße anliegenden Rückseite das schönste Freiburger Bürgerhaus aus gotischer Zeit, das *Haus ›Zum Walfisch‹*, das sich Jakob Villinger von Schönenberg, der Generalschatzmeister Kaiser Maximilians I., 1516 bauen ließ. Besonders reizvoll ist das Schmuckwerk des Portals und des ihn als Baldachin überwölbenden Erkers. Erasmus von Rotterdam hat darin nach seiner Flucht aus Basel gewohnt, später auch Kaiser Ferdinand I.

Unser nächster Besuch gilt der katholischen *Martinskirche* am Rathausplatz, die zum ehemaligen Franziskanerkloster gehörte und im Zweiten Weltkrieg bis auf den Chor (1262 und folgende Jahre) zerstört wurde. Der Wiederaufbau wahrte den Charakter einer schlichten Bettelordenarchitektur, ja er gewann ihn dem Gotteshaus durch das Beiseitelassen verfremdender Zutaten in vielen Einzelheiten überhaupt erst wieder zurück. Die luftige

DURCH HIMMEL UND HÖLLE IN DEN HOCHSCHWARZWALD

Weite des Raumes, die Atmosphäre einer heiligen Nüchternheit, die ihn durchwaltet, die weite Spannung der auf schmucklosen Rundstützen lagernden Arkaden, die das Langhaus mit seinen hoch hinaufgeführten Seitenschiffen gliedern – dies alles erinnert an die Dominikanerkirche im benachbarten elsässischen Colmar, das andere oberrheinische Schulbeispiel für die den Bettelorden eigene asketische Baugesinnung. Man beachte auch den vom Kloster noch verbliebenen Osttrakt mit einem Arm des Kreuzgangs und der *Antonius-kapelle*, in die man durch eine Tür im vorderen Teil des rechten Seitenschiffs gelangt.

Das *Alte Rathaus* (1556–59) gegenüber der Martinskirche wurde nach seiner Zerstörung (1944) wie viele andere Freiburger Bauten von Wert im alten Sinne wiederhergestellt. Das links anschließende *Neue Rathaus*, das um die letzte Jahrhundertwende aus der Verbindung zweier Bürgerhäuser des 16. Jahrhunderts mit einem den Ratssaal umschließenden Zwischenbau entstand, bewahrt, von solchen Veränderungen unberührt, an seinen Renaissance-Erkern gute Reliefs, von denen die Jungfrau mit dem Einhorn auf dem linken Erker besondere Aufmerksamkeit verdient. Was heute Neues Rathaus ist, war einmal erster Sitz der Universität. Andererseits führt der Portalbogen, der das Alte mit dem Neuen Rathaus verbindet, zur wiederaufgebauten *Gerichtslaube* aus dem 13. Jahrhundert, die von den Ratsgebäuden der Stadt das allerälteste ist und noch vom Reichstag Kaiser Maximilians I. anno 1498 erzählen könnte, hätte sie den letzten Krieg unversehrt überstanden.

Die Rathausgasse führt links am Neuen Rathaus vorbei zum *ehemaligen Schwarzen Kloster*, das zum Teil als *Städtische Galerie* genutzt wird, neuerdings auch die Volkshochschule beherbergt und vor allem die jetzt altkatholische, 1708–10 erbaute *St. Ursula-Kirche* birgt – einen einfachen, aber mit hübschem Stuckornament und außerdem mit einer doppelten Nonnenempore versehenen Gottesdienstraum. Durch eine Unterführung unter dem Rotteckring gelangt man von hier aus hinüber zu dem in einem kleinen Park gelegenen neugotischen Backsteinbau des *Colombi-Schlößchens*, das 1859 für die Gräfin Maria Gertrud von Zea Bermudez und Colombi eingerichtet und in jüngster Zeit gründlich renoviert wurde. Das Freiburger Museum für Ur- und Frühgeschichte hat sich darin eingerichtet.

Durch die Fußgänger-Unterführung wieder zum Schwarzen Kloster zurückgekommen und jetzt in südlicher Richtung dem Rotteckring folgend, sieht man an der Kreuzung mit der Bertoldstraße rechter Hand das *Stadttheater* und die *Neue Universitätsbibliothek*, zur Linken den weiträumigen Komplex der *Neuen Universität*, deren Wiederaufbau und Erweiterung nach dem Zweiten Weltkrieg eine hervorragende Leistung im Sinne einer rücksichtsvollen Verbindung älterer Bausubstanz mit neuen architektonischen Ideen und neuen Materialien ist – von Fall zu Fall auch mit zeitgenössischer bildender Kunst, wie Henry Moores Skulptur ›Die Liegende‹ vor dem Kollegiengebäude II zeigt. Andererseits kann, wer will, am Beispiel des *Hauses ›Zur lieben Hand‹* in der Löwenstraße 16 sehen, wie gut sich sogar dieses im Rokoko-Stil nach der Art von Wenzinger, wenn auch nicht von ihm selbst geschaffene Bauwerk mit der neuen Universitäts-Nachbarschaft verträgt. In ihm hat übrigens die *Musikhochschule* ein Zuhause gefunden. Die schöne Figur der Immaculata in einer Fassadennische wird wohl dem Wenzinger-Schüler Fidelis Sporer zuzurechnen sein.

Bleiben wir aber einstweilen noch in der Bertoldstraße, wo uns hinter dem Kollegiengebäude II der *Peterhof* auffallen wird (heute Psychologisches Institut der Universität), der von 1492 bis 1805 Pfleghof, seit 1585 zugleich Stadtquartier für die Äbte des Klosters St. Peter war. Die zugehörige Kapelle ist ein kleiner Rechteckraum mit reicher Wanddekoration und zwei zierlichen Sterngewölben. Schräg gegenüber auf der anderen Seite der Bertoldstraße befand sich ursprünglich ein *Kloster (Kollegium) der Jesuiten,* das später zur Neuen und mittlerweile zur *Alten Universität* wurde. Sinngemäß ist nun auch die *Kirche der Jesuiten* nach der Universität benannt. Sie war das bedeutendste sakrale Bauwerk des Barock in Freiburg und wurde nach 1945 in der alten Weise wieder aufgebaut, allerdings ohne den satten Stuck der Gewölbe und ohne eine dem Reichtum der alten vergleichbare Ausstattung.

Nahe beim neuen *Bertoldsbrunnen* von Nikolaus Röselmeir, der im Schnittpunkt von Bertold- und Kaiser-Joseph-Straße das zentrale Straßenkreuz der Zähringer Stadtgründung markiert, ist das *Martinstor* – wie nicht weit von hier das gleichfalls aus Bossenquadern an den Ecken aufgemauerte *Schwabentor* – noch ein Rest der Stadtbefestigung des 13. Jahrhunderts. Unterhalb des Tors bilden *Gerberau* und *Fischerau* im alten Handwerkerviertel sowie das weiter ostwärts gelegene Idyll der ›Insel‹ eine der malerischsten Ecken Freiburgs. Die Adelhauser Straße, der Platz und die *Kirche* gleichen Namens in der Gerberau-Vorstadt erinnern an das 1234 gegründete *Dominikanerkloster Adelhausen,* das zu jener Zeit weit außerhalb der Stadt lag, wiederholt zerstört wurde und sich deshalb im 17. Jahrhundert unter den Schutz Freiburgs begab. Von 1687 an wurde es am jetzigen Platz neu gebaut.

Architektonisch ist die Kirche unbedeutend, beachtlich jedoch ihre Ausstattung, zu der Altäre aus der Erbauungszeit, eine gute Sandsteinskulptur der heiligen Katharina (nach 1300, dem Figurenschmuck der Münstervorhalle nahestehend), ein Vesperbild des 14. Jahrhunderts auf dem südlichen Seitenaltar, eine Muttergottesfigur von Hans Wydyz an einem Emporenpfeiler und als Hauptwerk der unter diesem Namen berühmt gewordene ›Adelhauser Kruzifixus‹ aus dem 14. Jahrhundert zählen. Die ehemaligen Klostergebäude gehören jetzt zum Komplex der *Museen für Natur- und Völkerkunde,* deren Eingang sich in der Gerberau Nr. 32 befindet. Ihre reichhaltigen Bestände sind es wert, daß man von ihnen Notiz nimmt.

Vollends unerläßlich für jeden, der Freiburg kennenlernen und über Freiburg hinaus einen Überblick auf die oberrheinisch-alamannische Kunstlandschaft gewinnen will, ist ein Besuch des benachbarten *Augustinermuseums* am Augustinerplatz. In dem ehemaligen, 1278 gegründeten, 1784 säkularisierten Kloster der Augustiner-Eremiten sind seit 1923 die umfangreichen kunst- und kulturhistorischen Sammlungen der Stadt und des Diözesanmuseums untergebracht. In diesen Sammlungen ist 1867 auch der kostbare Kunstbesitz des s. Z. aufgehobenen Adelhauser Klosters mit aufgegangen. Schwerpunkte der Präsentation sind gotische Plastik, Werke von Grünewald und Hans Baldung Grien, Glasmalerei vom 13. bis 16. Jahrhundert, Plastik des Barock, Malerei der Romantik, eine Galerie des 19. und 20. Jahrhunderts, in der das badische Element mit Hans Thoma, Carl Hofer, dem Freiburger Julius Bissier, Emil Rudolf Weiss und anderen gut vertreten ist, darüber hinaus auch Schwarzwälder Heimatkunst in den vielfältigsten Formen. Im Augustinermuseum

229

DURCH HIMMEL UND HÖLLE IN DEN HOCHSCHWARZWALD

begegnet der Besucher überdies zahlreichen originalen Kunstwerken von unschätzbarem Wert, die er bei seinen Reisen im Lande bereits als Kopien kennenlernte, und die er hier nun ›hautnah‹ erleben kann (Farbt. 29, Abb. 77).

Ein kleines Stück stadteinwärts an der Salzstraße, an die auch das Augustinerkloster mit seiner Längsfront grenzt, ist in den Neubau des Landgerichts die vornehme frühklassizistische Fassade des ehemaligen, 1944 ausgebrannten *Sickingen-Palais* einbezogen worden, das Michel d'Ixnard 1769–73 für den Freiherrn Ferdinand von Sickingen erstellte, und das von 1809 an den badischen Großherzögen als Wohnsitz diente, wenn sie sich in Freiburg aufhielten. In der Gegenrichtung der Salzstraße, also wieder am Augustinermuseum vorbei, gelangt man zu dem vor dem Schwabentor gelegenen Stadtteil *Oberlinden*, einem weiteren Stück Alt-Freiburg, das mit seinen Bürgerhäusern und gemütlichen Lokalen, den ›Bächle‹, einer mächtigen alten Linde und dem barocken Marienbrunnen ganz dazu angetan ist, noch etwas von der Atmosphäre einer ›guten alten Zeit‹ in die Gegenwart herüberzuretten. Besonders fällt hier in der Umgebung der sonst schlicht verputzten Fassaden das *Haus ›Zum Kameltier‹* wegen seiner Stuckdekoration mit Bandelwerk und Maskenzierrat im Régencestil auf. Was endlich das *Hotel ›Zum Roten Bären‹* betrifft, so ist es eines der nicht eben wenigen, die von sich behaupten, das älteste Gasthaus in deutschen Landen zu sein. Urkundlich zum ersten Mal erwähnt wurde es 1311 – immerhin!

Via Herrenstraße oder – noch besser – auf einem kleinen Umweg über das städtebauliche Kleinod der neu-alten *Konviktstraße* als eines Musterbeispiels erneuernden und zugleich bewahrenden, in summa die Lebensqualität vermehrenden Wiederaufbaus endet beim Münster unser Rundgang. Mit ihm sollte im Grunde nur versucht werden, ein paar Streiflichter auf Geschichte und Gegenwart einer über alle Gefährdungen und Zerstörungen hinweg ungebrochen lebendig gebliebenen Großstadt einzusammeln, in der noch auf die liebenswerteste Weise die Atmosphäre eines behaglichen alamannisch-breisgauischen Landstädtchens nachwirkt. Man kann sich dieses Freiburg auch auf erholsamen Wegen von oben betrachten. Vom *Stadtgarten*, nicht weit vom Nordende der Herrenstraße, führt sogar eine Seilbahn auf den *Schloßberg*, auf dem an auffälligen Erdformationen noch die Spuren umfangreicher Zähringer, österreichischer und französischer Burg- und Festungsanlagen ablesbar sind. Wiederum vom Stadtgarten sind es nur wenige Minuten zu dem seit 1872 nicht mehr belegten *Alten Friedhof*, einer der reizvollsten Anlagen dieser Art weit und breit. Sie wird behutsam gepflegt, ohne daß den Zeichen des Alterns, der allmählichen Verwitterung von Grabsteinen, Kreuzen und Skulpturen allzu sichtbar Einhalt geboten würde. Im Tode wird an diesem Ort ein weiteres Mal ein Stück Freiburger Geschichte lebendig: Christian Wenzinger ist hier begraben, Namen wie der des Archäologen Joseph Anselm Feuerbach, des Historikers und liberalen Politikers Karl von Rotteck, des Dichters und Literaturprofessors Johann Georg Jakobi oder des französischen Emigrantenführers Vicomte de Mirabeau – um nur einige zu nennen – sind auf den Grabmalen verzeichnet. Mit ihnen fanden Adelige und Offiziere, Beamte des badischen Hofes und der Verwaltung wie die Stürzel von Buchheim oder die Schnewlin von Bollschweil auf dem Alten Friedhof ihre letzte Ruhe ...

Kirchzarten

Das *Schloß* am Wege ins ›Himmelreich‹, das im Freiburger Vorort **Ebnet** bei der zweiten Brücke über die Dreisam liegt, und sein Park sind ein schönes Beispiel für ein rein und ungeteilt erhaltenes Barockensemble. Von Johann Jakob Fechter unter Mitwirkung von Christian Wenzinger für die Herren von Sickingen erbaut, wendet es seine gut gegliederte Hauptfront (mit Freitreppe, Balkon und Wappengiebel am Mittelrisalit) dem Park zu, für den Wenzinger plastische Darstellungen der Jahreszeiten geschaffen hat. Das private Herrenhaus wird nur gelegentlich für Konzerte, Vorträge und Ausstellungen geöffnet, doch dem kunstliebenden Durchreisenden ist ein kurzer Aufenthalt im Park nicht verwehrt.

In den Ortsnamen Zarten, Kirchzarten und Hinterzarten klingt noch das eine keltische Siedlung benennende ›Tarodunum‹ nach. 765 wird ein Hofgut ›Zartuna‹ an das Kloster St. Gallen geschenkt, das damit im Zartener Raum einen Schwerpunkt seiner rechtsrheinischen Besitzungen gewinnt. Es behält diesen Besitz jedoch nicht auf Dauer und übereignet Ende des 13. Jahrhunderts den ›Dinghof‹ als letzten Rest dem Johanniterorden, der ihn 1497 an die Stadt Freiburg weitergibt. Jetzt zieht der Freiburger Talvogt in den Hof ein. Ursprünglich war die ›Talvogtei‹ (unterhalb der Kirchzartener Pfarrkirche St. Gallus) eine hufeisenförmig angelegte Wasserburg, die nach ihrer weitgehenden Zerstörung im Bauernkrieg verändert wiederaufgebaut wurde und in ihrem jetzigen Bestand im wesentlichen auf das 17. Jahrhundert zurückgeht.

Die heutige Architektur der *Pfarrkirche St. Gallus* ist das Ergebnis eines jahrhundertelangen Wachstums- und Veränderungsprozesses, der nicht nur an einzelnen Bauteilen wie dem Turm mit seiner vom frühen romanischen Unterbau bis zur hohen gotischen Glockenstube dem Stilwandel sich anpassenden Geschoßfolge ablesbar ist, sondern auch durch die bei Grabungen 1961 festgestellten fünf Bodenlagen bezeugt wird. Die reizvollste Hinterlassenschaft der Gotik an dieser Kirche ist neben dem Chor und zwei Portalen an den Längsseiten die 1510 auf der Südseite angebaute Vorhalle, deren feines Sterngewölbe seine Rippen im Wappen der Johanniter-Patronatsherren sich kreuzen läßt. Ein zusätzlicher Anbau bewahrt den von dem Schwarzwälder Rokokobildhauer und Wenzinger-Schüler Matthias Faller um 1745 geschaffenen Ölberg.

Von der älteren gotischen Ausstattung haben die Zeitläufte einen gut geschnitzten Kruzifixus zurückgelassen. Er wurde mit Assistenzfiguren der Maria und des Johannes aus der Werkstatt des Luzerner Bildhauers Michael Hartmann, die 1665 für einen Kreuzaltar unter dem Chorbogen bestimmt waren, zu einer Kreuzigungsgruppe an der südlichen Langhauswand ergänzt. Ein bildnerisches Meisterwerk des gotischen Mittelalters ist der Bildgrabstein des 1363 gestorbenen Ritters Kuno von Falkenstein, dessen Familie lange Zeit die St. Galler Klosterherrschaft bevogtete. Das Hochrelief stellt den Verstorbenen lebensgroß in voller Rüstung dar.

In den noch streng gegliederten Hochaltar (1683) des einheimischen Bildhauers Franz Hauser fügte dessen von Wenzinger beeinflußter Sohn Anton Xaver um 1763 zwei bezaubernde Büsten der Heiligen Barbara und Ottilia vor den Postamenten der inneren

DURCH HIMMEL UND HÖLLE IN DEN HOCHSCHWARZWALD

Säulen ein und schuf zur gleichen Zeit Seitenaltäre und Kanzel, die zu den besten plastischen Arbeiten des Rokoko im Breisgau gehören.

Oberried

Wenig oberhalb von Kirchzarten an der Straße zum Schauinsland war das Oberrieder *Kloster Mariagart,* eine Gründung der Wilhelmiten von 1237, zuletzt Benediktinerpriorat von St. Blasien, bevor es 1807 aufgehoben wurde. Heute beherbergen die überkommenen Klosterbauten der Jahre 1682–87 u. a. das *Rathaus* der Gemeinde und haben noch etliche schöne Stuckdecken und stattliche Kachelöfen aus der Erbauungszeit vorzuweisen. Die mit dem Kloster verbunden gewesene *Pfarr- und Wallfahrtskirche Maria Krönung,* ein eher bescheiden als aufwendig angelegter Saalbau, verfügt über eine gute und einheitliche Ausstattung aus der ersten Hälfte des 18. Jahrhunderts, zu der Christian Wenzinger 1737 die Statuen des Hochaltars beisteuerte. Die zum großen Teil sehr schönen Bilder eines Kreuzwegs malte Simon Göser. Ein Gnadenkruzifixus an der Nordwand vor dem Triumphbogen gehört der Spätgotik an.

Breitnau

Abgesehen davon, daß sich nördlich der B 31 in der Breitnauer Gegend eine wahre Wunderwelt für Wanderer auftut, die eher das Gemächliche als anstrengende Gipfeltouren, mehr die weiten Horizonte als die eng geschnittenen Täler mögen (Farbt. 53), hat der Ort selbst in seiner katholischen *Pfarrkirche St. Johannes Baptist* von 1753 auch für Kunstfreunde einige Raritäten parat: am verschindelten Turm, der seinen Ursprung wohl schon im 13. Jahrhundert hat, eine spätgotische Kreuzigungsgruppe als Steinrelief; ferner ein Epitaph des 1468 gestorbenen Herren Snewlin von Landeck; des weiteren im Chor einen lebensgroßen, sorgfältigst gearbeiteten Bildnisgrabstein für Helena Landeck († 1603) und schließlich eine Tafel im Chor, die ehemals Predella eines Altars war und sehr farbig das Gastmahl des Herodes und die Hinrichtung des Täufers schildert (um 1520). Von solchen Einzelheiten ganz abgesehen, bietet die Kirche insgesamt ein ausgesprochen freundliches, heiteres Bild, von dem man sagen darf, es passe auch gut zur umgebenden Landschaft. Der breit in den Chorschluß gelagerte Hochaltar des Matthias Faller wie auch die schwungvollen Rokoko-Seitenaltäre und die fein dekorierte Kanzel zweier Villinger Meister sind durchaus betrachtenswert.

Hinterzarten

Ein Zentrum des Fremdenverkehrs im Schwarzwald, als heilklimatischer Kurort und als Wintersportplatz gleichermaßen frequentiert und Kennern auch einer Gastronomie wegen

232

geläufig, die in ihren ersten Häusern jahrhundertelange Tradition hat: das ist Hinterzarten. Doch das ist nicht alles. Da gibt es beispielsweise im näheren Umkreis noch einige schöne alte Schwarzwaldbauernhöfe, auch wenn sie sich allmählich ein bißchen verloren in der neuzeitlich verbauten Landschaft ausnehmen. Da gibt es ferner im Ortsteil Höllsteig die *St. Oswaldkapelle* von 1148, die eine der ältesten Kirchen des Hochschwarzwaldes ist. Und es gibt im Ort selbst die 1416 erstmals bezeugte Wallfahrts- und spätere *Pfarrkirche Maria in der Zarten,* der als Urzelle eine kleine Kapelle vorausgegangen war. Sie ist im uralten Unterbau des wehrhaften Turms aufgegangen, der seinen achteckigen Aufsatz und die Zwiebelhaube im 18. Jahrhundert erhielt.

Der damalige barocke Neubau der Kirche wurde 1962/63 bis auf den Chor abgerissen und durch einen wesentlich größeren, von einem Zeltdach überspannten Gottesdienstraum auf achteckigem Grundriß ersetzt. Große Glasbetonfenster, die durch ein leicht verwirrendes, teils spinnennetzartiges Liniengeflecht strukturiert sind, lassen viel Licht herein. Der zunächst befremdliche, bei längerer Betrachtung dann doch den Sinn und die Einheit im Plan des Ganzen erschließende Eindruck rührt von der Übernahme der barocken Altarausstattung in diesen ›modernen‹ Kirchenraum her. Ein Kontrast, der unversöhnlich erscheint, und eine Integration der scheinbar auseinanderstrebenden Elemente, die dennoch überzeugt: In diesem Spannungsfeld versammelt der Altarraum alle Aufmerksamkeit der Gemeinde wie mit einer magischen Kraft auf sich. In seinem Mittelpunkt ist das Gnadenbild der alten Wallfahrt auf dem Hochaltar vergrößert nachgebildet.

Im Schwarzwald verläuft sich keiner. Wegweiser in Hinterzarten

DURCH HIMMEL UND HÖLLE IN DEN HOCHSCHWARZWALD

Friedenweiler

Auf einer neuen, weiträumig angelegten Umgehung zieht die B 31 an Neustadt vorbei, überquert auf einem Viadukt die Talsenke und bietet danach die Ausfahrt in Richtung Friedenweiler an, wo – mit Unterbrechung – von 1123 an bis zur Säkularisation zuerst ein Benediktinerinnen-, dann ein Zisterzienserinnenkloster bestand. In den ehemaligen Klostergebäuden war zuletzt eine Kinderheilstätte untergebracht.

Peter Thumb hat die kleine ehemalige Kloster- und jetzige *Pfarrkirche St. Johannes Baptist* zwischen 1725 und 1731 unter Beibehaltung der gotischen Chorumfassung neu angelegt – nicht gerade als eine seiner beachtlichsten Leistungen. Der Innenraum wirkt recht bescheiden, ist auch merkwürdig unentschieden gegliedert und nicht sonderlich üppig dekoriert. Doch die großzügige Ausstattung mit Stuckmarmoraltären wiegt dies alles auf. Sie ist schon deshalb bemerkenswert, weil die Anordnung zweier Seitenaltäre im Querschiff und zweier weiterer, die im Chor schräg zum Hochaltar gestellt sind, eine geradezu theatralisch wirkende Staffelung ergibt. Joseph Schilling war der Maler der Altarblätter bis auf das eine im nördlichen Querschiff, das Johann Pfunner schuf. Die Kanzel gehört zwar ebenfalls in die Zeit der übrigen Ausstattung, hält sich jedoch noch an die schwereren Formen des 17. Jahrhunderts.

Urach (Vöhrenbach)

Eine der wenigen erhalten gebliebenen Wehrkirchen im Schwarzwald ist in Urach die katholische *Pfarrkirche Allerheiligen* (Farbt. 51) inmitten des ummauerten Friedhofs, zu dem überdachte Treppen hinaufführen, und in dessen Mauerecken (derzeit etwas verwahrloste) Kapellen eingelassen sind (hier auch eine Kreuzigungsgruppe um 1680 und ein barocker Ölberg um 1770). Die einschiffige barocke Kirche mit gotischem Chor und romanischem Turmunterbau ist im Gegensatz zu den Kapellen gründlich renoviert und erfreut mit einer in Felder unterteilten bemalten Holztonne über dem Langhaus, gutem Rokokostuck im Chor und einem stattlichen Hochaltar, dessen Mittelbild Johann Pfunner malte.

St. Märgen
(Abb. 71–73)

Bei der ›Kalten Herberge‹, in der einmal vor langer, langer Zeit ein Wanderer auf der Ofenbank erfroren sein soll, trennen sich die Wege von Urach nach St. Märgen. Der eine, aussichtsreiche, bleibt auf der Höhe, folgt zunächst der B 500 und biegt später nach Nordwesten ab; der andere, wildromantische, führt hinunter ins ›Hexenloch‹ und schließt über Dreistegen und Altglashütte wieder an die erste Route an.

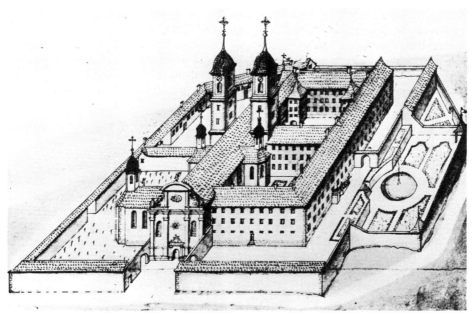

St. Märgen, Prospekt des Klosters, 18. Jh. (Generallandesarchiv Karlsruhe)

Das 1118 gegründete *Augustinerchorherrenstift St. Märgen* und die zugehörige Kirche waren mehrere Male durch Brände heimgesucht worden, und die Mönche hatten es auch längst vorgezogen, in das Freiburger Allerheiligenkloster umzuziehen, bevor es von 1716 an zum schrittweisen Neubau der Kirche, der Kollegiatsgebäude und des Prälatenbaus kam, doch ist die um zwei Höfe geplante Gesamtanlage nie ganz fertiggestellt worden. Bis auf den Prälatenbau brannten das seit 1807 säkularisierte Kloster und das zur *Pfarr- und Wallfahrtskirche St. Maria* gewordene Gotteshaus nach Blitzschlag 1907 ein weiteres Mal ab. Noch im gleichen Jahr wurde der Wiederaufbau unter Einbeziehung des alten, seitlich vom Chor stehenden Turmpaars mit seinen charakteristischen Kuppelhelmen und von Teilen der Fassade in Angriff genommen. Die Ausstattung mit Fresken, Stukkaturen, Altären und Bildern im Stil des 18. Jahrhunderts besorgten Münchener und Freiburger Künstler. Von der alten Ausstattung sind neben dem einzigen noch original barocken Altargemälde am rechten Seitenaltar vor allem die figürlichen Bildhauerarbeiten Matthias Fallers gerettet worden. Daß von ihnen neuerdings nur noch ein Teil in der St. Märgener Kirche verblieben ist, während die anderen in sichere Verwahrung genommen wurden und ihre Sockel und Podeste nunmehr ›verwaist‹ sind, ist eine Folge übler Erfahrungen mit Diebstählen – auch in der nahegelegenen *Wallfahrtskirche auf dem Ohmen*. Nach Augenschein im Herbst 1982 erwarten den Besucher noch die vier großen Figuren der Heiligen Augustin, Johannes

DURCH HIMMEL UND HÖLLE IN DEN HOCHSCHWARZWALD

Baptist, Johannes Evangelist und des seliggesprochenen Augustiners Peter Forerius am Hochaltar, der Kruzifixus von der Kreuzigungsgruppe links im Chor, ferner die beiden dem Gnadenbild, einer lothringischen Sitzmadonna des frühen 12. Jahrhunderts, zugeordneten Engel in der Muttergotteskapelle sowie die Figur des Titelheiligen in der Josephskapelle und am gleichen Ort die Engel am Reliquienschrein des heiligen Constantius. An der Außenseite der Muttergotteskapelle zeigt übrigens eine Tafel an, wo Matthias Faller, der ›Herrgott-schnitzer des Schwarzwalds‹, die letzte Ruhe fand.

St. Peter

Gründer der *Benediktinerabtei St. Peter* war Abt Wilhelm von Hirsau, Gründungsort das schwäbische Weilheim unter Teck. Der Zähringerherzog Berthold II. veranlaßte 1093 die Verlegung und den Neubau. Obwohl das Kloster zeitweise reichsunmittelbar war (von 1567 bis zu Säkularisation stand es unter österreichischem Schutz), hat es doch nie eine wichtige geschichtliche und politische Rolle gespielt, sondern verdankte seine Bedeutung in erster Linie seiner Eigenschaft als Hauskloster und Grablege der Zähringer. Sich auf eine relativ kleine Zahl von Mönchen beschränkend und auch mit Gütern nicht übermäßig bedacht, tat es sich in seiner Blütezeit vor allem durch kulturelle Leistungen hervor. Seit 1842 ist in den Klostergebäuden das Priesterseminar der Erzdiözese Freiburg beheimatet.

Zum letzten Neubau nach mehreren Bränden war es von 1724 an gekommen, wobei die *Kirche* den Anfang machte (Farbt. 31). Mit ihr hat Peter Thumb eine seiner besonders gut gelungenen Schöpfungen auf den Weg gebracht, wobei die Verwandtschaft mit den ›vorarlbergischen‹ Kirchenbauten in Oberschwaben unverkennbar ist, die vornehm gegliederte zweitürmige Westfront andererseits aber auch gleich an ihre Wiederholungen im elsässischen Ebersmünster und in Frauenalb (s. S. 50) denken läßt. Vorarlbergisch ist, um daran zu erinnern, die Wandpfeileranlage mit Kapellen und Emporen, wobei Langhaus und Chor von ein und demselben System regiert werden und das obligatorische Querschiff in St. Peter nur um Mauerdicke vorspringt.

Das Innere wirkt ausgesprochen geräumig und ist reich geschmückt mit vielen kleinteiligen Wand- und Gewölbefresken von Franz Joseph Spiegler, der seine Szenen insbesondere aus der Geschichte des Titelheiligen schöpfte, mit Stukkaturen des Tessiners Johann Baptist Clerici, des weiteren mit Figuren von Aposteln und Heiligen am Hochaltar und den beiden vorderen Seitenaltären, von zähringischen Stiftern und Wohltätern an den Pfeilern, die Joseph Anton Feuchtmayer schuf. Eine gute Arbeit ist das Hochaltargemälde der Marien-krönung von Johann Christoph Storer (1661), eine andere der Taufbrunnen im südlichen Querhaus von Christian Wenzinger mit einer Figurengruppe von Matthias Faller. Lehrer und Schüler arbeiteten auch an der Orgel zusammen, deren prächtigen Prospekt Wenzinger mit vier bewegten Figuren bekrönte, während Faller das graziöse Rückpositiv an der Emporenbrüstung gestaltete. Kanzel, Chorgitter, Fallers Chorgestühl mit den eleganten Prospekten der Chororgel sind weitere Attribute einer Ausstattung, die sich zu einem heiteren, festlichen Bild fügt – nicht zu vergessen die aufwendige Rokoko-Arbeit der Zähringer-Epitaphien seitlich vom Hochaltar.

Zu unregelmäßigen, durch keinen längerfristigen Plan festgelegten Zeiten, die jeweils im Kircheninnern beim Eingang angezeigt werden, gibt es Führungen durch die Kirche und die ehemaligen Abteigebäude. Man sollte sie sich, wenn es zeitlich in die eigenen Pläne paßt, nicht entgehen lassen, denn sowohl Sakristei wie Kapitelsaal, Fürstensaal und Treppenhaus bergen – bei aller Zurückhaltung im Vergleich mit prunkvoller ausgestatteten Barockklöstern – eine Menge schöner Dinge. Höhepunkt einer solchen Besichtigung ist die Bibliothek (vordere Umschlagklappe). Auch sie konkurriert nicht mit dem Reichtum, der an gleichzeitige Bibliotheken wie etwa in St. Gallen oder in Wiblingen verschwendet wurde, doch gerade in ihrer einfacheren Haltung ist sie unbestritten der schönste Rokokoraum im ganzen Breisgau, den u. a. Benedikt Gambs mit den Deckenbildern und Matthias Faller mit allegorischen Figuren nach Modellen Wenzingers gestalten halfen.

Wer diese Rundfahrt in Freiburg begann, dorthin zurückkehren möchte und nicht recht weiß, welche Strecke er jetzt wählen soll, dem sei der Weg durchs Glottertal und über die neue Schnellstraße aus Richtung Waldkirch nach Freiburg empfohlen – aber auch die Vorsicht vor einem allzu vertraulichen Umgang mit dem Glottertäler Wein, denn der ist nicht nur köstlich, sondern hat auch mehr in sich, als schon mancher glaubte, bevor er daran glauben mußte.

Der Kaiserstuhl und sein kleiner Bruder

(Freiburg) – Umkirch – Neuershausen – Oberschaffhausen – Endingen – Kiechlinsbergen – Burkheim – Niederrotweil – Breisach – Merdingen – Munzingen

Eine Rundfahrt um *Kaiserstuhl* und *Tuniberg* ist nebenbei auch eine Reise in ein interessantes Stück Erdgeschichte. Während sonst zwischen Vogesen und Schwarzwald alles säuberlich geordnet und auf Symmetrie bedacht erscheint – der Rhein in der Mitte, die weiten Ebenen zu beiden Seiten und an deren Rändern aufgefaltet die Gebirge –, ragt vor der Freiburger Bucht mit einemmal wie ein fataler Irrtum der Natur der Kaiserstuhl empor, südlich flankiert von der Lößscholle des kleineren Tunibergs. Wo vor vielen Millionen Jahren der Rheintalgraben eingebrochen war und sich mit der Querbruchzone des Bonndorfer Grabens und deren westlicher Verlängerung kreuzte, wölbte der älteste und größte unter den süddeutschen Tertiärvulkanen zusammen mit einigen kleineren ›Gehilfen‹ den mächtigen Querriegel zwischen Schwarzwald und Strom auf. Magmamassen aus großer Tiefe und

Fahrten zum Wein – und ein Kapitel Erdgeschichte

238

Kalke aus dem früheren Deckgebirge bildeten die Grundsubstanz des Kaiserstuhls. Eine aus dem Staub der Schotterfelder in der Oberrheinebene angetragene, an manchen Stellen bis zu 30 Meter dicke Lößschicht schuf neben dem Klima dieser wärmsten deutschen Gegend ideale Voraussetzungen für den Weinbau, der Kaiserstuhl und Tuniberg berühmt gemacht hat (Abb. 80).

Hier ist Bauern- und Winzerland, eine kleine, in sich selbst ruhende Welt, vielgestaltig und voller Schönheiten, wenn man erst einmal genauer hinsieht, gastfreundlich allemal für jeden, der in den wohnlichen Dörfern auch mit bescheidenerem Komfort vorlieb nimmt und um so mehr die heimische Küche und die vorzüglichen Weine aus der Nachbarschaft zu schätzen weiß. Freilich entgeht auch dem Gast nicht, wie die Kaiserstühler selbst in jüngster Zeit sich an einigen Ecken und Enden ihres kleinen Paradieses versündigten, indem sie den Sonnenhängen geometrisch ausgezirkelte, hart und unversöhnlich in die Landschaft vorspringende Terrassen für neue Rebkulturen abtrotzten: ein Tribut an die ökonomischen Zwänge, Weinbau heute entweder so rationell wie möglich und notfalls auch mit einigen Abstrichen an der Qualität zu betreiben, oder aber angesichts einer erdrückenden Konkurrenz die Finger von ihm zu lassen.

Umkirch

Von Freiburg aus westwärts auf den Kaiserstuhl zugehend, gilt ein erster kurzer Halt der *Pfarrkirche Mariä Himmelfahrt* in Umkirch, deren Langhaus und halbrunder Chor noch Bausubstanz des 11. und 12. Jahrhunderts sind. An einigen Details der Sockelzone, an Nischenumrissen, dem aus dem Mauerwerk herausgeschnittenen Rundbogenfries der Westfassade und dem gotisch profilierten Portal ist zu erkennen, daß hinter der heutigen Erscheinung dieser Kirche eine lange Baugeschichte steht. Die oberen Teile, die großen Fenster, Dach und Turm sind nach Brand im 18. Jahrhundert erneuert worden. – Der Straße längs der Friedhofsmauer folgend, kommt man wenig weiter zum 1760 erbauten, bald erweiterten und 1816 klassizistisch veränderten *Schloß*, das ursprünglich von Kageneckscher Besitz war und heute den Fürsten von Hohenzollern-Sigmaringen gehört.

Neuershausen (March)

Der fürstbischöfliche Baseler Hofbaumeister Philipp Johann Dano errichtete in Neuershausen 1759–64 eine neue *Pfarrkirche* mit hohem, von einer Helmkuppel recht eigenwillig bekröntem Turm. Erster Blickfang ist in einer Außennische des halbrund schließenden Chors eine Immaculata von demselben Anton Xaver Hauser, der auch die Statuen der vier Kirchen- und Altarpatrone am Turm schuf. Das zweite Hauptaugenmerk gilt in dem flach gewölbten Saalraum den Stuckdekorationen und den in Stuckmarmor gearbeiteten Seitenaltären des Wessobrunners Franz Anton Vogel (die beiden Altarblätter von Johann

239

DER KAISERSTUHL UND SEIN KLEINER BRUDER

Pfunner). Freiburger Schreinerarbeit sind die Kanzel und der Hochaltar, für dessen sehr guten figürlichen Schmuck wiederum Hauser sorgte, während Hochaltarbild und Deckengemälde von Joseph Rösch stammen. – Auch Neuershausen hat (an der Straße in Richtung Bötzingen) ein *Schloß*. Es ist ein Bau in den kühlen Formen des französischen Klassizismus, geplant von François E. Pinot für eine Gräfin von Schauenburg, heute im Besitz der Freiherrn Marschall von Biberstein.

Oberschaffhausen (Bötzingen)

Die in Bötzingen bergwärts in Richtung Oberrotweil weisende Straße zieht im Ortsteil Oberschaffhausen an der *Pestkapelle St. Alban* vorbei, die man unmittelbar rechts auf einer kleinen Anhöhe liegen sieht. Das spätestens 1481 vollendete Gotteshaus, das seine Entstehung einem Gelübde der von der Pestseuche jener Jahre besonders hart betroffenen Gemeinde verdankt, wirkt äußerlich unscheinbar, auch wenn seine Maßwerkfenster durchaus Besonderes versprechen und der Portalschmuck (Relief mit zwei Engeln und dem Schweißtuch Christi, in einer Nische darüber die Figur des Titelheiligen) auch nicht gerade von alltäglicher Qualität ist.

Drinnen stellen sich als das Besondere dann u. a. ein hübsches Sterngewölbe über dem Chor und ein realistisch geschnitzter, lebensgroßer ›Pest-Kruzifixus‹ aus der Erbauungszeit heraus, nicht zu vergessen eine spätgotische Madonna. Ihre heutige Bedeutung unter Kennern verdankt die Kapelle jedoch in erster Linie einem 1962 freigelegten Zyklus von Wandmalereien aus den Jahren um 1500: keine künstlerisch weltbewegenden, aber handwerklich sehr gute Arbeiten in erfreulichem Erhaltungszustand. Zu sehen sind u. a. Bilder aus der Legende der Heiligen Sebastian, Alban und Mauritius, das Martyrium der heiligen Ursula, Passionsszenen sowie (an der Eingangswand) die Kreuzigung und die einer Darstellung des Jüngsten Gerichts zuzuordnende Hölle. Den Chor beherrschen an der Decke der von Evangelistensymbolen umgebene Gottessohn und an der linken Chorseite eine Marienkrönung mit musizierenden Engeln.

Endingen

Statt des kürzesten Weges nach Endingen über Eichstetten, Bahlingen und Riegel ist der kleine Umweg von Oberschaffhausen in der bereits eingeschlagenen Richtung weiter bis kurz vor Oberbergen (Farbt. 33) zu empfehlen, von wo aus man über Schelingen ebenfalls nach Bahlingen gelangt, jedoch mittlerweile ein schönes Stück Kaiserstuhl mit Weinbergen und Feldern, Wiesen und Wald kennengelernt hat.

Endingen, seit 762 urkundlich bekannt, gegen 1300 zur Stadt erhoben, von 1379 an österreichisch und seit 1806 badisch, erfreut mit einem der noch weitgehend heilen alten Stadtbilder, zu dessen architektonischer Vielfalt nicht zuletzt einige schöne, meist im 16.

82 FREIBURG Blick vom Münster auf Kaufhaus und Stadt

84 FREIBURG   Münster, Schnewlin-Altar von Hans Wydyz

◁ 83 FREIBURG   Münster, Chor

85 FREIBURG   Münster, Bogenfeld des Westportals
86 BAD KROZINGEN   Glöcklehof-Kapelle, Fresken

87 BLANSINGEN   Kreuzanheftung aus dem Freskenzyklus in der evangelischen Pfarrkirche

88 St. Ulrich   Muttergottes in der katholischen Pfarrkirche
89 Schliengen   Hl. Katharina in der katholischen Pfarrkirche
90 St. Ulrich   Romanischer ›Taufstein‹ im Pfarrhof

91 Schliengen St. Lecdegar

92 Istein ›Die Arche‹

93 SULZBURG St. Cyriak

94 LIEL Fresken in der alten Pfarrkirche (›Kapelle‹)

95 Inzlingen   Wasserschloß
96 Schloss Bürgeln   97   Wehr   Altes Schloß

98 St. Blasien Ehemalige Klosterkirche

99 Am Titisee

100 BERNAU Einer der im Hochtal verstreuten Weiler

101 HOCHSAL   Relief des Marientodes in der Pfarrkirche
102 HOCHSAL   ›Alter Hotz‹
103 BAD SÄCKINGEN   Detail des Fridolinsschreins im Münster

104 SCHLOSS BEUGGEN   von der Rheinseite
105 BAD SÄCKINGEN   Rheinbrücke und Fridolinsmünster

106 Waldshut Obertor

und 17. Jahrhundert erbaute Fachwerkhäuser beitragen. Auch ein stattlicher Turm, das *Königsschaffhausener Tor* am westlichen Stadtende, blieb von der alten Befestigung wohlerhalten zurück. Ein besonders reizvolles Ensemble steht am *Marktplatz* beisammen: schräg einander gegenüber das *alte Rathaus* (Abb. 75, rechts) von 1527 mit spätgotischen Fenstern und einer im 18. Jahrhundert hinzugebauten Portal- und Giebelarchitektur sowie an der Hauptstraße das zum *neuen Rathaus* (Abb. 75, links) gewordene ehemalige Bürgerhaus Krebs aus der Mitte des 18. Jahrhunderts – ein sehr gefälliger Bau mit breitem, elegant geschwungenem Balkon und fein geschmiedetem Geländer, die Innenräume zum Teil noch reich mit Rokokostukkaturen dekoriert. Treppenaufgang und Bürgersaal des alten Rathauses beherbergen übrigens das *Kaiserstühler Heimatmuseum,* zu dessen Beständen auch eine Reihe beachtlicher mittelalterlicher Kunstwerke und sozusagen ›von Haus aus‹ die zwölf in die Fenster des Ratssaals eingelassenen Wappenscheiben von 1528 aus einer Freiburger Werkstatt gehören.

Einen weiteren kraftvollen Akzent der Marktplatz-Bebauung setzt das dreigeschossige, dem Freiburger Vorbild nahestehende *Kornhaus* von 1617 mit seinen hohen Staffelgiebeln und durchgehenden zweischiffigen Hallen in den Geschossen. Aufmerksamkeit verdient ferner das *Haus Biechele-Zimmermann* (Nr. 5) am Marktplatz wegen der an Christian Wenzinger orientierten Maskenreliefs über den Mittelfenstern und einer barocken Hausmadonna, die aus einer Mauernische herabgrüßt.

Ins obere Ende der ansteigenden Marktstraße ragt die eine der beiden katholischen Pfarrkirchen Endingens herein, deren Existenz ein Hinweis darauf ist, daß der Ort nach der Stadterhebung aus zwei getrennten Siedlungskernen zusammenwuchs. *St. Martin* heute ist ein Neubau von 1846, allerdings mit Turm und Chor aus dem späten 15. Jahrhundert. Ein fein gearbeitetes spätgotisches Sakramentshäuschen ist die besondere Zierde dieses Chors. Das Bogenfeld im neuen Portal kopiert dagegen nur das romanische Original, das sich am früheren Bau an dieser Stelle befand.

Auch die östlich gelegene, dem aus Richtung Riegel Näherkommenden zuerst auffallende Pfarrkirche *St. Petrus* ist wie St. Martin ein Neubau, allerdings schon aus den Jahren 1772–75. Der Architekt war Johann Baptist Häring. Er schuf einen lichten Saalraum mit nur mäßig austretendem Querschiff, angelehnt an den wuchtigen mittelalterlichen Westturm, in dessen Untergeschoß romanische Reste vermutet werden. Der Dachreiter im Schnittpunkt der Firste des Turm-Kreuzdaches macht allerdings schon von weitem klar, daß ein Barockbaumeister Hand an St. Petrus gelegt hat. Der Südgiebel des Querschiffs birgt eine gute steinerne Muttergottes aus dem späten 15. Jahrhundert, die jedoch den Sommer über nur schwer zu sehen ist, weil sie von hohen Kastanienbäumen überdeckt wird. Dafür entschädigt die seltsam herb und reliefartig wirkende gotische Sitzfigur des Titelheiligen in einer Kielbogennische über dem Westportal.

Den Innenraum durchwirkt bereits ein kühler Hauch von Klassizismus. Vor allem der Hochaltar (mit signiertem Blatt von Johann Pfunner) setzt einen deutlichen Akzent in diese Richtung. Doch das Tabernakel ist noch – wie auch die Seitenaltäre und die Kanzel – gutes Rokoko, während die Stukkaturen eines unbekannten Meisters (vielleicht Joseph Meissbur-

257

DER KAISERSTUHL UND SEIN KLEINER BRUDER

ger?) wieder um so deutlicher den Übergang zum Klassizismus signalisieren. Sein letztes bedeutendes Werk schuf der im Breisgau unermüdliche Pfunner mit der reichen Deckenmalerei. Auch die Seitenaltarblätter kommen aus seiner Künstlerhand.

Kiechlinsbergen (Endingen)
(Abb. 79)

Obwohl die kleine Pfarrkirche über dem Dorf vorher schon das eine und andere Mal im Blickfeld lag, steigt man dann doch von der unterhalb vorbeiziehenden Straße auf gebogenem Weg zwischen Kirchhügel und Hausdächern in der heimlichen Erwartung nach oben, dort ein recht altes Kirchlein in romantisch verwinkelter Umgebung vorzufinden. Trotzdem bleibt es dabei: St. *Petronilla* ist ein Neubau von 1813, im Weinbrenner-Stil entworfen von Friedrich Arnold. Drinnen allerdings herrscht fröhliches und wohl in jüngster Zeit erst wieder aufgefrischtes Neubarock, doch auch dies wäre allein noch nicht Grund genug, das entzückende kleine Gotteshaus nur ja nicht zu versäumen. Viel mehr sind es der wahrhaft köstliche, reich dekorierte und ›echt‹ barocke Hochaltar sowie die aus dem verschwundenen Zisterzienserkloster Tennenbach (s. S. 173) bei Emmendingen hierher übernommenen Seitenaltäre (der rechte mit einem Blatt von Johann Pfunner). Vor allem aber lohnt das Kommen die helle, freundliche Atmosphäre, in der alle dekorativen Elemente in einem feingestimmten Akkord zusammenklingen.

Weiter unten im Dorf hat Kiechlinsbergen sein *Schloß*, ein recht ansehnliches sogar. Ursprünglich war es Propstei des Klosters Tennenbach und möglicherweise schon um 1730 von Peter Thumb begonnen worden, auch wenn als Bauzeit meistens die Jahre 1776–78 genannt werden. Der Eindruck, den das Schloß heute macht, leidet sehr unter einer auch das Grundstück beeinträchtigenden Teilung. Der kleinere westliche Teil war lange Zeit katholisches Pfarrhaus, der größere Teil mit doppelläufiger Treppe, Portal und Volutengiebel ist Privatbesitz.

Burkheim (Vogtsburg)

Ein *Schloß* beherrschte einst auch das vor der Tullaschen Rheinregulierung unmittelbar über dem Strom gelegene Burkheim, das wahrscheinlich schon ein römisches Kastell war, im 10. Jahrhundert dem Kloster Einsiedeln gehörte, im 13. Jahrhundert von den Herren von Üsenberg zur Stadt erhoben wurde, von 1330 bis 1806 unter österreichischer Herrschaft stand und in die heutige Kaiserstuhl-Großgemeinde Vogtsburg (Sitz Oberrotweil) sein altes Stadtrecht mit einbrachte. Besagtes Schloß war anstelle einer sehr viel älteren Burg in den Jahren 1572–74 für den kaiserlichen Rat und Feldobristen Lazarus von Schwendi erbaut worden. Seit 1672 ist es Ruine.

Dem Reiz des still und verträumt, abseits vom Durchgangsverkehr gelegenen Winzerstädtchens tut das keinen Abbruch (Abb. 78). Ist man erst einmal durch das behäbige Tor mit den rotweißen Fensterläden auf die platzartig erweiterte Marktstraße gelangt, greift ausgesprochen romantische Stimmung um sich. Neben einer Reihe guter Fachwerkhäuser gibt es hier auch den zwar schlichten, aber doch betrachtenswerten Renaissancebau des *Rathauses* von 1604 mit seinem polygonalen Treppenturm und dem mit Wappen von Österreich und Schwendi gezierten Portal.

Der Rede wert ist auch die *Pfarrkirche* – vor allem deshalb, weil in ihr 1742 umgebautes, 1877 erneuertes Hauptschiff die früher einmal als Chor dienende offene Erdgeschoßhalle des mittelalterlichen Turms mit ihrem spätgotischen Sterngewölbe und bedeutenden Malereien aus der ersten Hälfte des 16. Jahrhunderts an Wänden, Fensterleibung und Decke hereinragt. Spätgotisch ist auch der Taufstein mit seiner Astwerkdekoration, während der Hochaltar um 1750 zeitlich richtig eingeordnet sein dürfte. Die Burkheimer Pancratius-Kirche war übrigens schon im 10. und 11. Jahrhundert als ›basilica s. Petri‹ erwähnt worden.

Mehr am Rande: wer schon von der *Burg Sponeck* in dieser Gegend hörte und sie gern in Augenschein nehmen möchte, der hat dazu von Burkheim aus gute Gelegenheit. Der Weg unterhalb der Ruine des Schwendi-Schlosses führt dorthin. Als noch bequemer bietet sich eine Fahrstraße vom Nachbarort Sasbach aus an. Zur Hauptsache wird man allerdings nur einen 1929 von dem damaligen Besitzer, dem Maler Hans Adolf Bühler, historisch nicht getreu wiederaufgebauten Turm als Teil eines ehedem wohl fünfeckigen, bewohnten Bergfrieds vorfinden, aber von der schönen Lage dieses Aussichtspunktes gleichwohl angetan sein.

Niederrotweil (Vogtsburg)

Zu den ›Pflichtstücken‹ einer Kunstreise im Breisgau gehört der Schnitzaltar in der Niederrotweiler *Friedhofskirche St. Michael,* gehört aber auch die Kirche selbst als das älteste der noch erhaltenen Gotteshäuser im Umkreis des Kaiserstuhls – seiner exponierten Lage wegen in einem schützenden Mauerring leicht als Wehrkirche auszumachen. Vieles spricht für eine Gründung schon im 8. Jahrhundert, auch wenn die früheste Urkunde erst das Jahr 1157 belegt. Seit 1350 im Eigentum des Klosters St. Blasien, war St. Michael bis 1838 Pfarrkirche für Ober- und Niederrotweil.

Was immer dieses Kulturdenkmal an künstlerisch Bedeutendem zu bieten hat, etwa ein dekorativ wirkendes Sakramentshäuschen aus gebranntem Ton im Chor, den ebenfalls tönernen spätgotischen Baldachinaufbau an einer Wandnische des Seitenschiffs oder die 1951 freigelegten, in der weiteren Umgebung unvergleichlichen Chorfresken (um 1350) neben fragmentarischen Wandmalereien aus späterer Zeit im Langhaus – es wird am Ende doch überboten von dem schon erwähnten Schnitzaltar aus der Werkstatt des Meisters HL, der auch den Breisacher Hochaltar schuf. Seine Signatur galt bis in die jüngste Zeit als unentschlüsselt. Es gibt jedoch neue Gründe, einen Meister Hans Loi (auch: Loy) dafür in Anspruch zu nehmen, der sich in Ulm mit einer so gut wie identischen Schreibweise der HL-

259

DER KAISERSTUHL UND SEIN KLEINER BRUDER

Signatur näher kenntlich gemacht hat und aufgrund der vorübergehenden Zugehörigkeit (1519/20) eines Hans Loy zur Freiburger Malerzunft schon 1914 zum erstenmal als Urheber der Breisacher und Niederrotweiler Schnitzaltäre vermutet worden war. Die näheren Zusammenhänge, die in diese Zuschreibung mit hineinspielen, müssen an dieser Stelle ebenso unerörtert bleiben wie beispielsweise die Frage, welche Altarteile mit Sicherheit von dem angenommenen Hans Loi selbst geschnitzt wurden und wo womöglich ein Gehilfe Hand mit angelegt hat – oder auch das andere Problem, wie es sich mit der uneinheitlichen farblichen Fassung verhält.

Festzuhalten ist, daß es sich bei dem Niederrotweiler Altar um das ›Spätwerk eines Spätstils‹ handelt, hineinzudenken in eine letzte Periode der Gotik, die nur scheinbar widersprüchlich mit dem Begriff des ›Barocken‹ in direkte Verbindung zu bringen ist. Denn wie viel Wahres dieser Begriff hier zu besagen hat, lehrt schon ein erster Blick auf den Mittelteil des Altars, dessen Thema die Marienkrönung ist (Farbt. 20). Welch eine Bewegung hat da doch die Gestalten erfaßt, ihre Gebärden zu leidenschaftlichem Ausdruck und wucherndem Ornament in ein und derselben Formensprache gerinnen lassen, und wie unterstreicht selbst noch der kühne Faltenfluß der Gewänder die Erregtheit dieser bildnerischen Momentaufnahme! Bei genauerem Hinsehen ist dann auch eine durchaus ähnliche, jedoch mehr figural akzentuierte Dynamik in den kleinräumigeren Darstellungen der Reliefplatten auf den Altarflügeln wahrzunehmen. Hier geht es um Seelenwägung und Taufe Jesu. Enthauptung des Johannes und Engelssturz. Ebenso wenig ist die Komposition der um den Herrn sich drängenden Zwölf Apostel in der Predella von der allgemeinen Bewegtheit dieses künstlerischen Geniestreichs ausgenommen.

Breisach

In fast schon monumentale Dimensionen gesteigert, zugleich sich beschränkend auf nur drei und zweimal zwei Figuren im Mittelschrein und auf den Flügeln, sind Stil und Ausdrucksweise des 1526 datierten Hochaltars im Breisacher Münster doch weitgehend deckungsgleich mit dem Niederrotweiler Seitenstück. Der Ruhm eines der bedeutendsten Denkmäler deutscher Bildschnitzerkunst braucht einen dennoch nicht daran zu hindern, das den Altar bekrönende, zu einer Höhe von rund elfeinhalb Metern über der Mensa aufragende Sprengwerk mit seinen Figuren, eine nachträgliche Zutat von Gehilfen-Hand, als Rückfall in spätgotische Traditionen zu bewerten.

Ansonsten begegnet auch hier wieder die leidenschaftliche Ausdrucksweise eines von seiner schöpferischen Phantasie Umgetriebenen: dasselbe Spiel der Lichter und Reflexe, der gleiche wilde Wirbel der Gewänder, aber auch eine so charaktervolle und lebensnahe Zeichnung der Gesichter, daß man sich von ihrer Beredsamkeit ganz unmittelbar betroffen fühlen muß. Da kann sich die Fassung getrost auf ein paar pastellartige Andeutungen beschränken; mehr braucht es nicht. »Die Spätgotik in voller Auflösung, aber nicht nach der Renaissance, sondern nach dem Barock hin«: so sah es Dehio.

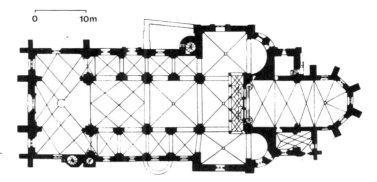

Breisach, St. Stephansmünster, Grundriß

Thematisch steht auch in Breisach die Marienkrönung im Mittelpunkt (Abb. 74). Zwischen den auf Wolken thronenden Gestalten von Gottvater und Christus empfängt Maria die Krone des Lebens, und unter dem Dreipaß, der den Mittelschrein nach oben abschließt, schwebt über ihr die Geisttaube. Angeregt hat hier den Bildschnitzer H(ans) L(oi) unzweifelhaft der Maler Hans Baldung Grien mit dem wenig früheren Mittelbild seines Hochaltars im Freiburger Münster (Farbt. 25). Die Figuren in den Seitenflügeln sind die Kirchenpatrone Stephanus und Laurentius sowie die Stadtpatrone Protasius und Gervasius. Ungemein belebt wirken auch die Halbfiguren der vier Evangelisten in der Predella, die zugleich die vier Lebensalter verkörpern sollen.

Das andere Hauptwerk des Breisacher Münsters sind Martin Schongauers monumentale Fresken vom Jüngsten Gericht und der Auferstehung auf der Westwand und den angrenzenden Teilen von Nord- und Südwand (1488–91). Sie wurden 1931 freigelegt, sind zwar stark angegriffen, aber vermitteln doch einen nachhaltigen Eindruck von der Meisterschaft des Malers, der sich in seinen alten Tagen nach Breisach hatte einbürgern lassen. Und noch ein drittes, in der handwerklichen Ausführung geradezu virtuosenhaftes Glanzstück steht zur Debatte: der aus hellem Sandstein gemeißelte Lettner mit seinen schlanken Arkaden, dem reichen Maßwerk, hochgetürmten Baldachinen und vielfältigem Figurenschmuck. Zu erwähnen sind ferner die Kreuzigungsgruppe aus dem 15. Jahrhundert, ein Heiliges Grab (etwa 1520) im nördlichen Querhausarm, das gotische Chorgestühl und ein Sakramentshäuschen (um 1460) sowie aus dem Kirchenschatz der berühmte silberne Reliquienschrein der beiden Stadtpatrone von 1496.

Als Bauwerk muß man das Münster im Zusammenhang mit der alten Siedlung sehen, die sich auf einem zum Rhein hin vorgeschobenen vulkanischen Bergrücken, dem vorher schon von Kelten besiedelten ›Mons brisiacus‹ der Römer, entwickelt hatte. Als Stadt ist Breisach eine Gründung der Staufer (1185). Eine inzwischen verschwundene Burg der Zähringer, an die Breisach verpfändet worden war, befand sich auf dem dicht gegenüberliegenden Eckartsberg und war 1315 Reichsburg geworden. Als ›des Heiligen Römischen Reiches Schlüssel und Ruhekissen‹ waren Berg- und Unterstadt von Breisach durch die Jahrhunderte

Breisach. Kupferstich von Matthäus Merian

n Mittag gegen Mitternacht an zu sehen.

G. A. Böckler delineau.

Q.	Die Eüßere Rheinbruck.	W.	Das Brysgaw.
R.	S. Iacobs Schantz.	X.	Das Grünthor.
S.	Das Dorff Biessen.	Y.	Battereien.
T.	Das Elsaßische Geburg.	Z.	Bollwerck Ludwig genandt.
V.	Der Eysenberg.		

DER KAISERSTUHL UND SEIN KLEINER BRUDER

eine der am heißesten umkämpften europäischen Festungen, wechselnd in Besitz genommen von Franzosen und Österreichern, immer wieder zerstört, am nachhaltigsten in den Revolutionskriegen 1793 und zu vier Fünfteln im Zweiten Weltkrieg. Auch das Stephansmünster war 1945 Ruine geworden, doch wurde es in den alten Formen ergänzt und das frühere Bild unter Ausmerzung von Restaurationsfehlern des 19. Jahrhunderts wiedergewonnen (Farbt. 21). Außer ihm ist von den alten Kulturdenkmälern nur das 1670 unter Ludwig XIV. mit einer Prunkfassade versehene *Rheintor* übriggeblieben.

Ein Neubau des *Münsters* anstelle einer 1139 erwähnten Stiftskirche war im frühen 13. Jahrhundert als dreischiffige Basilika mit Querschiff, quadratischem Chor, Apsis, zwei Nebenapsiden und zwei Osttürmen begonnen worden. Der spätromanische Grundriß folgte dem gebundenen System, in dem sich das Vierungsquadrat als Maßeinheit im Chor, den Querhausarmen und Mittelschiffjochen sowie mit jeweils halben Kantenlängen in den Seitenschiffen wiederholt. In Breisach stimmt die Rechnung allerdings nur mit einigen Unregelmäßigkeiten – vielleicht deshalb, weil Grundmauern eines frühromanischen Baus mitbenutzt wurden, vielleicht mit Rücksicht auf den steilen Abfall des Felsplateaus, was immerhin die auffällige Verkürzung des südlichen Querhausarmes erklären könnte, vielleicht auch nur aus purer Nachlässigkeit. Zur ursprünglichen Bausubstanz gehören noch das Langhaus, die Vierung, die Querhausarme mit ihren halbrunden Apsiden an der Ostwand sowie die Chorflankentürme, wobei allerdings die beiden Obergeschosse des Südturms erst in gotischer Zeit aufgesetzt wurden. Ihr sind auch der heutige, umgebaute Chor sowie der Westbau zuzurechnen.

Es wäre ein Kapitel für sich, im einzelnen zu zeigen, wie das Breisacher Münster in einem drei Jahrhunderte währenden Entwicklungs- und Veränderungsprozeß zu seiner jetzigen Gestalt gefunden hat – nicht immer im Sinne eines organischen Wachstums, sondern auch mit mancherlei Brüchen und Kanten. In vielen Einzelzügen der spätromanischen Baukunst des benachbarten Elsaß durchaus verwandt, unterscheidet es sich von ihr nicht zuletzt durch einen hier stärker durchschlagenden Eindruck des Gedrungenen, Schwerfälligen, dessen man ungeachtet der zunächst empfundenen Weite und Helle des Breisacher Raumes je länger, desto mehr gewahr wird.

Merdingen

Am Fuße des Tunibergs überrascht das seit dem 14. Jahrhundert dem Deutschen Ritterorden inkorporierte Dorf Merdingen mit einem der schönsten und am einheitlichsten im Stil des frühen Rokoko ausgestatteten Kirchen weit und breit.

Johann Kaspar Bagnato, Baudirektor der Deutschherren, hat *St. Remigius* geplant und als geschmeidig modellierten, in allen seinen Maßen harmonisch zusammenstimmenden Saalbau ausgeführt. Den prachtvollen Hochaltar mit Standfiguren des Kaiserpaares Heinrich II. und Kunigunde wie auch die Nebenaltäre schuf Joseph Anton Feuchtmayer, die Altarblätter und Deckengemälde Franz Joseph Spiegler, die Stukkaturen Franz Pozzi – erste Meister ihrer Zeit sie alle. Und von den Merdinger Meisterwerken gewiß nicht das geringste ist die steinerne Immaculata (Abb. 76) von Christian Wenzinger in einer Nische über dem Portal (1741). – Nicht weit von der Kirche ist das *Haus Saladin* an der Hauptstraße ein nicht nur charakteristisches, sondern im Detail auch besonders sorgfältig ausgeführtes und instandgehaltenes Beispiel für den Fachwerkbau zwischen Schwarzwald und Oberrhein.

Munzingen (Freiburg)

Am frühklassizistischen, 1773 nach einem Plan von Franz Anton Bagnato erbauten *Schloß Oberrimsingen* vorbei (oder auch nicht vorbei, weil es als Sitz einer privaten Galerie für Deutsche Malerei der Gegenwart an allen Tagen außer montags von 10–19 Uhr zum Besuch einlädt), wird die letzte Station unserer Rundreise erreicht. Es ist das nach Freiburg eingemeindete Dorf Munzingen, dessen *Schloß*, seit mehr als dreihundert Jahren im Besitz der Grafen von Kageneck, wohl eines der glücklichsten Beispiele für die kulturbewahrende, auch die verschiedensten Zeitstile integrierende Rolle des Adels in den ehedem vorderösterreichischen Landen ist: ein nach wie vor von der Familie bewohnter, darum auch nicht jedermann ohne weiteres offenstehender Herrensitz, der aber schon in seiner äußeren Erscheinung mit dem noch renaissancehaft aufragenden Baukörper und dem Fassadenschmuck der Jahre des Umbaus und der Neudekoration um 1760 Qualitäten aufweist, von denen mit ein wenig Phantasie leicht auf die im Innern gepflegte Wohnkultur zu schließen ist. Eine Kuriosität am Rande: ein paar groteske steinerne Narrenfiguren im Grünen vor dem Schloß, wohlbeleibte Vorfahren unserer heutigen Vorgartenzwerge, die Ludwig XV. den Kagenecks anläßlich eines Besuchs geschenkt haben soll.

Unten im Ort, im sogenannten ›Unteren Hof‹, möchte noch das *Reinachsche Schlößchen* beachtet werden. Auch der Rest der alten, 1633 zerstörten *Wasserburg der Herren von Üsenberg,* ein stattlicher Eckturm mit achtseitigem Zeltdach in der Nachbarschaft der Kirche, verdient unsere Aufmerksamkeit.

Mit einem Exkurs in ein Kapitel Erdgeschichte hatte die Reise um Kaiserstuhl und Tuniberg begonnen; mit einem Rückblick auf früheste Zeiten der Besiedlung dieses Raumes mag sie enden. Nicht weit von der auf Munzingen herabschauenden *Ehrentrudiskapelle* wurden in einem Hohlweg im Lößmantel des Tunibergs ein Rentierjägerlager und die damals gebräuchlichen Werkzeuge aus Feuerstein gefunden – Relikte einer Epoche vor rund 16 000 Jahren und eines der wenigen europäischen Zeugnisse jener altsteinzeitlichen Kulturstufe, die nach der Höhle La Madeleine in der Dordogne das Magdalénien genannt wird.

Schauinsland und Belchen lassen grüßen

(Freiburg) – Ebringen – Kirchhofen – Bad Krozingen – Heitersheim – Sulzburg – Staufen – St. Trudpert – St. Ulrich – Sölden

Zwei mächtige Bergmassive mit ihren westlichen Vorhuten sind die Hintergrundkulisse des südlichen Breisgaus: der langgestreckte Rücken des *Schauinsland* (1284 m) und die hochragende Granitkuppe des *Belchen* (1415 m), beide kahlgeschoren bis auf bescheidene Reste von Baumbewuchs, beide von Sonne umflutet, von Stürmen umtost, eine herrliche, weite Wanderlandschaft. Sie hat nur den einen Nachteil, daß sie in der sommerlichen Hochsaison wie auch in der schneereichen Zeit des Winters oft übervölkert ist – der Schauinsland eher mehr noch als der Belchen. Auf den Freiburger Hausberg führen mehrere Wege: die um 1920 ausgebaute, als Bergrennstrecke bekannte *Schauinslandstraße* von *Freiburg-Günterstal* aus, nahezu parallel zu ihr auch eine Seilschwebebahn; dann die längere, aber auch lohnendere Strecke von Freiburg nach *Kirchzarten, Oberried* und *Hofsgrund* (Farbt. 32)

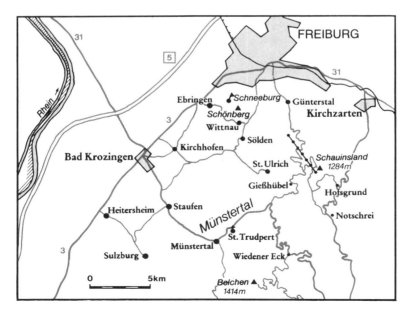

Rechts und links am Schönberg vorbei

oder über den *Notschrei*, eine weitere via *Staufen, Münstertal* und *Stohren*. Vom Münstertal aus gelangt man andererseits über das *Wiedener Eck* auch zum Belchen, zu dem wiederum eine zweite Zufahrt aus dem *Wiesetal* heraufkommt.

Doch drunten im Breisgauer Vorland hat jetzt, wer sich auskennt, die Qual der Wahl, ob er sich von Freiburg lieber auf der B 3 oder auf der landschaftlich ergiebigeren Parallelstraße hinter dem 644 Meter hohen *Schönberg* südwärts wenden soll. Unser Fahrtenvorschlag rät, wie der Karte zu entnehmen ist, das eine zu tun und das andere nicht zu lassen. Wem es dann unterwegs in den Sinn kommt, sich auf dem Schönberg selbst umzusehen und sich vor allem an der bezaubernden Lage und Rundum-Situation der alten, zur Barockzeit erneuerten *Berghauser Kapelle* zu erfreuen, der wird von beiden Seiten aus, von Ebringen oder Wittnau, leicht den Weg dorthin finden.

Ebringen

Der Ort wird erstmals 716 in einer Schenkungsurkunde des Klosters St. Gallen genannt, in der es zunächst nur um Weinbergsbesitz ging. Mit der Zeit legte St. Gallen jedoch die ganze Hand auf Ebringen. Einer der Lehensträger, Werner von Hornberg, baute sich um 1349 über dem Ort die *Schneeburg*, die seit dem Bauernaufstand 1525 Ruine ist. 1711 ließ sich ein anderer St. Galler Statthalter mitten im Ort das zwar einfache, aber doch recht hübsche, mit Volutengiebeln geschmückte *Schloß* bauen, das jetzt als Rat- und Schulhaus immer noch gute Dienste tut.

Die katholische *Pfarrkirche St. Gallus und Othmar* weist mit dem spätgotischen Chor und dem Turm noch ins Mittelalter, während das wiederholt veränderte und erweiterte Langhaus mit seiner Stuckzier und dem Freskenschmuck aus den Jahren um 1720, dem Hochaltar von 1689, den Nebenaltären und den jüngeren, vielleicht auf Matthias Faller zurückgehenden Skulpturen der Titelheiligen ein gutes barockes Bild bietet. Beachtlich sind die Grabdenkmäler zweier Herren von Falkenstein im Chor, ebenso draußen am Aufgang zur Kirche die Figuren der Immaculata und des heiligen Joseph. Sie sind möglicherweise Arbeiten von Fidelis Sporer, wurden sicherheitshalber jüngst ins Freiburger Augustinermuseum verbracht und an Ort und Stelle durch Kopien ersetzt.

Kirchhofen (Ehrenkirchen)
(Farbt. 34)

Es gibt gute Gründe, die früheste Siedlung Kirchhofen in der Mitte des 8. Jahrhunderts zu vermuten, aber beurkundet wird sie erstmals 1087. Die Herrschaft wechselt wiederholt. Kirchhofen geht u. a. von den Baseler Bischöfen auf den Freiburger Ritter Dietrich Schnewlin über, kommt 1570 an Österreich, ist für zwei Jahre Pfandschaft des Kaiserlichen Rats und Generals Lazarus von Schwendi, wird 1738 Lehen des Klosters St. Blasien und 1805 badisch.

SCHAUINSLAND UND BELCHEN LASSEN GRÜSSEN

Nomen est omen: Die *Pfarr- und Wallfahrtskirche Mariä Himmelfahrt* verlöre gleich eine ganze Menge von ihrem ländlichen Charme, läge sie nicht über einer leichten Bodenwelle inmitten eines großen, von mächtigen Kastanien bestandenen Kirchhofes, der dem Dorfmittelpunkt unverwechselbare Atmosphäre gibt. Das Gotteshaus ist der Herkunft nach spätgotisch, und das ist es in den netzgewölbten Seitenschiffen auch geblieben. Ansonsten wurde es in der Mitte des 18. Jahrhunderts barockisiert, wobei Hans Georg Gigl das Mittelschiff, Franz Anton Vogel den Chor stuckierte und Jakob Karl Stauder die Deckenbilder malte. Achteckgeschoß und Zwiebelhaube des Turms hatten sich schon 1712 der neuen Zeit angepaßt.

Die Ausstattung ist über die bereits erwähnten Deckenbilder hinaus größtenteils hervorragend, ob man an die Altargemälde denkt, die wahrscheinlich auf den jungen Simon Göser zurückgehen, oder an die Figuren des Hochaltars, die unter Kennern ohne allzu große Skrupel als eigenhändige Arbeiten Christian Wenzingers ›gehandelt‹ werden (und es ihrer Qualität nach ohne weiteres sein können), oder an den plastischen Schmuck der Seitenaltäre von Matthias Faller. Älter ist das geschnitzte Gnadenbild, eine stehende Muttergottes aus der zweiten Hälfte des 15. Jahrhunderts, während die Apostelfiguren über den Langhaussäulen und im Chor rechtschaffene Nachbildungen der spätgotischen Apostelbildwerke in der Kirche von Blutenburg bei München sind.

Leicht wird das *Schloß* in Kirchhofen vergessen, das ein kleines Stück oberhalb an der am Gasthaus zum Adler vorbeiziehenden Schloßstraße liegt – eine ehemalige Wasserburg, wie man noch erkennen kann. Von der ursprünglichen Vierflügelanlage blieben zwei Trakte mit drei wuchtigen, von Spitzhauben überdeckten Rundtürmen, in die Schießscharten und Fenster hineingebrochen sind. Drinnen, wo jetzt Schule gehalten wird, ist alles anders, als es einmal war, aber die Erinnerung an den Ritter von Schwendi, den Kriegshelden und Türkenbezwinger, wird mit diesem Bau immer verbunden bleiben. Der Kaiserliche Feldherr lebte einige Zeit im Schloß und starb hier 1584.

Bad Krozingen

Von Kirchhofen nach Bad Krozingen kommend, trifft man auf die von Krozingen nach Staufen führende Straße, an der in *Oberkrozingen* der *Glöcklehof* kaum zu verfehlen sein wird. Mit dem Hof verbunden ist die meist nach ihm benannte *St. Ulrichs-Kapelle*, das weithin einzige noch erhaltene Kirchlein, das (vermutlich schon in karolingischer Zeit) von einer Hofherrschaft für die eigene Familie und die Bediensteten erbaut und später nicht in eine Kirche mit Pfarrechten umgewandelt wurde. Sein Ruhm sind die 1936 freigelegten Wandmalereien (Abb. 86), die ältesten in der oberrheinischen Landschaft und darüber hinaus zu den frühesten nördlich der Alpen zählend. Für Dehio ist deren Datierung fraglich und ungefähr um die erste Jahrtausendwende anzunehmen. Andere Meinungen orientieren sich am Vergleich der Fresken vom Glöcklehof mit stilistisch auffallend ähnlichen St. Galler Buchmalereien und schließen daraus auf die zweite Hälfte des 9. Jahrhunderts. Die

268

Halbfigur des segnenden Christus in einem Kreis auf der Altarrückwand, in einer ehemaligen Fensternische darunter die opfernden Brüder Kain und Abel, seitlich das Gastmahl des Herodes und die Enthauptung Johannes des Täufers in schlichter roter Umrißzeichnung sind jedenfalls zu einem Bildwerk von eindringlichster Bewegtheit komponiert.

Ursprünglich war der Hof Klostergut und wie die Siedlung zunächst mit St. Gallen, dann mit St. Trudpert sowie mit St. Blasien verbunden. Als Propsteisitz ließ St. Blasien das am Treppenturm 1579 datierte *Schloß* am Südrand von *Unterkrozingen* errichten, eine vornehme, dreigeschossige, von Johann Kaspar Bagnato um 1750 barockisierte Anlage mit einer schönen freistehenden Kapelle im Garten. Das Schloß ist jetzt in Privathand und beherbergt u. a. die ziemlich einzigartige Sammlung alter Tasteninstrumente des 1983 verstorbenen Cembalisten Professor Fritz Neumeyer, die donnerstags von 16 bis 17 Uhr und im Anschluß an gelegentliche Konzerte im Schloß besichtigt werden kann.

Die katholische *Pfarrkirche St. Alban* hat aus früher Zeit nur ihren gotischen Westturm behalten, wurde nach Zerstörung im 17. Jahrhundert in einfachen Formen wieder aufgebaut und hat außer ihrem Hochaltar und einem von dem Kaufmann Johann Baptist Litschgi gestifteten Ölberg (außen) nichts sonderlich Bedeutendes zu bieten. Die Litschgis waren eine von mehreren aus dem Aostatal zugewanderten Savoyardenfamilien, brachten es in Krozingen bald zu Wohlstand und bauten sich u. a. das ansehnliche Wohnhaus an der Hauptstraße (Nr. 10–12), das zu den wenigen älteren Häusern im heutigen Heilbad gehört.

Heitersheim

Die katholische *Pfarrkirche St. Bartholomäus* im oberen Ort an der Hauptdurchfahrt nach Sulzburg ist ein klassizistischer Neubau von 1825–27 von Christian Arnold mit Altären, Kanzel und Taufbecken von Jodok Friedrich Wilhelm. Neben einer Schnitzfigur des heiligen Antonius von Christian Wenzinger sind vor allem eine Reihe bedeutender Grabdenkmäler der in Heitersheim lange Zeit residierenden Johanniter hervorzuheben. Recht großzügig nimmt sich in der Nachbarschaft der Kirche (oberhalb des Friedhofs) das *Pfarrhaus* aus, ein Bau des ehemaligen Franziskanerklosters mit der Jahreszahl 1616 am Treppenturm.

Noch ein Stück weiter stand einmal das von Wällen und Mauern umgebene *Schloß*, das die Großkomture Johann von Hattstein, Georg Schilling von Cannstatt und Georg von Hohenheim im 16. Jahrhundert als Hauptsitz des seit 1272 in Heitersheim begüterten Johanniterordens errichteten. Die weiträumige Anlage, deren gotische Hauptbauten einen Innenhof umschlossen, während die Verwaltungs- und Wirtschaftstrakte ein zweites Hofgeviert bildeten, wurde zwar im Zuge der Säkularisation beträchtlich reduziert, doch sind Vor- und Hauptburg des mittelalterlichen Wasserschlosses noch auszumachen, steckt vieles vom alten Bestand in den Erweiterungen des 18. Jahrhunderts und vermitteln die älteren Teile auch in Verbindung mit einigen Neubauten immer noch einen Eindruck von

269

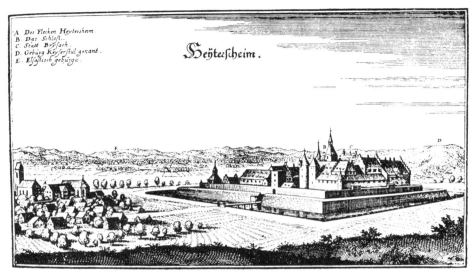

Schloß und Marktflecken Heitersheim. Kupferstich von Matthäus Merian

der Herrlichkeit einer kleinfürstlichen Residenz auf dem Lande. Dabei ist der schöne barocke Kanzleibau von 1740 an der Südseite des Hofes das effektvollste Vorzeigestück.

Sulzburg

Bis in die sechziger Jahre war die ehemalige Klosterkirche *St. Cyriak* in Sulzburg eine außerhalb kaum bekannte Friedhofskapelle. Das hat sich gründlich geändert, seit das Freiburger Amt für Denkmalpflege mit tatkräftiger Unterstützung der Gemeinde und ihrer Bürger die für die Bauweise der ottonischen Zeit sehr bezeichnende Kirche unter bestmöglicher Annäherung an die Urform wiederherstellen und in Verbindung damit auch die Baugeschichte durch Grabungen weitgehend klären ließ (Abb. 93).

St. Cyriak war eine von König Otto III. unterstützte Gründung des Breisgaugrafen Birchtilo im Jahre 993, der Gründungsbau eine dreischiffige, querhauslose Basilika mit je einer Apside im Osten und im Westen. (Die Rekonstruktion der später abgebrochenen Seitenschiffe gehörte zu den aufwendigsten Maßnahmen bei der Wiedergewinnung des frühmittelalterlichen Zustandes.) Das mit der Kirche verbundene Kanonikerstift wurde um das Jahr 1008 in ein Benediktinerinnenkloster umgewandelt und blieb es bis zur Aufhebung (um 1550) durch die der Reformation anhängenden badischen Markgrafen. Aus St. Cyriak wurde jetzt eine evangelische Pfarrkirche. Die Klostergebäude existieren nicht mehr.

Ungeachtet der Veränderungen, die das Gotteshaus in Jahrhunderten erlitt, überrascht einen die zeitlose ›Modernität‹ eines aus elementaren Formen gewachsenen Bau- und

Kloster Sulzburg im 14. Jahrhundert nach Bock, Merian und den Baubefunden. Rekonstruktion und Zeichnung: Karl List

Raumgefüges, das im Innern freilich nicht immer so schmucklos war wie heute. Teile eines gemalten Mäanderbandes unter der Decke aus der Erbauungszeit wie auch Reste gotischer Wandmalereien sprechen für die frühere Belebtheit des Gottesdienstraumes. Original ist noch die farbige Fassung der Leibungen an den östlichen Hochschiffenstern, denen die anderen Leibungen angeglichen wurden.

Um 1280 war die Westapsis abgebrochen, statt ihrer der Turm errichtet, und dem Turm später noch eine Vorhalle mit einer Michaelskapelle angebaut worden, die 1828 der Spitzhacke zum Opfer fiel. Das ursprünglich in den Giebel der Vorhalle eingebundene Christusrelief mit den Stifterfiguren bezeichnet jetzt an der Turmfront die Stelle, an der sich der Eingang zu der von Burkhard von Üsenberg und seiner Frau gestifteten Kapelle befand.

In den Boden der jetzigen Turmhalle ist die alte Westapsis eingezeichnet, in deren Mitte der Gründer bestattet wurde. Auf gleiche Weise ist ungefähr in der Mitte des Hauptgangs die

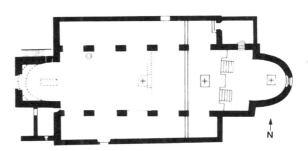

Sulzburg, Grundriß der heutigen Kirche

271

SCHAUINSLAND UND BELCHEN LASSEN GRÜSSEN

Stelle des ersten Altars der Laienkirche angegeben, die durch eine Querschranke gegen die Nonnenkirche abgegrenzt war. Von der Sakristei – in der östlichen Verlängerung des nördlichen Seitenschiffs – führt eine Stiege in den beträchtlich erhöhten Altarraum des Ostchors, unter dem im 11. Jahrhundert eine Krypta angelegt wurde – ein einfacher, altertümlich wirkender Andachtsraum, dessen gewölbte Decke sich allein auf eine Mittelsäule stützt. Die beiden seitlichen Treppenaufgänge vom Hauptschiff zum Chor hatten weniger Funktion als symbolische Bedeutung, wie sie der späteren Vermauerung dieser Treppen in gotischer Zeit dann auch aufgemalt wurde: Danach hat man sich links die klugen Jungfrauen vorzustellen, die zur Himmelstür emporsteigen, rechts die törichten, die das Gegenteil tun.

Eine Siedlung um das Kloster ist seit 1020 aktenkundig. 1283 wurde sie Stadt und gehörte von 1415 an zu Baden-Durlach. Markgraf Ernst ließ sich 1527 in Sulzburg ein Schloß bauen. 1834 wurde es bis auf den Ostflügel zerstört. Am Platz der ebenfalls untergegangenen Schloßkirche (im Zentrum des Städtchens) wurde 1834–38 eine neue *evangelische Kirche* erstellt, die inzwischen profaniert ist und seit Herbst 1982 das erste *Bergbaumuseum Baden-Württembergs* beherbergt. Dieses Museum befaßt sich mit den beiden für Baden-Württemberg wichtigsten Zweigen des Bergbaus nach Salz und Gangerzen, erläutert aber auch den steinzeitlichen Jaspisbergbau, wie er u. a. in Felshöhlen bei Kleinkems (nördlich von Istein, nahe bei Blansingen) betrieben wurde, und geht ferner auf die Gewinnung von Rheingold sowie auf den früher bedeutenden Eisenerzbergbau ein (geöffnet täglich außer montags 14–17 Uhr).

Oberhalb des Städtchens, beim Campingplatz, erinnert ein stimmungsvoller, schon um 1550 angelegter jüdischer Friedhof an Zeiten, in denen Sulzburg vielen Juden (1864 war mit 416 die Höchstzahl erreicht) ein Zuhause bot, wie es ihnen in Freiburg beispielsweise versagt wurde.

Staufen

Der Autor kann da aus eigener Erfahrung nicht mitreden, aber für Menschen mit einer lebhaften Phantasie könnte es immer noch ein prickelndes Gefühl sein, in dem auch als Bauwerk beachtlichen Staufener *Gasthaus zum Löwen* zu nächtigen, in dessen Zimmer Nummer 5, dritter Stock, anno 1539 Faust vom Obersten Teufel geholt worden sein soll. Besagtes Gasthaus steht am Marktplatz, benachbart dem *Rathaus* aus dem Jahr 1546, das seither freilich mehrmals umgestaltet wurde, ursprünglich ein in Lauben geöffnetes Erdgeschoß hatte, andererseits mit dem großen Ratssaal im Obergeschoß nach wie vor einen sehenswerten Renaissance-Innenraum (mit einem Schützenbild von Simon Göser) birgt. Der *Marktbrunnen* geht wie das Rathaus auf das 16. Jahrhundert zurück. Eine weitere steinerne Zier ist die barocke *Mariensäule* mit dem Wappen von Österreich auf der Hauptstraße, an der mehr noch als sonstwo in dem liebenswerten Städtchen gute alte, meist dreigeschossige Bürgerhäuser aufgereiht sind.

Am westlichen Ende, rechter Hand ein wenig zurückgesetzt, war das Gebäude des heutigen *Forstamts* mit dem achteckigen Treppenturm zwischen den beiden Flügeln einst der Stadthof der Freiherrn von Staufen, die die Herrschaft von den Zähringer Herzögen, nach 1218 von den Grafen von Freiburg zu Lehen hatten. Sie nannten sich nach der wohl im frühen 12. Jahrhundert von den Zähringern gegründeten *Burg auf dem Staufen,* einem eigenwillig geformten Bergkegel, der sich wie eine Naturfestung vor den Eingang ins Münstertal gelegt hat, und in dessen Schutz sich vom 8. Jahrhundert an die Siedlung entwickelte. Nach dem Aussterben des Herrengeschlechts 1602 ging Staufen auf Österreich über; die nun verwaiste Burg begann zu zerfallen und wurde im Dreißigjährigen Krieg vollends Ruine. Mit ihren Resten setzt sie aber allemal noch einen malerischen Akzent in die Gegend.

Die katholische *Pfarrkirche St. Martin,* die um 1485 einem älteren Bau nachfolgte, ist eine spätgotische Basilika mit gutem Netzgewölbe im Chor und Flachdecken über den Langhausschiffen, die nach einem Brand 1690 eingezogen wurden. Frühgotisch ist noch der Unterbau des Turms. Die Kreuzigungsgruppe auf dem neuen Hochaltar bilden ein bemerkenswert guter Kruzifixus (um 1520) und die barocken Assistenzfiguren der Maria und des Johannes. Ein in Form und Ausdruck edles Kunstwerk ist eine etwa in das Jahrzehnt zwischen 1740 und 1750 zu datierende geschnitzte Muttergottes links am Chorbogen. Schließlich ist auf die Bilder der Seitenaltäre von Simon Göser hinzuweisen.

Staufen, Faustlegende am Gasthof ›Zum Löwen‹

SCHAUINSLAND UND BELCHEN LASSEN GRÜSSEN

St. Trudpert (Münstertal)

Die Gemeinde und das Tal, die den gemeinsamen Namen auf direktem Wege vom Kloster, vom ›Monasterium‹ St. Trudpert herleiten könnten, bekamen ihn von der kleinen Stadt Münster in der unmittelbaren Umgebung des Klosters. Die aber tilgten die Freiburger um die Mitte des 14. Jahrhunderts buchstäblich mit Stumpf und Stiel aus, um sich eine lästige Konkurrenz in Sachen Bergbau, Silberhandel und Münzprägung vom Hals zu schaffen. Denn im Münstertal florierte der Silberbergbau und mit ihm auch besagte Stadt, die sich vorsorglich, wenn auch vergeblich mit festen Mauern umgeben hatte.

Nach der Entdeckung Amerikas lohnte sich hier der Abbau von Silber nicht mehr. Der Bergbau ging wie in anderen Schwarzwaldtälern auch im Münstertal trotzdem weiter. Man suchte später u. a. nach Blei, in neuester Zeit nach Flußspat. Um dies alles ihren vielen Gästen anschaulicher zu machen, richtete die Gemeinde *Münstertal* 1970 den Schindlerstollen der *Grube Teufelsgrund* als *Schaubergwerk* ein. (Die Öffnungszeiten sind in den ›Praktischen Reisehinweisen‹ angegeben.)

Die Gründungslegende der 1806 aufgehobenen, seit 1920 als Mutterhaus der Niederbronner Schwestern und Altersheim neu besetzten *ehemaligen Benediktinerabtei St. Trudpert* (Umschlagvorderseite), beruft sich auf eine klösterliche Einsiedelei am Grab des erschlagenen irischen Missionars Trudpert Anfang des 7. Jahrhunderts. Fester lassen sich der Ursprung und die Entwicklung von Kloster und Kirche in karolingischer Zeit nicht fassen. Sicher ist nur, daß sich eine Weihe 962 oder wenig später auf einen Neubau, möglicherweise schon den zweiten nach dem Gründungsbau bezieht, unsicher aber wieder alles, was an Baugeschichte nachkommt bis zum Jahre 1456, in dem ein neuer Chor geweiht wird. Die Württembergische Landesbibliothek bewahrt eine Rohrfederzeichnung von Gabriel Bucellin aus dem Jahr 1624, die die romanischen und gotischen Bauteile der Klosterkirche deutlich zu unterscheiden erlaubt und insbesondere auch zeigt, wie beträchtlich der gotische Chor das damals flacher als heute gedeckte romanische Langhaus überragte.

Kirche und Kloster werden im Dreißigjährigen Krieg verwüstet, aber der gotische Chor bleibt stehen. Peter Thumb wird 1709 mit dem Wiederaufbau von St. Trudpert beauftragt, der Chor ein Jahr später eingewölbt, jedoch kaum unter Thumbs Bauleitung. Sein Werk ist hauptsächlich das zwischen 1715 und 1722 erstehende neue Langhaus. In der letzten Bauphase erhält der wuchtige Turm, in dessen Kern vielleicht noch ein Stück 10. Jahrhundert steckt, den Achteckaufsatz und die Zwiebelkuppel, die zu einem Wahrzeichen für die ganze Tallandschaft wurden. Aber auch hieran hat Thumb wohl nicht mitgewirkt, sondern viel mehr von 1738 an neben dem Umbau der Konventgebäude die zunächst verpfuschte Westfassade erst einmal in Ordnung gebracht und ihr ein gutes Gesicht gegeben.

Der erste Eindruck, wenn man den Innenraum der *Kirche* betritt (Farbt. 27), ist der einer himmelstrebenden Höhe, einer Architektur des schlanken Wuchses, die gleichwohl der Festigkeit im Detail nirgends entbehrt. Ein Querschiff fehlt zwar, aber das Vorarlberger Schema mit Wandpfeilern, Kapellen und Emporen ist gewahrt. Auffallend mager nimmt

274

Gußhütte, in der die Produktion der Silber- und Eisenerzbergwerke verarbeitet wurde. Aus der ›Cosmographey‹ des Sebastian Münster, Basel 1550

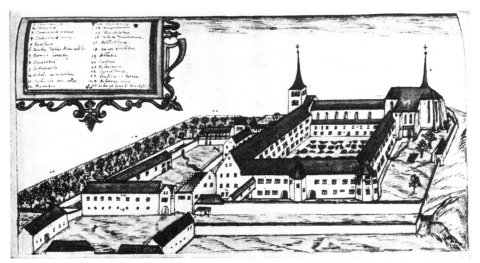

St. Trudpert. Rohrfederzeichnung von Gabriel Bucellin, 1624

sich die Stuckierung von Carpoforo Orsati und Michelangelo de Prevostis aus – im Gegensatz zu den Deckengemälden von Francesco Antonio Giorgioli mit der Legende der Kirchenpatrone Petrus und Paulus sowie der heiligen Margarethe in den großen, des heiligen Trudpert in den kleineren Rahmungen. Die um die Chorfenster geordnete, mächtige Säulenarchitektur des Hochaltars, die der Riedlinger Franz Joseph Christian 1784 vollendete, umschließt ein großes farbiges Stuckrelief, das die Einsetzung der Apostel Petrus und Paulus durch Christus erzählt und im Feld darüber vom heiligen Trudpert handelt. Auch das Grabmal an der Nordwand des Chors, die Draperie am Chorbogen, der Abtsthron und die Sedilien im Chor sind das Werk Christians.

Künstlerisch nur mittelmäßig sind Bilder des Konstanzer Malers Jakob Karl Stauder an sieben Seitenaltären, bemerkenswerter zwei der 1748 datierten Beichtstühle in den Ostkapellen, auch das sich noch nicht ganz von der Renaissance lösende Chorgestühl von Jakob Reber aus Luzern (um 1670) und die Barockkanzel aus der ehemaligen Augustinerkirche in Freiburg. Wirft man noch einen Blick auf das schöne alte Gehäuse der neuen Klais-Orgel und verweilt zuletzt bei dem monumentalen Kruzifixus von Christoph Daniel Schenk (um 1670) an der Nordwand des Langhauses, so wird man um so leichter verschmerzen, daß das berühmte silbergetriebene und teilvergoldete Vortragekreuz aus dem Kirchenschatz, eine niedersächsische Arbeit um 1175, nicht alle Tage, sondern nur bei besonderen kirchlichen Anlässen zu sehen ist.

Außen erkennt man an der Nordseite des Chors noch den Stumpf eines abgetragenen romanischen Turms, unter dem sich jetzt das sogenannte Beichtchörle befindet. Auf der Südseite ist die gleichaltrige *Marienkapelle* angebaut, die im 18. Jahrhundert durch eine

Zwischendecke in Kapelle unten und Bibliothek darüber unterteilt wurde. In derselben Richtung sieht man die überkuppelte Rotunde der neueren *Mutterhauskirche* aus der umfangreichen Anlage herausragen, von der sich neben den eigentlichen Klosterbauten auch noch ein Teil der Wirtschaftsgebäude erhalten hat. Östlich der Kirche wurde um 1700 die *Trudpert-Kapelle* errichtet, ein Zentralbau mit kreuzförmigem Grundriß, einem Hochaltar mit der Apotheose des Heiligen und Deckenbildern, die vielleicht von Giorgioli gemalt wurden. In einer Gruft unter der Kapelle mit dem Sarkophag Trudperts entspringt ein Brunnen, dessen Wasser zu Zeiten, als ihn noch viele Menschen aufsuchten, heilende Kraft gehabt haben soll.

St. Ulrich (Bollschweil)

Das Benediktinerpriorat, das der heilige Ulrich von Zell (auch: U. v. Regensburg, U. v. Cluny) 1087 in dem abgelegenen Möhlintal gründete, und das zunächst mit Cluny, später mit St. Peter verbunden war, blieb bis zur Säkularisation 1806 bestehen, von den Bauten danach nur noch die Propstei, in der neuerdings die Landvolkshochschule St. Ulrich eine Heimstatt gefunden hat.

Wie die Propstei ist die ehemalige Priorats- und jetzige *Pfarrkirche St. Peter und Paul* bis auf den 1763 von Hans William ›nachgereichten‹ Turm ein Neubau von Peter Thumb aus den Jahren 1739–42 mit feinen Stuckdekorationen des Wessobrunners Franz Anton Vogel und Fresken von Franz Ludwig Hermann, die aus dem Leben des heiligen Ulrich erzählen. In der Scheinarchitektur des Hauptbildes, einem gemalten Kuppelraum, und in der reduzierten Zahl der Figuren, die hier in ihrer Bedrängnis Hilfe von dem zum Himmel erhobenen Heiligen erhoffen, deutet sich bereits das kühlere Klima des Klassizismus an. Sehr beachtlich sind das Hochaltarblatt von Benedikt Gambs, die Seitenaltarbilder (vor allem das rechte) von Simon Göser und auch die zierliche Rokokokanzel von Matthias Faller.

Die Sandsteinfigur einer Madonna mit Kind (um 1310) in einer Nische der südlichen Langhauswand wird einem Künstler zugerechnet, der vermutlich von Straßburg zur Freiburger Bauhütte gekommen war, um am Figurenschmuck des Münsters mitzuarbeiten (Abb. 88). Er erhielt den Notnamen ›Meister der Madonna von St. Ulrich‹ und stand sichtlich unter dem Eindruck der Muttergottes am inneren Westportal des Freiburger Münsters, als er für St. Ulrich arbeitete. Seine Skulptur hatte ihren Platz ursprünglich im Klostergarten. Der Kopf des Kindes hat dort Schaden genommen und ist ergänzt.

Ein anderes, sehr wertvolles, an Ort und Stelle auch am meisten beachtetes Steinkunstwerk ist der riesige romanische ›Taufstein‹ im Pfarrhof, der früher im Kreuzgang stand, als Taufstein auch in die Literatur einging, vermutlich aber das unterste Becken eines dreischaligen Brunnens war (Abb. 90). Die Maße sprechen für sich: 2,59 m Durchmesser, 14,4 cm breiter Beckenrand, 72 cm Beckenhöhe, etwa acht Tonnen Gewicht. Diese Daten sagen allerdings nichts gegen die überlieferte Herkunft des Beckens aus Cluny, denn schon im Altertum, nicht erst im Mittelalter hatte man Mittel und Wege gefunden, solche Lasten auch über große Strecken zu transportieren. Dennoch ist es wahrscheinlicher, daß nur der Steinmetz aus Cluny nach St. Ulrich kam, der rote Buntsandsteinblock aber aus dem Schwarzwald. Ungewöhnlich ist der Reichtum der Schale an figürlichen und ornamentalen Reliefs, die auf antike, frühchristliche und vor allem auch auf burgundische Vorbilder verweisen. 24 große Einzelfiguren in Arkatur, die Zwölf Propheten des Alten Testaments und die Zwölf Apostel, dazu Darstellungen Christi und der Gottesmutter (?) in der Mandorla auf den Scheiteln der Kreishälften sowie einige kleinere Begleitfiguren werden von Ornamentbändern, einem Blattfries und einer Aufreihung phantastischer Tiere begleitet – ein wahrlich erstaunliches Kunstwerk.

Sölden

Das *ehemalige Nonnenkloster der Cluniazenser* in Sölden war eine Gründung des frühen 12. Jahrhunderts und von 1587 an Priorat von St. Peter. Vom heutigen *Kirchenbau* gehören die Umfassungsmauern des Chors noch ins 16. Jahrhundert, während das barocke Langhaus um die Mitte des 18. Jahrhunderts neu aufgerichtet wurde. Neben einem spätgotischen Wandtabernakel im Chor ist der interessanteste Teil der Ausstattung die von Franz Ludwig Hermann breitflächig an die Decke gemalte Scheinarchitektur einer gewaltigen Kuppel, unter der die Titelheiligen Fides und Markus agieren: ein eindrucksvolles Beispiel illusionistischer Malerei.

Streifzüge im Markgräflerland

Badenweiler – Hügelheim – Schliengen – Bad Bellingen – Blansingen – Istein – ,
Inzlingen – Lörrach mit Burg Rötteln – Kandern – Liel – Niedereggenen –
Schloß Bürgeln

Der nach dem Alamannenstamm der Brisigavi benannte Breisgau, der ursprünglich auch das
heutige Markgräflerland umfaßte und Kerngebiet der Zähringer Herrschaft war, lebte nach
dem Aussterben der Zähringer und dem Zerfall ihres Territoriums als habsburgisch-
vorderösterreichischer Besitz in dem kleineren Gebiet rund um Freiburg wieder auf. Der
andere Teil des alten Gaus südlich von Sulzburg und Badenweiler, in dem Vettern der
Zähringer, die Markgrafen von Sausenberg, herrschten, wurde jetzt zum ›Markgräflerland‹,
das bis heute bei diesem Namen geblieben ist. Er steht für eine anmutige, abwechslungsreiche, mit vielen Gaben der Natur gesegnete Gegend. Selbst das Gebirge, das über den im
Süden immer näher an den Rhein heranreichenden Hügeln aufsteigt, gibt sich hier eher sanft
und hat gleichwohl in dem 1165 Meter hohen Blauen einen majestätischen Gipfel.
Weinkenner pflegen ein besonderes Verhältnis zu diesem Landstrich und wissen die
charaktervollen Gutedel, die hier gedeihen, über die Maßen zu schätzen.

Badenweiler

Die Römer, die sich seit dem ersten Jahrhundert n. Chr. auf dem rechten Rheinufer
ansiedelten und in dem jetzt schweizerischen Augst ihr regionales Verwaltungszentrum
hatten, entdeckten wie in Baden-Baden, so auch in Badenweiler die Thermalquellen, die sie
hier zum Bau einer Badeanlage von 94 Meter Länge und 34 Meter Breite mit großen Becken,
Wannenbädern, Umkleide-, Salbräumen und vielerlei anderem Zubehör veranlaßten. Das
Bad wurde bald zum Mittelpunkt einer größeren Siedlung.

Wieder muß man als Alamanne seine eigenen Uraltvordern mit der Bemerkung
beschämen, daß sie hinter solchen Formen von Kultur und eines gehobenen Lebensstils
noch weit zurück waren, als sie die Römer aus dem Land vertrieben. Mit dem Baden war es
jedenfalls von Stund an aus; die Thermen verfielen. Erst 1784 wurden sie wieder ausgegra-
ben, aber auch dies nur per Zufall, als man Baumaterial aus dem überwachsenen alten
›Gmür‹ (Gemäuer) holen wollte und nach und nach bemerkte, was für einen ›Steinbruch‹
man da abzubauen begonnen hatte. Jetzt ist das mitten im Kurpark gelegene, durch ein Dach
geschützte Römerbad die große Sehenswürdigkeit Badenweilers, das sich im 18. und

STREIFZÜGE IM MARKGRÄFLERLAND

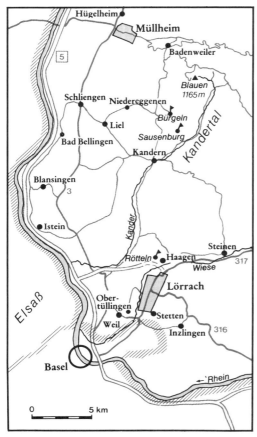

Auf Nebenwegen im Dreiländereck

19. Jahrhundert seiner Quellen neu besonnen hatte und zu dem renommierten Kur- und Badeort von heute wurde.

Es ist ein Städtchen, in dem Ruhm und Ruhe noch (oder wieder) miteinander im Bunde sind und die Internationalität der badischen Gemütlichkeit, wie sie sich im Ortsbild mit seinen zahlreichen Bauten des 19. Jahrhunderts widerspiegelt, wenig Abbruch getan hat. Dennoch hat hier auch neuzeitliche Architektur einige markante Zeichen gesetzt und holte vor allem am oberen Ende des Kurparks zu einem Kontrast aus, wie er sich größer kaum denken läßt: Da wurde zu Anfang der siebziger Jahre unmittelbar unterhalb der *Ruine der Zähringerburg* des 12. Jahrhunderts, die sich mit ihren Fensterformen und Buckelquadern als spätromanisch zu erkennen gibt, und in der Nachbarschaft des *Belvedere* von Friedrich Weinbrenner (1811) das vom Material, der Konstruktion und von der architektonischen

Idee her kompromißlos moderne *neue Kurhaus* von Klaus Humpert hingestellt – eine Herausforderung an jeden, der dieses Bauwerk zum erstenmal sieht. Doch je länger, desto weniger will es einem in seiner Umgebung als etwas unversöhnlich Gegensätzliches erscheinen.

In unmittelbarer Nähe, dem Hotel Römerbad gegenüber, erinnert das ehemalige *Palais* im Schloßpark, das 1887/88 auf älterer Grundlage erneuert wurde, an die häufigen Aufenthalte der badischen Großherzogsfamilie in Badenweiler. Weiter oben am Rande des Schloßparks (Hebelweg 1) ersetzt die gegen 1960 von dem Freiburger Architekten Erwin Heine auf einem elliptischen Grundriß errichtete katholische *Pfarrkirche St. Peter und Paul* den Zentralbau der alten Kirche von Heinrich Hübsch (1862). In den Chor der *evangelischen Pfarrkirche* an der Kaiserstraße unterhalb des Schloßplatzes, eines Baus von Josef Durm (1892), sind aus der im 17. Jahrhundert zerstörten gotischen Vorgängerkirche Wandmalereien des späten 14. Jahrhunderts übertragen worden, die die Legende von den drei Lebenden und den drei Toten erzählen.

Wo die Kaiserstraße in die Ernst-Eisenlohr-Straße übergeht, wurde auf der Kurparkseite das 1874 nach dem Vorbild antiker Thermen angelegte *Markgrafenbad* 1956 von Horst Linde um eine große Badehalle erweitert. Schon in den dreißiger Jahren war das benach-

Badenweiler. Kupferstich von Matthäus Merian

barte, 1853 von Eisenlohr erbaute ›*Badehaus*‹ vergrößert worden – beides Zeichen für das stetige Wachstum Badenweilers und seiner Bedeutung als Kur- und Badeort in einer auch klimatisch bevorzugten, geschützten Lage am Fuße des *Blauen,* dessen aussichtsreicher Gipfel auf Wanderwegen wie auch mit dem Auto gut zu erreichen ist.

Hügelheim (Müllheim)

Von Badenweiler talwärts am Rand der Ebene, in **Müllheim,** ist von der 1920 zur Festhalle umgebauten gotischen *Pfarrkirche St. Martin* nur noch der Turm mit einem Freskenzyklus stehengeblieben, der die Auferstehung der Toten und ihren Verbleib teils im Himmel und in Abrahams Schoß, zum anderen Teil in der Hölle schildert.

Knapp zwei Kilometer nördlich, in Hügelheim, war durch die Reformation aus der ehedem katholischen eine *evangelische Pfarrkirche* geworden, was hier wie nahezu überall

Blick über Müllheim nach Badenweiler und dem Blauen. Stahlstich von Johann Poppel nach einer Zeichnung von K. Corradi, 1864

zur Folge hatte, daß die neuen Pfarrherren und ihre zu strengerem Glauben angehaltene Gemeinde eiligst die bunte Bilderwelt der katholischen Heiligen und ihrer Legenden mit weißer Tünche zudeckten. Heute ist man glücklich, daß in Hügelheim ein spätgotischer Freskenzyklus der Schöpfungsgeschichte unter dem Verputz wieder zum Vorschein kam. Auch die Kreuzigung und Auferstehung Christi sowie fragmentarisch das Martyrium der Heiligen Katharina und das Weltgericht gehören zum Bilderschatz der kleinen Kirche, die ein Langhaus aus der Mitte des 18. Jahrhunderts mit dem alten romanischen Westturm verbindet. Neben den eher zierlich als romanisch schwerfällig wirkenden Klangarkaden schmückt diesen Turm auch der bescheidene Rest eines Rundbogenfrieses.

Schliengen

Eine Zeitlang war das hübsche *Wasserschloß Entenstein* mitten in dem Markgräfler Weinort Schliengen keines mehr; man hatte es trockengelegt und die Wassergräben teilweise aufgefüllt. Nachdem die Gemeinde 1970 das vor 1407 als Wohnturm der Herren von Schliengen begonnene, dann von späteren Eigentümern wie dem Fürstbischof von Basel oder den Herren von Andlau mehrfach erweiterte und veränderte Schloß übernommen hatte, ließ sie es als Rathaus herrichten und den alten Zustand eines rings von Wasser umgebenen Schlosses inmitten eines weitläufigen Englischen Parks wiederherstellen.

Auf einem kleinen Hügel über der Ortsmitte, in der noch mehrere stattliche Barockhäuser den Ton angeben, wurden Langhaus und Chor der katholischen *Pfarrkirche St. Leodegar* 1753 neu gebaut und der untere Teil des mittelalterlichen Turms neu aufgestockt. In der Eingangshalle des Turmerdgeschosses sind noch die alten rippentragenden Ecksäulchen mit ihren Würfelkapitellen zu sehen. Als Ausstattungsstücke von hervorragender Qualität empfehlen sich die beiden Seitenaltäre aus der Erbauungszeit, besonders der rechte mit einem Bild des heiligen Sebastian von Franz Ludwig Hermann sowie Figuren der Katharina mit dem Rad (Abb. 89) und der heiligen Barbara, die wie der plastische Schmuck des linken Altars dem Umkreis Christian Wenzingers, möglicherweise Matthias Faller zuzuschreiben sind, aber auch für Johann Michael Winterhalter in Anspruch genommen wurden. Gleiches gilt für die fein gearbeitete Kanzel. Im übrigen ist auf das barocke Portal mit Volutengiebel und figürlichem Schmuck am Aufgang zum Kirchhof aufmerksam zu machen (Abb. 91).

Bad Bellingen

Eigentlich ging es um Erdöl, als bei Bellingen im Jahr 1955 eine Probebohrung niedergebracht wurde. Statt dessen wurde in rund 600 Meter Tiefe eine 38,4 Grad Celsius warme Natrium-Calcium-Chlorid-Therme erbohrt. Damit begann der Aufstieg des kleinen Bauern-, Winzer- und Fischerdorfs zwischen Rheinstrom und Weinbergen, das wohl schon im frühen Mittelalter mit dem oberelsässischen Kloster Murbach in Verbindung stand, zum

STREIFZÜGE IM MARKGRÄFLERLAND

Heilbad. Alles ist hier seither größer geworden und doch auf eine angenehme Art noch ländlich geblieben. Erweitert wurde auch das *Rathaus,* doch dessen moderner Treppenturm-Anbau steht ihm nicht gerade gut zu Gesicht. Dieses Rathaus ist nämlich nicht irgendeines, sondern war vorher ein Schloß der Grafen von Andlau gewesen, deren Homburg-Bellinger Linie seit 1527 am Ort residierte und den spätgotischen Hauptbau 1590 erstellen ließ. Ihm schräg gegenüber auf der anderen Straßenseite steht der gediegene Barockbau des *Gasthofs zum Schwanen* von 1716.

Die katholische *Pfarrkirche St. Leodegar* auf einem Hügel über dem Ort, Nachfolgerin einer erstmals zwischen 1360 und 1370 verzeichneten Kirche in Bellingen, ist in ihrer jetzigen Form in zwei Abschnitten entstanden. Ältester Teil ist der Chor von 1624 mit seinem ›nachgotischen‹ Gewölbe, während ein neues Langhaus und der Turm erst 1783 fertiggestellt wurden. Hervorzuheben ist die einheitliche, qualitativ vorzügliche frühklassizistische Ausstattung des Gotteshauses, sind vor allem auch die Hochaltarbilder von Simon Göser (1735–1815) aus Freiburg und die Hauptbilder der Seitenaltäre von Jakob Pelandella aus Lugano, die wiederum Göser im Auszug mit Gemälden aus eigener Hand begleitete.

Blansingen (Efringen-Kirchen)

Wer in Blansingen die *Kirche* im Dorf sucht, ist auf dem Holzweg, denn sie stand schon immer außerhalb der Dorfbebauung in einer flachen, nach Osten abfallenden Mulde. 1173 ist eine dem heiligen Petrus geweihte Kirche erstmals erwähnt. Der Kern des überkommenen Baus ist zwar romanisch, doch eben nur der Kern, aus dem das gegenwärtige Gotteshaus in Etappen herausgewachsen ist, so das flachgedeckte, gegenüber dem Langhaus erhöhte Chorviereck vermutlich in der zweiten Hälfte des 14. Jahrhunderts, das Langhaus wohl später, während für den wuchtigen Westturm das Jahr 1497 überliefert ist.

Was den Besuch von Blansingen zur Pflicht macht, ist indessen weniger der Bau selbst, als viel mehr die in den fünfziger Jahren freigelegte, flächendeckende Bemalung seiner Innenwände, deren Entstehung um das Jahr 1440 anzunehmen ist. Nicht alles davon hat sich retten und restaurieren lassen, doch das erhalten Gebliebene wird an Vollständigkeit nur in wenigen Kirchen des Spätmittelalters noch übertroffen. Auf der Nordwand des Langhauses ist die Passion Christi dargestellt (Abb. 87), auf der gegenüberliegenden Seite das Leben und das Martyrium des Kirchenpatrons (Farbt. 22). Die klugen und die törichten Jungfrauen sind Thema der Malereien am Chorbogen, und schließlich verweisen im Westen eine Weltgerichtsszene und die riesige Gestalt des heiligen Christophorus auf den schmalen Grat zwischen Diesseits und Jenseits. Auch Reste einer Heiligenfolge in den Fensterleibungen lassen sich ausmachen. Die Forschung unterscheidet zwei Meister, die in Blansingen tätig waren: den einen, der an der Nordwand vorzeichnete und dann farbig ausfüllte, vom anderen, der an der Südwand von vornherein mit der Farbe arbeitete. Beide bevorzugten gedeckte, warme Töne.

Istein (Efringen-Kirchen)

Der *Isteiner Klotz,* das urtümliche Felsgebilde, das vor der Tullaschen Rheinregulierung in der zweiten Hälfte des 19. Jahrhunderts von dem damals noch vielarmigen Strom unterspült wurde, ist sicher besser bekannt als das jahrhundertelang dem Bischof von Basel gehörende Dorf, von dem er seinen Namen bekommen hat. Seine Berühmtheit verdankt er nicht zuletzt der Festung, die vor 1914 im Berg angelegt, 1919 zerstört, vor dem Zweiten Weltkrieg in veränderter Form erneuert und 1947 zum zweiten Mal gesprengt wurde. Militärische Bedeutung im Sinne der Sicherung seines Hinterlandes hatte der ›Klotzen‹ schon seit dem 13. Jahrhundert.

Von der Rheinseite her betrachtet, ist das von Weinbergen umgebene Dorf Istein, das sich an einer Steilhalde förmlich festzuklammern scheint, ein reizvoller Blickfang. Was dieses Ortsbild verspricht, hält es auch, wenn man näherkommt: Überragt von der kühl-klassizistischen katholischen *Pfarrkirche St. Michael,* die Johann Ludwig Weinbrenner 1820 erbaute, stehen da noch eine Menge wohlgeratener Häuser aus dem 15. und 16. Jahrhundert beieinander, zum Teil mit schönem Fachwerk, einige unter ihrem überlieferten Namen bekannt wie das ›Stapflehus‹ von 1621 oder das ›Chänzeli‹ aus dem Jahr 1599. Eines der ältesten ist die ›Arche‹ (1533), die durch ihr ungewöhnlich hohes, stabil ausgefachtes Untergeschoß und die gekuppelten Fenster darüber auffällt (Abb. 92). Man kann sich das alles von der Straße her ansehen, aber es macht auch Spaß, aufs Geratewohl die Gäßchen, Treppen und Winkel des heimeligen Nests auszukundschaften. Gewiß entgehen einem dabei auch nicht die beiden steinernen Herrenhäuser, das obere gleich bei der Kirche, das andere spätgotische Mini-Schloß wenig unterhalb.

Inzlingen

Um von Istein nach Inzlingen zu gelangen, ist es am günstigsten, die Stadt Lörrach zunächst im Süden über Weil und Riehen zu umfahren, um dann von Inzlingen her beim Waidhof die von Rheinfelden nach Lörrach führende Straße anzusteuern. In Inzlingen wird man bei dem 1511 erstmals beurkundeten *Wasserschloß* eine unter kunsthistorischen Gesichtspunkten gewiß nicht weltbewegende, aber im Zusammenklang von Bauwerk, gärtnerischer Anlage und umgebender Landschaft doch sehr ansprechende, romantische Empfindungen weckende Situation vorfinden, schlicht gesagt: ein Idyll. Wie alt das Schlößchen wirklich ist, läßt sich nicht genau angeben. Die Profile an den Fenster- und Türgewänden in dem kleinen Innenhof sind jedenfalls noch gotisch, aber am Toreingang unter der Renaissancegiebelwand liest man die Jahreszahl 1563. Sie jedoch betrifft nur eine Erweiterung des älteren Kernbaus. Über drei Jahrhunderte lang bis zum Anfang des 19. Jahrhunderts war das Schlößchen im Besitz der Baseler Familie Reich von Reichenstein, blieb dann weiter in schweizerischen Händen, bis es 1969 die Gemeinde Inzlingen übernahm und in der Folgezeit restaurieren ließ. Das Wappen der Reich von Reichenstein und der Rechberg-Rothenlöwen im Sockel der steinernen Nepomukstatue vor der Holzbrücke erinnert an die Vorbesitzer.

STREIFZÜGE IM MARKGRÄFLERLAND

Lörrach

Die ›Lerchenowe‹ erscheint erstmals 1083 in einer Urkunde, und Lörrach als Stadt ist mittlerweile auch schon ziemlich genau drei Jahrhunderte alt. Doch außer dem Turm von 1514 bei der neueren evangelischen Stadtkirche, die Wilhelm Frommel 1815–17 im Weinbrennerstil erbaute, hat wenig die Zerstörungen des 17. und 18. Jahrhunderts überstanden. Andererseits bereicherte die im Lörracher wie überhaupt im deutsch-schweizerischen Grenzraum stark entwickelte Industrie das Stadtbild als Ganzes auch nicht gerade.

In dem der Stadtkirche benachbarten ehemaligen Hebelgymnasium ist das ›Museum am Burghof‹ eingerichtet worden, das zwar überwiegend heimatkundlich orientiert ist, aber in diesem Rahmen auch beträchtliche Bestände von allgemeinerer Bedeutung vorzuweisen hat, so unter anderem eine Reihe guter spätgotischer Skulpturen oder auch hervorragende keramische Arbeiten von Max Laeuger, Richard Bampi, Horst Kerstan und anderen aus Kandern, Lörrach und der weiteren Umgebung.

Im südlichen, grenznahen Vorort **Stetten** hat Friedrich Weinbrenners Neffe Christian Arnold 1821/23 mit der katholischen *Pfarrkirche St. Fridolin* ein vorzügliches Beispiel reiner – seit der jüngsten Restaurierung 1975/76 auch wieder bereinigter – klassizistischer Baukunst gegeben. Die Altäre aus Stuckmarmor und die Kanzel lieferte der aus Vorarlberg stammende, in dem damaligen Dorf Stetten heimisch gewordene Jodok Friedrich Wilhelm zu, und Fridolin Moosbrugger malte die Kreuzwegstationen. Wenig unterhalb, an einer nach Süden weisenden Seitenstraße im alten Dorf, hat auch Stetten sein *Schlößchen*, einen einfachen Rechteckbau mit vieleckigem Treppenturm aus dem 17. Jahrhundert.

Auf der Tüllinger Höhe im Südwesten Lörrachs, wo der das Tal der Wiese begleitende Höhenzug am weitesten gegen das Baseler Rheinknie vorspringt, erhebt sich an bevorzugter Stelle (mit großartigem Ausblick über das Rheinvorland auf das Elsaß und den Jura) die *evangelische Kirche* von **Obertüllingen** – eine ehemalige Michaelskirche, von der im 12. Jahrhundert erstmals die Rede ist. Ältester Teil des gegenwärtigen Baus ist der Triumphbogen, der den einfachen spätgotischen Chor mit dem ursprünglich gleich breiten, im frühen 14. Jahrhundert um ein Seitenschiff auf der Südseite erweiterten Langhaus verbindet (die trennende Arkade zwischen Haupt- und Seitenschiff wurde später herausgenommen). Besonderes hat diese Kirche mit einem Sakramentshaus und einem Heiligen Grab an der Nordwand des Chors zu zeigen. Das Wandgemälde der Mannalese über der Grabnische verheißt die Eucharistie, die wiederum durch einen Priester mit Kelch im steinernen Wimperg des Sakramentshauses symbolisiert wird. Wie die Mannalese steht auch das Gemälde der drei Marien auf der Rückwand der Nische unter Baseler Einfluß. Die Stuckmarmor-Kanzel ist – wie in Stetten – ein Werk des Jodok Friedrich Wilhelm.

Im Norden der Stadt über dem westlichen Talhang der Wiese sieht man schon von weitem die *Burgruine Rötteln* (Frontispiz S. 2). Zu erreichen ist sie über eine vor Haagen abzweigende Auffahrt oder zu Fuß gegebenenfalls auch von Parkständen aus, die in einer weiten Linkskurve der westlich aus Lörrach in Richtung Autobahn herausführenden Straße angelegt sind. Von dort kommt man in jedem Falle an der spätgotischen *evangelischen*

Pfarrkirche Rötteln vorbei, in deren Gruftkapelle es zwei hervorragende Skulpturen zu bewundern gibt: die ikonischen Grabsteine des 1428 gestorbenen Markgrafen Rudolf III. von Hachberg-Sausenberg und seiner Gattin Anna von Freiburg, die beide mit offenen Augen und beinahe lebenden Gesichtern auf ihren Sarkophagen ruhend dargestellt sind – bis in die feinsten Fältelungen der modischen Gewänder durchgearbeitete Beispiele des Weichen Stils.

Die gewaltige Burg war in den Anfängen Besitz der edelfreien Herren, von denen sie ihren Namen hat. Aus dieser Zeit, die mit dem Erlöschen des Geschlechts 1318 endete, ist im wesentlichen nur der romanische, aus Buckelquadern gemauerte Bergfried überkommen. Mehr blieb von den gotischen Teilen erhalten, die die Nachbesitzer, die Markgrafen von Hachberg-Sausenberg, im 14. Jahrhundert hinzubauten, so u. a. vom Palas in der Oberburg. Im 15. Jahrhundert wurde die Burg ein weiteres Mal ergänzt, vergrößert und modernisiert. Zu Anfang des 17. Jahrhunderts kam noch ein Vorwerk hinzu, doch aller steinernen Wehr zum Trotz wurde Rötteln 1678 im Orléanischen Krieg zerstört.

Kandern

Zwei Wege von Lörrach nach Kandern stehen zur Wahl: Der kürzere zweigt von der eben schon bezeichneten West-Ausfallstraße nach Norden ab, der längere, aber landschaftlich schönere führt ziemlich genau in der Mitte zwischen Lörrach und Schopfheim, in Steinen, aus dem Tal der Wiese heraus in Richtung Kandern.

Das seit 876 urkundlich bekannte Städtchen war Hauptort der markgräflichen Herrschaft, die sich nach dem 1232 durch Kauf erworbenen Sausenberg nannte und auch dabei blieb, als die Markgrafen von 1318 an mehr in Rötteln als auf der *Sausenburg* wohnten. Deren Ruine (wie Rötteln seit 1678) liegt gut drei Kilometer oberhalb von Kandern in Richtung Malsburg über dem Kandertal. Im Städtchen selbst geht es betont klassizistisch zu, und das betrifft keineswegs nur die *evangelische Pfarrkirche*, die zwischen 1822 und 1825 auf der Grundlage von Plänen Friedrich Weinbrenners gebaut wurde, sondern das Ortsbild insgesamt, in dem natürlich auch ältere Bauten wie unter anderen das Forsthaus oder das alte Rathaus wichtige Akzente setzen. Jedenfalls kann Kandern mit dem *Blumenplatz* auf die einheitlichste klassizistische Platzanlage im ganzen Markgräflerland verweisen.

Weit darüber hinaus wurde es durch die einheimische Töpferei bekannt, die sich auf qualitativ besonders geeignete Tonvorkommen in der Umgebung stützt. Der 1597 verstorbene Kaspar Stoß war der erste Kanderner Hafner, von dem wir wissen, der bedeutendste Nachfolger Professor Max Laeuger, der um die Jahrhundertwende Kanderner Keramik zu einem Markenartikel machte und sie 1900 auch auf der Pariser Weltausstellung mit größtem Erfolg präsentierte. 1927 kam Richard Bampi nach Kandern, weitere namhafte Künstler mit ihm und nach ihm. Das *Heimatmuseum* hält mit der Gegenwart auch die Vergangenheit der Kanderner Hafnerkunst lebendig.

STREIFZÜGE IM MARKGRÄFLERLAND

Liel (Schliengen)

Der historisch interessante Teil der *Pfarrkirche St. Vinzentius* von Liel ist nicht das einfache Langhaus des 18. Jahrhunderts, sondern der dahinter stehende alte Turm, durch dessen Erdgeschoß man in den gotischen Chor gelangt. 1908 wurden Fresken mit einer Darstellung der Trauernden über dem abgespitzten, will sagen: nicht mehr vorhandenen Heiligen Grab freigelegt, die zu den besten Leistungen oberrheinischer Malerei aus dem Ende des 15. Jahrhunderts gehören (Abb. 94). Hier hatten im übrigen die Herren von Baden ihre Grablege. Ein kleines Epitaph an der Nordwand bezeugt es noch. Das Sakramentshaus gleich daneben weist sich als eine gute, wenn auch etwas derbe Arbeit aus. – Weiter unten im Dorf hat Liel einen ansehnlichen ehemaligen Herrensitz, ein der Öffentlichkeit nicht zugängliches kleines, aber feines *Barockschloß*, wie es die beiden Bagnato oder Baumeister aus ihrem Umkreis geplant haben könnten.

Niedereggenen (Schliengen)

Wieder sind es alte, verborgen gewesene und in neuerer Zeit freigelegte Fresken, die Anlaß sein sollten, an der *evangelischen Pfarrkirche* (ehemals St. Barbara Cyriaca) in Niedereggenen nicht achtlos vorbeizufahren. Bemalt sind die Langhauswände, wenn auch nur lückenhaft noch rekonstruierbar, und das gotische Gewölbe des Chors, dem im Westen der romanische Satteldachturm mit seinen gekuppelten Rundbogenfenstern gegenübersteht. Themen der restaurierten und ergänzten spätgotischen Gewölbeausmalung sind u. a. die Evangelistensymbole, das Schweißtuch der Veronika, Engel mit Marterwerkzeugen und Musikinstrumenten, Marienkrönung und Gnadenstuhl, die klugen und die törichten Jungfrauen. Zur Schau gestellt wird in der Niedereggener Pfarrkirche außerdem die Predella eines vermutlich um 1500 geschaffenen Altarschreins mit den Figuren Christi und der Zwölf Apostel.

Schloß Bürgeln

An der Straße von Niedereggenen über Obereggenen zurück nach Badenweiler ist die Auffahrt zum Schloß Bürgeln (Abb. 96) kaum zu verfehlen. Die Herren von Kaltenbach hatten hier eine Kirchenburg, die sie 1125 dem Kloster St. Blasien mit der Auflage vermachten, auf dem Bürgelnberg eine Propstei einzurichten. Das geschah auch, aber ein wechselvolles Schicksal ließ die alte Anlage so herunterkommen, daß Abt Meinrad Mitte des 18. Jahrhunderts einen Neubau veranlaßte, der in der Folgezeit zu einem Wahrzeichen des Markgräflerlandes wurde, von Dichtern besungen und wegen seiner unvergleichlichen Aussicht von vielen gerühmt. Franz Anton Bagnato war, wenn auch wohl noch beraten von seinem Vater Johann Kaspar, der Baumeister der von einem hübschen Park umgebenen

288

Dreiflügelanlage, in deren doppelgeschossigen Haupttrakt neben Wohnräumen ein geräumiger Saal im Obergeschoß eingefügt wurde. Die hervorragend stuckierte und ausgemalte Kapelle im Nordflügel reicht durch beide Stockwerke. Der Wessobrunner Johann Georg Gigl führte die Stukkaturen aus.

Nach der Säkularisation war Bürgeln der Verwahrlosung preisgegeben. Das Mobiliar wurde zum Teil verschleudert, der Bau selbst ging durch verschiedene Hände, bis er 1920 einen verständnisvollen Besitzer fand. Seit dieser Zeit hält der Bürgelnbund, eine einzig zur Rettung dieses Kleinods gegründete Vereinigung von Heimatfreunden, Schloß Bürgeln vorbildlich instand. Er hat auch das Inventar mit viel Geschmack und noch mehr Geld im Stil der Zeit ergänzt und sich damit wohl auch ein Anrecht darauf verdient, daß ihm die informativ geführte Besichtigung mit einem kleinen Obolus honoriert wird. Sie kann guten Gewissens empfohlen werden und ist täglich außer dienstags um 10.15, 11, 14.45, 15.30, 16.15 und 17 Uhr, sonn- und feiertags zusätzlich um 14 Uhr möglich.

Rund um den Hotzenwald

St. Blasien – Waldshut – Hochsal – Laufenburg – Bad Säckingen – Beuggen – Wehr – Schopfheim – Schönau – Bernau – Todtmoos

Der Südabfall des Schwarzwaldes zum Hochrhein, der Hotzenwald mit seinen weiten Hochflächen und den tief eingeschnittenen Tälern zwischen Wehra und Schwarza-Schlücht, den zu Zeiten überwältigenden Fernsichten in die Schweizer Hochalpen (Farbt. 52) und einem Menschenschlag, der noch eigenwilliger ist als seine kleine Bergwelt – dieser Hotzenwald also ist eine zwar rauhe, aber gerade in ihrer Herbheit um so schönere Landschaft. Die Niederschläge fallen hier reichlicher, doch das Klima ist auch winterlicher als im Hochschwarzwald, und auf den steinigen, kalkarmen Böden gedeiht nicht viel mehr als Hafer und Winterroggen – und vor allem das ›Manna der Armen‹, die Kartoffel.

Die Menschen, die hier seit alters wohnen, sind so etwas wie die Ur-Alamannen: eigenwillige Dickschädel – wir sagten es schon –, dabei verläßlich bis zum Geht-nicht-mehr, wenn man ihr Vertrauen erst einmal gewonnen hat, empfindsam und verletzlich aber auch, wo es an den weichen Kern unter der harten Schale geht. Es ist ein Bauernschlag, der nie mit Wohlstand gesegnet war und sich Teures allenfalls mit der schmucken, fast ein wenig an spanische Granden erinnernden ›Hotzen‹-Tracht leistete.

Die Freiheitsliebe und die Aufsässigkeit der Hotzenwälder gegenüber allem, was nach Unrecht roch, machten sich u. a. in den ›Salpeterer‹-Aufständen des 18. Jahrhunderts Luft, die sich vornehmlich gegen die Herrschaft des Klosters St. Blasien, zum Teil aber auch gegen Österreich richteten. Die Obrigkeit wurde mit solcher Auflehnung vielerorts nur dadurch fertig, daß sie Familien zu Hunderten zwangsweise ins Banat oder nach Übersee aussiedelte. Das ist Vergangenheit, aber von dem Stolz, der abwägenden Zurückhaltung allem Fremden gegenüber haben sich die Hotzenwälder noch ein gut Teil bewahrt. Ihre Gäste sollten es bedenken, bevor sie allzu forsch mit der Tür ins Haus zu fallen versuchen.

St. Blasien

Die Anfänge der ›Zelle an der Alb‹ liegen im Dunkel und dürften mit einigen Einsiedlern in Verbindung zu bringen sein, die sich im 8. Jahrhundert in dieser einsamen Gegend niedergelassen hatten. 858 wurde die kleine Mönchssiedlung dem Kloster Rheinau bei Schaffhausen übergeben und die Benediktinerregel in der ›Cella qui dicitur Alba‹ eingeführt. Sie erhielt von Rheinau Reliquien des heiligen Blasius und hieß von dieser Zeit an St. Blasien.

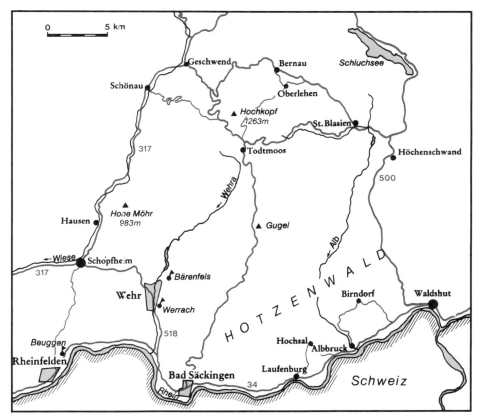

In der Heimat des Malers Hans Thoma

Zwei nebeneinander bestehende romanische Münster wurden durch Brände im 14. und 16. Jahrhundert schwer getroffen, aber wiedererrichtet. Eine 1727–42 von Johann Michael Beer in Rechteckform um zwei Innenhöfe herumgebaute neue Klosteranlage anstelle des unregelmäßig gewachsenen alten Baubestandes und der älteren der beiden Kirchen, ferner der Wiederaufbau des Klosters nach einem verheerenden Brand 1768 und der Ersatz des jetzt ebenfalls zerstörten ›Neuen Münsters‹ durch den wuchtigen klassizistischen Zentralbau (Weihe 1783), der das heutige Erscheinungsbild von St. Blasien beherrscht (Abb. 96), sind die wichtigsten baugeschichtlichen Wegmarken. Doch mit den Bränden hatte es damit immer noch kein Ende. 1874 wurden Kirche und Klosterbezirk ein weiteres Mal durch Feuer verwüstet, 1911–13 wiederhergestellt. Im Mai 1977 zog ein Großbrand beträchtliche Teile der Anlage in Mitleidenschaft. Der neuerliche Wiederaufbau wurde zum Anlaß einer Rundum-Sanierung genommen und rechtzeitig zum Jubiläumsjahr 1983 beendet.

RUND UM DEN HOTZENWALD

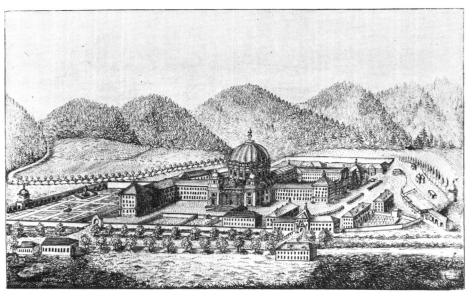

St. Blasien nach einem alten Stich

Seit 1361 unter Habsburger Herrschaft, von 1613 an reichsunmittelbar und 1747 zur gefürsteten Benediktinerabtei erhoben, hatte St. Blasien mit einer der berühmtesten Gelehrtenschulen schon in den zwei Jahrhunderten nach der Gründung die erste große Blütezeit erlebt. Seine Bedeutung als ein Zentrum künstlerischer und wissenschaftlicher Kultur verlor dieses reichste aller Klöster im südlichen Schwarzwald auch in schweren Zeiten nie wieder ganz, doch führte die Regentschaft des Fürstabts Martin II. Gerbert (1764–93) noch einmal eine Glanzzeit herauf, die alles Vorangegangene in den Schatten stellte. 1806 wurde die Abtei im Zuge der Säkularisation aufgelöst; die Klostergebäude wurden zum Teil Fabrikräume. Seit 1934 beherbergen sie, wenn auch wiederum mit Unterbrechung durch Eingriffe der nationalsozialistischen Regierung, ein Jesuitenkolleg mit humanistischem Gymnasium und Internat.

Der ›Dom‹, die ehemalige Abteikirche, die man durch einen wuchtigen, von zwei Türmen flankierten Säulenportikus betritt (Abb. 98), ist eines der großartigsten Zeugnisse des frühen Klassizismus, ein Hauptwerk des französischen Architekten Pierre Michel d'Ixnard, dem der Vorarlberger Franz Joseph Salzmann als örtlicher Bauleiter und der Lothringer Nicolas de Pigage beim letzten Ausbau assistierten. Eingebunden in die weiträumige, ein Rechteck von 105 und 195 m Seitenlänge bildende Klosteranlage und deren Innenhöfe voneinander scheidend, ist der dem römischen Pantheon und wohl auch dem Pariser Invalidendom nachempfundene Kuppelbau mit 33,5 m Spannweite einer der größten, die es in seiner Art jemals gegeben hat.

Die durch Rippen gegliederte, von 18 Fenstern durchbrochene Kuppel scheint auf einem freistehenden konzentrischen Kranz von 20 kolossalen korinthischen Säulen zu ruhen, hängt in Wahrheit aber an einer Tragkuppel. Die Harmonie des Innenraumes, den die Rotunde und ein langgestreckter, von Säulengalerien begleiteter, mit der Orgelempore abschließender Chorarm bilden, beruht auf einfachsten Maßverhältnissen (mit dem Kuppelradius als Grundmaß) und wohl auch auf der Farbgebung. Diese hatte man beim Wiederaufbau 1911–13 auf ein schlichtes Gelb-Weiß beschränkt. Um 1970 wurde den Architekturelementen des Mönchschors die frühere, durch die damalige Ausstattung freilich noch viel kräftiger betonte Farbigkeit zurückgegeben. Heute wirken die Marmorierungen und Farbtönungen in diesem Raumteil eher schon wieder ein wenig zu ›laut‹ in der Nachbarschaft von Rotunde und Kuppel, die 1980–1983 nach alten Plänen ganz im Stil des frühen Klassizismus hergerichtet wurden: Strahlendes Weiß ist hier Trumpf, dezent marmoriert auf den Säulen, leicht gebrochen auf den Kuppelrippen, belebt durch die maßvolle Stuckdekoration. Die kühl temperierte Raumstimmung wird auch von dem nach alter Vorlage neu eingebrachten Marmorboden mitgetragen. Um so stärker ist jetzt der Kontrast zu den Deckengemälden, die zwei verlorengegangene barocke Meisterwerke von Christian Wenzinger ersetzen. Walter Georgi hat 1912 in der Kuppel die Aufnahme Mariens in den Himmel dargestellt; das Bild über dem Chorbogen erzählt eine Gründungsgeschichte.

Die größtenteils von Christian Wenzinger entworfene Erstausstattung ist fast vollständig der Säkularisation und dem Brand von 1874 zum Opfer gefallen oder weggegeben worden, so auch eine prachtvolle Silbermann-Orgel, die 1944 in Karlsruhe unterging. Zwei Puttengruppen aus dem reichen Figurenschmuck dieser Orgel sind an Ort und Stelle noch verblieben und wenigstens auch der Mittelteil des schmiedeeisernen Chorgitters, das einst ein Glanzstück des Altarraums war. Es fungiert jetzt als Innentor am Hauptportal. Das heutige Chorgitter ist ebenso neu wie der als Hauptaltar dienende weiße Marmorblock und der Rosenquarzaltar in der Rotunde. Alt sind dagegen ovale Altarblätter mit Darstellungen der Heiligen Blasius und Sebastian von Wenzinger in zwei Seitenaltären. Barock ist auch der 1962 hinzuerworbene Altar der Marienkapelle im rechten Turm. In der linken Turmkapelle soll ein kleines Museum eingerichtet werden.

Den eindrucksvollsten Akzent im Klostergeviert setzt der leicht vorschwingende, balustradenbekrönte Portalbau auf der Westseite. Ein kraftvoller barocker Akkord klingt, ungeachtet der Verluste an originalem Schmuck, immer noch durch die Treppenhäuser und in den virtuosen Stukkaturen, mit denen Luigi Bossi nach Entwürfen von d'Ixnard eine Reihe von Repräsentations- und Gesellschaftsräumen schmückte. Die historischen Nebengebäude, die durch großzügige gartenbauliche Maßnahmen in einer neuen Optik mit dem Hauptkomplex verbunden erscheinen, sind vornehmlich das Werk von Johann Kaspar Bagnato.

Waldshut

Eigentlich ist Waldshut schon den östlich an den Schwarzwald angrenzenden Gäulandschaften zuzurechnen. Doch die Waldishute, die Hüterin des Waldes, eine Habsburger-

293

RUND UM DEN HOTZENWALD

Waldshut. Holzschnitt aus der Schweizer Chronik des Johannes Stumpf, 1548

Gründung von 1242, hat als vorderösterreichischer Verwaltungssitz so nachhaltig in die Entwicklung der Gemeinde- und Gerichtsverfassung auf dem Hotzenwald eingegriffen und sich auch auf andere Weise so eng mit diesem Raum verbunden, daß sie ausnahmsweise als noch zum Thema gehörig betrachtet werden darf.

Ein wohlbehütet altes und gepflegtes Stadtbild mit der durch Tore begrenzten Kaiserstraße als Hauptachse erfreut den Besucher von Waldshut. Mittendrin liegt das schmucke *Rathaus* von 1770, das einen abgebrannten mittelalterlichen Vorläuferbau ersetzt, und zu dem möglicherweise Johann Kaspar Bagnato die Pläne lieferte. Im Gasthaus ›Zum Wilden Mann‹ (16./17. Jh.) ist vor allem die Zunftstube im Obergeschoß mit ihrer Kassettendecke und dem reichen Schnitzwerk der Türumrahmung sehenswert. In der ›Alten Metzig‹ von 1588 kam ein *Heimatmuseum* unter. Im übrigen bietet die Altstadt von Waldshut mit Bürgerhäusern aus dem 16. bis 18. Jahrhundert vielfältigen Anschauungsunterricht über bodenständige Hausarchitektur, für die insbesondere die weit vorgebauten Holzgiebel mit ihren Schopfwalmen (›Hotzenhauben‹) typisch sind.

Die *Liebfrauenkirche* ist ein 1804 erstellter Neubau (mit einigen gotischen Mauerresten) von Sebastian Fritschi, das Innere ein vorzüglich ausgestatteter klassizistischer Saalraum. Hier sind u. a. das Rohmaterial für zwei Seitenaltäre, Alabaster und Stuckmarmor für den Hochaltar, ferner Teile des Gestühls und des Chorgitters (in den Türen der Kommunionbank) aus der aufgehobenen Klosterkirche St. Blasien wiederverwendet worden. – Der Johannisplatz beim Obertor grenzt südlich an das privat bewohnte *Greiffenegg-Schlößchen* an. Der älteste Kern des heutigen Baus reicht in das 15. Jahrhundert zurück. Neu hergerichtete historische Bauwerke in unmittelbarer Nachbarschaft sind der *Königsfelder Hof* (bis 1528 Amtshaus des Klosters Königsfeld, 1684–1806 von St. Blasien) sowie die nach Plänen von Johann Kaspar Bagnato umgebaute *Waldvogtei* (jetzt Staatsanwaltschaft).

Jenseits der Bahnlinie im Norden der Stadt liegt der Alte Friedhof (nicht zu verwechseln mit dem neueren Bergfriedhof!). In seiner *Allerheiligenkapelle* nimmt die Stelle des Hochaltars eine Nachbildung des Heiligen Grabes in Jerusalem ein. Hinzuweisen ist auf Altarblätter von Johann Georg Glückher (um 1700), ferner auf eine steinerne Kreuzigung (1658) außerhalb der Kapelle.

Hochsal (Laufenburg)

Ein Abstecher zwischen Waldshut und Albbruck nordwärts in den Albbrucker Ortsteil **Birndorf** muß nicht unbedingt sein, obwohl die dortige *katholische Pfarrkirche* (um 1100) das stilgeschichtlich bemerkenswerteste romanische Gotteshaus in dieser Gegend ist und als Besonderheit zwei verschiedene Pfeilerreihen aufzuweisen hat: ›hirsauisch‹ die eine mit Würfelkapitellen abschließend, mit Kissenkapitellen die gegenüberliegende.

Dagegen sollte man zwischen Albbruck und Laufenburg unbedingt von der den Hochrhein begleitenden Straße abbiegen und der katholischen *Pfarrkirche St. Pelagius* im Laufenburger Ortsteil Hochsal einen Besuch abstatten. Da war seit dem Ende des 10. Jahrhunderts eine dreischiffige romanische Basilika. Im Langhaus der gotisch umgestalteten Kirche des 14. Jahrhunderts, für die das Vorbild des Münsters in Säckingen unverkennbar ist, lebte sie fort. Insbesondere sind von dem ältesten Teil auch die kurzen, gedrungenen Stützen der vordem romanischen, jetzt spitzbogigen Arkaden übernommen worden. Die hünenhafte Chorturmanlage, die den Blick schon von weither auf sich zieht und im Volksmund der ›Alte Hotz‹ heißt, kam im 15./16. Jahrhundert hinzu (Abb. 102). Sie ist auch darum zu einem Wahrzeichen für die gläubigen Menschen des Hotzenwaldes geworden, weil in einem Steinsarkophag in einer kleinen Krypta unmittelbar vor dem Chor die heilige Mechthildis bestattet sein soll.

Im Innern hat noch ein weiteres Mal das Säckinger Vorbild Früchte gezeigt, als die Kirche mit üppigem Stuck- und Freskenschmuck im Stil des späten Rokoko versehen wurde (seit Mitte der siebziger Jahre sehr gut restauriert). Eine spätgotische Sakramentsnische (um 1460) mit Figuren der Heiligen Pelagius und Oswald, ein Marientod-Relief (Abb. 101) auf dem linken Seitenaltar und ein ungewöhnlich groß dimensionierter, in der Formensprache ein wenig derb wirkender, in einer eigenen Kapelle auf dem Gottesacker untergebrachter Ölberg sind beachtliche spätgotische Steinbildwerke, während man den neubarocken Hochaltar im Reisetagebuch nicht eigens zu vermerken braucht. Wohl aber das für eine so kleine Ortschaft unverhofft stattliche *Pfarrhaus,* das einst als Sommersitz für eine Säckinger Äbtissin erbaut worden war.

Laufenburg

Über den Stromschnellen des Rheins, der hier beiderseits schon in vorgeschichtlicher Zeit besiedelt war, entwickelte sich Laufenburg im Mittelalter zu einem blühenden Handels-

RUND UM DEN HOTZENWALD

platz, den Rudolf III. von Habsburg befestigen und an beiden Ufern durch Burgen sichern ließ. Seit dem 11. Jahrhundert hatten die ›Laufenknechte‹ Schiffe durch die reißenden Strudel an den Felsen vorbei gelotst oder den gefährlichen Wasserweg mit der auf Karren umgesetzten Ladung zu Lande umgangen (s. Abb. S. 15).

Autoreisende stellen ihr Fahrzeug am besten gleich nach der Abfahrt von der B 34 auf die oberhalb des Ortes angezeigten Parkplätze und schlendern zu Fuß die steile Hauptstraße hinunter zur Rheinbrücke, die das badische mit dem schweizerischen Laufenburg verbindet (Farbt. 38, 56). Damit ist das meiste auch schon getan, denn es sind nicht die aufregenden Sehenswürdigkeiten, mit denen das Städtchen imponieren könnte; es möchte viel mehr gefallen mit dem reizvollen Bild seiner Bürgerhäuser, das sich vor einem auftut, wenn man erst einmal das Tor- und zugleich Rathaus hinter sich ließ.

Unten bei der Brücke angekommen, sieht man zur Rechten auf einer Anhöhe, ein wenig versteckt hinter Bäumen, das sogenannte *Schlößli* liegen, das Mary Codman, eine damals in Laufenburg lebende Amerikanerin, um die Jahrhundertwende als stilistische Nachempfindung französischer Renaissance und französischen Barocks errichten ließ – viel mehr herrschaftliche Villa eigentlich als wirklich ein Schloß. Man muß da auch nicht unbedingt hinaufsteigen; tut man es trotzdem (auf dem schmalen Weg unmittelbar rechts vor der Bahnschranke), so findet man sich zusätzlich sehr belohnt durch einige schöne Ausblicke auf das Laufenburger Rheinknie und die malerische Silhouette der schweizerischen Schwesterstadt. Übrigens verdankt auch das s. Z. als Kindergarten eingerichtete Jugendstilhaus ›Maria Grün‹, in dem vor einigen Jahren ein *Fischerei- und Flößereimuseum* Einzug hielt, seine Existenz der gleichen begüterten und wohltätigen Amerikanerin.

Bad Säckingen

Wenn nichts sonst, hätte auf jeden Fall Josef Victor von Scheffels poetische Romanze ›Der Trompeter von Säckingen‹ um den Bürgersohn Werner Kirchhofer und die junge adelige Dame Maria Ursula von Schönau das liebenswerte, mit seiner Therme erst in jüngster Zeit zum ›Bad‹ avancierte Städtchen am Hochrhein bekannt, ja volkstümlich gemacht. Das um 1500 aus einem älteren Herrensitz hervorgegangene, um 1600 erneuerte, nach dem Dreißigjährigen Krieg verändert wiederhergestellte und im 18. Jahrhundert noch einmal ausgebaute *Schloß Schönau* am Südrand der Altstadt ist selbst den Säckingern weniger unter diesem Namen, denn als ›Trompeterschlößle‹ geläufig. Die Herren von Schönau residierten hier durch viele Generationen als Klostervögte. Heute beherbergen die zum Teil mit reicher Barockzier versehenen Räume das *Hochrhein-Heimatmuseum*. Zusammen mit dem gärtnerisch hübsch angelegten Park bildet das Schloß ein überaus freundliches, zum Verweilen einladendes Ensemble.

Begonnen hatte es jedoch auf der Rheininsel, die Säckingen einmal war, mit einer Zelle des in Irland beheimateten, 522 von Poitiers als erster Missionar zu den Alamannen gekommenen heiligen Fridolin. Kirche und Kloster, die er zu Ehren des heiligen Hilarius erbaute,

296

Fridolins Schlaf und Traum vom Münsterbau auf der Säckinger Rheininsel, spätgotische Relieftafel

wurden zum Ausgangspunkt der Christianisierung im alamannisch besiedelten Raum. Dem 878 erstmals erwähnten Frauenstift, das aus dem Doppelkloster der Gründungszeit hervorgegangen war, gehörten später nur Damen des höheren Adels an. Die seit 1307 in den Reichsfürstenstand erhobenen Äbtissinnen hatten mit ihrem Klosterstaat und ihren weit in die heutige Schweiz hineinreichenden Besitzungen eine wichtige Position im Rahmen der hochmittelalterlichen Reichspolitik inne. Die das Kloster begleitende, schon früh mit Stadtrecht versehene Siedlung kam 1173 unter die Vogtei der Habsburger und blieb bis 1803 vorderösterreichisch.

Im *Münster St. Fridolin* (Abb. 105), der ehemaligen Frauenstiftskirche, sind heute noch Reste aus nahezu allen früheren Bauperioden erhalten, wenn auch zum größten Teil von der barocken Verkleidung verdeckt. Karolingisch ist eine unter dem Chor verlaufende Ringkrypta mit zwei symmetrisch angelegten Stollen, eine sogenannte Prozessionskrypta nach dem Vorbild des St. Galler Klosterplans. Von der romanischen Kirche, die um 1100 einen ottonischen Bau ablöste und bereits die Dimensionen des heutigen Münsters erreicht hatte, stecken noch Teile im wuchtigen Westwerk. Zwei Bränden 1272 und 1334 folgte der gotische Um- und Neubau der Basilika. Einem weiteren Brand 1678 hielten wenigstens die Mauern bis zum Dachansatz stand.

Wiederherstellung und Barockisierung unter Beibehaltung der gotischen Architektur gingen jetzt Hand in Hand. Unter der Leitung von Michael Wiedemann aus Elchingen bei Ulm wurde das Langhaus eingewölbt, kamen die beiden Seitenkapellen neu hinzu, wurde der gesamte Innenraum mit Stuck im Stil der hier vornehmlich durch Johann Schmuzer vertretenen älteren Wessobrunner Schule versehen, wobei zwischen dem schweren Rankenwerk die Felder für die Fresken Francesco Antonio Giorgiolis ausgespart blieben. Der Errichtung des Chorumgangs folgte der Wiederaufbau der Türme, die um ein Stockwerk erhöht und mit Hauben versehen wurden. Johann Kaspar Bagnato gab dem Bauwerk vollends sein äußeres Gesicht.

Die Rheininsel Säckingen. Kupferstich von Matthäus Merian

Bei einem neuerlichen Brand 1751 wurden durch den Einsturz des Dachstuhls Fresken und Stuck so stark beschädigt, daß – abgesehen von den verschont gebliebenen Kuppelräumen der beiden Seitenkapellen – nur eine grundlegende Erneuerung helfen konnte. Diese Erneuerung im jetzt aktuellen Rokokostil besorgten erste Meister ihrer Zeit, vor allem Johann Michael Feuchtmayer als Stukkateur und der Kirchenmaler Franz Josef Spiegler. Seine Fresken bilden im Chor einen Marienzyklus, während sie in den drei Schiffen die Fridolins-Legende erzählen. Giorgioli andererseits berichtet mit seinen Bildern in der südlichen Seitenkapelle vom Wirken und Martyrium der Apostel, während er in der gegenüberliegenden Schutzengel- oder Taufkapelle Szenen des Alten Testaments zeigt, in denen Engel in das Leben des Menschen eingreifen.

Giorgioli malte auch die Altarbilder, darunter die Anbetung des Christuskindes durch die drei Kirchenpatrone Hilarius, Fridolin und Andreas auf dem pompösen Hochaltar (1721) von Johann Philipp Pfeiffer aus Säckingen, der nahtlos integriert erscheint in die Architektur des auf zwei Ebenen angelegten Doppelchors. Am Aufgang zum oberen Chorteil stehen zwei ausnehmend schöne Leuchter von 1756 aus einer Waldshuter Glockengießerei. Vorne rechts im Chor ist der Zugang zur Fridolinskapelle, deren Altar eines der kostbarsten Stücke des Münsterschatzes birgt: den massiv silbernen Fridolinsschrein (Abb. 103) mit den Gebeinen des Heiligen, eine Augsburger Goldschmiedearbeit von 1764, wahrscheinlich aus der Werkstatt von Gottlieb Emanuel Oernster, in Auftrag gegeben von der letzten Säckinger Fürstäbtissin vor der Aufhebung des Stifts im Jahre 1806, Anna Maria von Hornstein-Göffingen. Die Schatzkammer hinter der Fridolinskapelle bewahrt neben vielen weiteren Preziosen eine mit Goldblech überzogene, mit Reliefdarstellungen ›bebilderte‹ Buchkasette aus dem 10. Jahrhundert.

Johann Philipp Pfeiffer schuf außer dem Hochaltar auch das Chorgestühl (1702), während die vortreffliche Kanzel (1729/31) ein Werk des Josef Mooß aus Stein am Rhein ist. Aus unbekannter Künstlerhand stammen die spätgotische Fridolin-Skulptur links und die barocke Plastik des heiligen Sebastian rechts vom Chorbogen. Die jetzige Orgel wurde in den jüngsten dreißiger Jahren gebaut, ihr Gehäuse jedoch der barocken Vorläuferin von 1757 nachgebildet. Viele Einzelheiten wären noch erwähnenswert, auch in den beiden Kapellen der Turmfront, doch das Säckinger Münster zu erleben, bedeutet in erster Linie, die schöne Harmonie des Ganzen zu vernehmen, in der hier die gotische Architektur mit dem barocken Dekor zusammenklingt und von den hellen Obertönen des Rokoko überstrahlt wird.

Draußen an der Chorwand erinnert eines der Grabdenkmäler an Werner Kirchhofer und seine Frau Maria Ursula, womit sich der Kreis zurück zum Trompeterschlößle schließt. In ihn eingebunden ist freilich auch der in das Jahr 1307 zurückreichende, seit etwa 1600 mit anthrazitgrauer Fassadenmalerei versehene *Alte Hof*, die ehemalige Äbtissinnenresidenz zwischen Münster und Rhein, sind auch das der Südwestecke von St. Fridolin gegenüberliegende, durch seinen Treppengiebel hervorgehobene spätgotische *Stiftsgebäude* sowie Reste des ehemaligen Stiftskomplexes in den heutigen Bauten rings um den Kirchplatz. Des weiteren schließen sich an ein zum *Rathaus* gewordenes Adelspalais von 1815, eine Reihe ansehnlicher Bürgerhäuser, die ältesten in der Fischer- und Metzgergasse, mit seiner Fassadenstukkatur eines der schönsten in der Rheinbrückenstraße 44 und hier auch der *Halwyler* oder *Commenterhof*, das einst dem Deutschritterorden in Beuggen gehörende Amtshaus unmittelbar neben der Rheinbrücke. Die 200 Meter lange, auf steinernen Pfeilern ruhende, gedeckte Holzbrücke (Abb. 105), die mit einigen Teilen noch original ins 16. Jahrhundert gehört, gilt als Meisterwerk einer allein auf handwerkliche Erfahrung bauenden Zimmermannskunst. Mauerreste der alten Befestigung sowie der runde *Gallusturm* und der im 19. Jahrhundert umgebaute *Diebsturm* bereichern zusätzlich das Bild des alten Säckingen, das als eine durchaus lebendige Stadt stets darauf bedacht war, sich seinen gewachsenen Charakter so gut, wie in der heutigen Zeit nur eben möglich, zu erhalten.

Beuggen (Rheinfelden)

Unterhalb der Straße von Säckingen nach Rheinfelden beherrscht unübersehbar das jetzt als Heimschule genutzte Schloß Beuggen die Szene am Rhein, aus dem der alte Hauptbau mit seinen Staffelgiebeln unmittelbar herausgewachsen zu sein scheint (Abb. 104). Die früheste, von einem breiten Graben umgebene Anlage der zur Ballei Elsaß und Burgund gehörenden,

RUND UM DEN HOTZENWALD

1806 aufgelösten Deutschordenskommende geht auf 1246 zurück. 1268 war der Ausbau der Ordensburg fürs erste abgeschlossen.

Das große Torhaus, durch das man in den von zahlreichen Wirtschafts- und Nebengebäuden umstandenen, beim Brunnen von alten Nuß- und Kastanienbäumen beschatteten Hof eintritt, ist in das Jahr 1534 zu datieren, wie überhaupt eine über Jahrhunderte sich erstreckende Baugeschichte an den Schloßtrakten, dem Treppenturm, der ehemaligen Kornschütte, der alten Burgschmiede neben dem Torbau, der Wagenremise oder dem seitlich abgerückten Storchenturm abzulesen ist.

Zwischen 1752 und 1757 hatte Johann Kaspar Bagnato die Anlage ausgebaut, das Schloß barock erweitert (mit stattlichem Portal, schönem Treppenhaus und reich dekoriertem Festsaal) sowie die alte *Deutschordenskirche* des 15. Jahrhundert vergrößert und mit einem anmutigen Zwiebeltürmchen versehen. Ihr Portal im Winkel zum Schloß auf der Ostseite ist in der Regel zwar geschlossen, nicht jedoch die kleine Tür an einer Stelle, wo man sie gewiß nicht vermutet: wenige Treppenstufen hoch in dem Toreingang am Südende des Hofes zwischen den beiden Haupttrakten des Schlosses. Der Innenraum ist ein Werk des Rokoko mit Deckengemälden von Franz Ludwig Hermann, auf denen die heilige Elisabeth von Thüringen verherrlicht wird, und mit einer originellen Figurengruppe im Zeitkostüm über der Orgel.

Wehr

Von den beiden ruinierten Burgen über Wehr, *Bärenfels* und *Werrach,* war die Letztgenannte 1273 von Rudolf von Habsburg erobert worden. Als österreichische Lehensnehmer blieben die Herren von Schönau bis 1803 im Besitz von Wehr, wo sie zunächst (1574–79) das *Alte Schloß* (Abb. 97) mit seinem charakteristischen Treppenturm und zur Barockzeit gleich daneben einen neuen, von einer zeitgemäßen Gartenanlage umgebenen Herrensitz erbauten. Dieses zweite, 1825 aufgestockte *Schönausche Schloß* versah Ludwig Bossi mit sehr guten Stukkaturen – insbesondere einen seiner Haupträume, den schon in den Frühklassizismus übergehenden Festsaal. Heute dient es als Rathaus der kleinen Stadt, in deren überkommenen Bauten die Biedermeierzeit eine deutliche Spur hinterließ. Ein sehr ansehnliches, fast schon einem Schloß nahekommendes Relikt der Spätgotik ist das sogenannte *Storchenhaus* mit seinen Zinnengiebeln an der Hauptstraße.

Schopfheim

Die früheste Burg und die Ummauerung der 807 als Scofheim erwähnten, von Konrad von Rötteln um 1250 als Stadt gegründeten Siedlung gibt es nicht mehr, wohl aber noch die spätgotische ehemalige *Stadtkirche St. Michael* von 1479/81, die jetzt – wie auch das ›Hirtenhaus‹ in der Wallstraße 6 – *Heimatmuseum* ist. Im Unterbau des älteren, kreuzgewölbten Chorturms der Kirche sind Reste von Bemalungen aus der Zeit um 1300 erhalten geblieben, ebenso in der um ein Jahrhundert späteren Hoecklinkapelle.

Im alten Kern der modernen Industriestadt reichen noch zahlreiche Häuser ins 16. Jahrhundert zurück, blieben auch Reste des ehemaligen *Schlosses* erhalten und fällt neben den Adelshöfen im Umkreis der Kirche das wieder sorgfältig restaurierte ehemalige *Kornhaus* auf, das jetzt Schule ist. Von den neueren öffentlichen Bauten der bemerkenswerteste ist das zwischen 1820 und 1830 im klassizistischen Stil Weinbrenners errichtete *Rathaus*, das innerhalb der Marktplatz-Bebauung einen ebenso noblen wie dominierenden Akzent setzt. Daß auch ein neugotisches Bauwerk beachtliche eigenständige Qualitäten haben kann, beweist die *Evangelische Pfarrkirche* von Josef Durm.

Wenige Kilometer talaufwärts von Schopfheim liegt das Dorf **Hausen,** Heimat des bedeutendsten alamannischen Dichters, des zu hohen Ämtern in Kirche, Schule und Staat aufgestiegenen, allerdings in Basel geborenen Prälaten Johann Peter Hebel. Das schöne Fachwerkhaus Ecke Hebel- und Bahnhofstraße, in dem er aufwuchs, ist als *Heimatmuseum* und *Hebel-Gedenkstätte* eingerichtet.

Hebel-Haus in Hausen im Wiesetal. Stahlstich von R. Dawson, 1840

301

RUND UM DEN HOTZENWALD

Schönau

Von Waldshut verwaltet, gehörte das biedermeierlich anheimelnde Städtchen jahrhundertelang bis 1806 zu Österreich. Eine *Kirche* hatte es schon 1152 von St. Blasien bekommen, doch das jetzige Gotteshaus zu Ehren der Himmelfahrt Mariens ist bis auf den Turmunterbau ein der Frühgotik nachempfundener Neubau aus den ersten Jahren unseres Jahrhunderts. Ihn zu besuchen, lohnt sich vor allem um der Teile eines spätgotischen Marienaltars willen, die in den jetzigen Hochaltar integriert sind und um 1530 entstanden sein dürften. Der Künstler ist unbekannt, aber er muß einiges vom Meister HL der Altäre in Niederrotweil und Breisach (s. S. 259 und 260) gewußt und hinzugelernt haben. Die Muttergottes im Altarschrein wird begleitet von vier Heiligen, unter ihnen der Titelheilige des Klosters St. Blasien, an das Schönau im 12. Jahrhundert geschenkt worden war. Auf den Altarflügeln und der Predella sind Szenen aus dem Marienleben, im Auszug die Marienkrönung dargestellt. Die Bildwerke wurden 1927 neu gefaßt.

Bernau

Von Schönau aus führt ein sehr reizvolles, wenn auch auf einem großen Teil der Strecke recht schmales Sträßchen auf dem nächsten Weg hinüber nach *Todtmoos*. Weniger Eilige kommen auf ihre Kosten, wenn sie den Umweg über *Todtnau-Geschwend* und Bernau nach Todtmoos wählen, und dies aus zwei Gründen: zum einen stehen in und bei Geschwend noch nahezu original erhaltene Schwarzwaldhöfe überwiegend aus dem 18. Jahrhundert beieinander, wie man sie so gehäuft nicht leicht noch einmal findet, und zum anderen hat das weite, auf rund 900 Meter Höhe gelegene Bernauer Hochtal (Abb. 100) außer seinen landschaftlichen Schönheiten auch einiges zum Thema Kunst zu bieten. Das verdankt es vor allem dem bekanntesten Maler des Schwarzwaldes, Hans Thoma (1839–1924), der in Bernau als Bauernsohn geboren wurde und später in Karlsruhe als Akademieprofessor, Kunsthallen-Direktor und Großherzoglicher Geheimer Rat in höchstem Ansehen stand.

Im Ortskern *Innerlehen* hat die Gemeinde in ihrem Rathaus ein *Museum* mit vielerlei Eigenhändigem von und Dokumentarischem über Hans Thoma eingerichtet, auch mit Arbeiten von Hans-Thoma-Preisträgern und von Malern wie Albert Haueisen oder Emil Bizer, die Thomas Kunst nahestanden. Wer sich vollends die Mühe macht, das Geburtshaus Thomas in *Oberlehen* aufzusuchen, wird gerade in diesem Teil der Bernauer Hochalb viele der Motive wiederfinden, denen er in den Werken des Malers da und dort vielleicht schon einmal begegnete.

Todtmoos

Der eng mit St. Blasien verbundene Ursprung der *Pfarr- und Wallfahrtskirche Mariä Himmelfahrt* im heutigen Kurort Todtmoos ist in der Mitte des 13. Jahrhunderts anzuneh-

302

men, während die älteste Bausubstanz (Chor, Seitenkapellen, Vorhalle) zur dritten Kirche an dieser Stelle (um 1525) gehört. Mehrere Umbauten, eine gründliche barocke Erneuerung unter der Leitung von Franz Joseph Salzmann (1770–78), wie vor allem auch die 1927 neu hinzugekommenen Seitenschiffe mitsamt neuem Turm bestimmen das heutige Aussehen des Gotteshauses.

Hat man es durch das hohe Sandsteinportal mit der St. Blasier Wappenzier betreten, so erlebt man drinnen eines der guten Beispiele dafür, wie sich aus Teilen einer Ausstattung von gediegener, aber kaum einmal überragender Qualität ein überaus harmonisches, ja festliches Miteinander ergeben kann. Tüchtige, vielfach unbenannt gebliebene Handwerksmeister aus dem Schwarzwald trugen dazu bei, namentlich die Brüder Gabriel und Joseph Pfluger, die die Altäre, die hübsche Kanzel, das Orgelgehäuse und das Gestühl lieferten, sowie als Wessobrunner ›Gastarbeiter‹ Joseph Caspar Gigl mit seinen Stukkaturen.

Sehr alt, auf jeden Fall schon vor 1428 bei einem Brand beschädigt, ist das Gnadenbild auf dem Hochaltar Ziel und Mittelpunkt der seit den Anfängen bestehenden Wallfahrt. Als besonders interessanter Teil der Ausstattung stellt ein auf Tuch gemaltes Wandbild in der nördlichen Seitenkapelle den Zug der Kaiserlichen Armee durch Todtmoos anno 1678 dar. Es ist möglicherweise Vorlage, vielleicht auch Kopie eines von dem Augsburger Goldschmied Elias Jäger in Silber getriebenen Antependiums, das der kaiserliche Feldherr Herzog Karl V. von Lothringen zu Ehren der Muttergottes von Todtmoos und zum Dank für die glückliche Überquerung des Schwarzwalds und die gelungene Entsetzung Rheinfeldens von den Franzosen stiftete. Das Antependium befindet sich heute in Wien.

Ein schmucker Bau ist das 1733 von Johann Michael Beer als Priorat entworfene, im Innern 1748 von Johann Kaspar Bagnato umgestaltete, von Franz Joseph Vogel mit Stukkaturen versehene *Pfarrhaus*. Da es zugleich eine öffentliche Bücherei beherbergt, ist Näherkommen nicht nur erlaubt, sondern zu den Öffnungszeiten sogar erwünscht.

Erläuterung von Fachbegriffen

Antependium Verkleidung des Altarunterbaus aus Stoff, Holz oder Metall, ggf. mit materialgerechtem Schmuck

Apsis Halbrunder, später auch mehreckiger, meistens mit einer Halbkuppel überwölbter Raumteil, der ursprünglich für den Altar, den Sitz des Bischofs und/oder der Priester bestimmt war. Durch die Ausdehnung der Choranlage schon im frühen Mittelalter und die veränderte architektonische Funktion der Apsis in der Gotik ging ihre anfängliche Bestimmung verloren

Archivolte Bogenlauf über einem romanischen oder gotischen Portal

Arkade(n) Auf Säulen oder Pfeilern ruhender Mauerbogen (in fortlaufender Reihe)

Auszug, Altarauszug Der kleine Oberteil eines Altaraufbaus, seit der Renaissance anstelle des gotischen Sprengwerks; der Auszug umschließt in der Regel eine Figurengruppe oder ein Gemälde

Bandelwerk Eine aus Frankreich übernommene Ornamentform, für die ein Schlingwerk von Bändern charakteristisch ist, zeitlich begrenzt auf die erste Hälfte des 18. Jahrhunderts

Basilika Amtssitz des Archon basileus, des obersten Richters im alten Athen, drei- oder fünfschiffige Gerichts- und Handelshalle der Römer. In frühchristlicher und romanischer Zeit eine Kirchenform mit Mittel- und Querschiff sowie zwei oder vier niedrigeren Seitenschiffen, über deren Dachstühlen das Mittelschiff seine eigenen Fenster hat

Bergfried Hauptturm einer Burganlage und letzte Zuflucht der Burgbewohner bei feindlicher Belagerung

Blende Einem Baukörper eingefügte oder vorgesetzte, rein dekorative Scheinarchitektur (Blendarkade, Blendbogen, Blendfenster)

Chor Ostteil einer Kirche, ursprünglich für den Chorgesang der Mönche bestimmt, in der Regel bestehend aus einem quadratischen Raumteil in Verlängerung des Mittelschiffs (Chorquadrat) und der nach Osten zurückgeschobenen Apsis

Dachreiter Glockentürmchen, das dem Dachfirst aufsitzt, vor allem von den Zisterziensern und den Bettelorden statt hoher und kostspieliger Türme bevorzugt

Dienste Viertel-, Halb- oder Dreiviertelsäulchen vor einem Pfeiler oder einer Wand mit der Aufgabe, die Gurte und Rippen eines gotischen Kreuzrippengewölbes zu tragen

Epitaph Gedächtnismal mit Inschrift und

bildlicher Darstellung, meist über einem Grab

Fassung Bemalung von plastischen Bildwerken aus Holz oder Stein

Fiale Schlankes gotisches Türmchen als Bekrönung eines Strebepfeilers oder Baldachins

Fischblase Leitornament der späten Gotik, das sich nicht mehr an die strengen geometrischen Formen des hochgotischen Maßwerks hält, sondern viel mehr der Blase eines Fisches ähnlich ist

Fresko Malerei auf noch feuchtem Wand- oder Deckenputz, die mit dem Putz trocknet und abbindet; daher besonders widerstandsfähig

Fries Meist waagerechter Streifen mit ornamentalen oder figürlichen Darstellungen für Schmuck, Gliederung oder Abschluß einer Wand

Gewände Die eine Fenster- oder Türöffnung seitlich begrenzende schräge Einschnittfläche im Mauerwerk

Gurt Rund- oder Spitzbogen zur gurtartigen Abgrenzung der Joche an einem Kreuzgewölbe oder zur Verstärkung eines Tonnengewölbes; Gurtbogen betonen die Jocheinteilung eines Schiffs

Hallenkirche Kirchenform mit annähernd gleich hohen Schiffen (im Gegensatz zur Basilika)

Joch Die jeweils durch vier Stützen bezeichnete Raumeinheit über rechteckigem oder quadratischem Grundriß in mehrschiffigen Räumen, die durch Pfeiler oder Säulen gegliedert sind

Kämpfer Die vorspringende Platte auf Pfeilern oder Säulen, auf der Bögen oder Gewölbe aufliegen

Kapitell Der Kopf einer Säule oder eines Pfeilers, Bindeglied zwischen Stützen und

tragenden Elementen (Bogen oder Querbalken) eines Bauwerks, teils in schlichten Formen, teils reich ornamentiert.

Kartusche Ornamental gerahmter Teil einer Flächendekoration, wobei nicht die umrahmte Fläche, sondern das Rahmengebilde selbst das entscheidende Merkmal ist

Kreuzgang Ein Geviert von meist überwölbten Gängen, das in der Regel an die Südseite von Kloster- und Stiftskirchen anschließt, einen Hof umgibt und seinen Namen von Kreuzprozessionen hat, die darin stattfanden

Krypta Unterirdischer Raum unter dem Chor insbesondere von romanischen Kirchen, meist mit Grabkammern oder auch zur Aufbewahrung von Reliquien

Laterne Mit Fenstern versehener Aufsatz über einer Gewölbeöffnung

Laube Der meist gewölbte Bogengang im Erdgeschoß eines Hauses, dem Bau teils vorgelagert, in den meisten Fällen jedoch voll integriert

Lettner Halbhohe, in der Spätgotik vielfach durchbrochene und reich gezierte, im Barock mehr und mehr aufgegebene Wand in Stifts-, Kathedral- und Klosterkirchen, die den für den Gottesdienst des Klerus bestimmten Altarraum von der übrigen Kirche trennte; auf der Lettnerwand eine über Treppen zugängliche Bühne

Lisene Eine nur wenig aus einer Wand hervortretender, senkrechter, glatter Mauerstreifen ohne Basis und Kapitell als gliederndes architektonisches Element

Maßwerk Geometrisch konstruiertes, schmückendes Bauelement, ›gemessen‹ mit dem Zirkel und verwendet ausschließlich an gotischen Bauwerken

305

ERLÄUTERUNG VON FACHBEGRIFFEN

Netzgewölbe Gewölbe, dessen Rippen netzartig die aus einem Halbkreis oder Spitzbogen entwickelte Wölbschale überdecken

Pfeiler Sich nicht verjüngende Stütze über meist rechteckigem Grundriß

Pilaster Einer Wand vorgelegter, mehr oder weniger aus ihr heraustretender Pfeiler mit Basis und Kapitell

Predella (auch Staffel) Der Untersatz eines gotischen Altarschreins

Putto (Mz. Putti) Italienische, im Ursprung auf die Antike zurückgehende Erscheinungsform von Engelkindern, die zu Verkörperungen unbeschwerter Lebenslust wurden und stets nackt, feist und in drolliger Pose dargestellt sind

Querhaus, Querschiff Rechtwinklig zum Langhaus stehender Kirchenraum zwischen Chor und Schiff

Rippe Der gekrümmte, gemauerte Stab, der den Gratlinien eines Kreuzgewölbes oder der Fläche eines Tonnengewölbes anliegt, manchmal mit statischer Funktion, meistens aber nur dekoratives Element der Gliederung

Risalit Abgeleitet vom italienischen ›risalire‹ = vorspringen; bezeichnet einen Gebäudeteil, der in voller Höhe aus der Fassadenflucht hervortritt, und zwar unter Beachtung der Symmetrie. Man unterscheidet Mittel-, Seiten- und Eckrisalite

Rocaille Eine nach dem französischen Wort für Muschel benannte Ornamentform, die zu einem Leitornament des späten Barock wurde

Rustika Mauerwerk aus Steinblöcken (Buckelquadern), die in der Ansichtsfläche nur mit einem Randschlag bearbeitet sind

Saalkirche Eine einschiffige Kirche

Sakramentshaus Ursprünglich nur eine Nische in der Chorwand, in der die geweihte Hostie aufbewahrt wurde, in der nächsten Stufe ein verziertes Gehäuse, schließlich eine selbständige Kleinarchitektur

Säule Stütze über kreisförmigen Grundriß

Sprengwerk, Gesprenge Die Bekrönung eines gotischen Altarschreins

Stichkappengewölbe Eine Stichkappe ergibt sich aus dem Einschnitt eines kleinen, tonnenförmigen, quer zur Hauptachse stehenden Gewölbes in das Hauptgewölbe. Sie kommt insbesondere dort zum Zuge, wo in tonnengewölbten Räumen nicht auf hohe Fenster verzichtet werden kann. Die Verbindung von vier solcher Kappenstücke miteinander ergibt ein Kreuzgewölbe

Stützenwechsel Regelmäßiger Wechsel von Pfeilern und Säulen in Innenräumen romanischer Kirchen, aber auch von Pfeilern mit und ohne Vorlage

Tambour Runder oder mehreckiger Unterbau einer Kuppel mit mehr oder weniger dicht gereihten Fenstern

Tonnengewölbe Eine Grundform für Wölbungen, die man sich – stark vereinfacht – als eine über den Raum gelegte halbierte Tonne vorstellen kann. Der Querschnitt kann ein Halbkreis, Kreissegment oder auch ein Spitzbogen sein

Triumphbogen Der den Chor vom Kirchenschiff trennende Mauerbogen

Tympanon Türfeld zwischen Türsturz und oberem Bogen eines Portals, ein bevorzugter Platz für die Anbringung plastischen Schmucks

Vesperbild, Pietà Darstellung der Muttergottes mit dem Leichnam Christi auf dem Schoß

Vierung Raum, in dem sich Langhaus und Querschiff kreuzen und durchdringen

Volute Bandartiges Schmuckglied, das sich an den Enden spiralartig aufrollt

Vorlage Senkrechtes, einer Mauer oder einem Pfeiler vorgelegtes Architekturelement

Wandpfeilerschema Kennzeichnend für einen kirchlichen Raumtyp der Renaissance und des Barock mit kräftigen Pfeilern, die den Außenwänden vorgelegt sind. Zwischen den Pfeilern ergeben sich Nischen oder – bei entsprechender Tiefe – größere Kapellenräume, die häufig von Emporen überdeckt werden. Eine vorarlbergische Sonderform des ausgehenden 17. Jahrhunderts kombiniert das Wandpfeilerschema mit Querschiffen und Hallenchören

Weicher Stil Eine relativ kurze Episode spätgotischer Malerei und Plastik, etwa von 1380 bis 1430; reicher, fließender Faltenwurf in der Bekleidung von Figuren, fraulich zarter Gefühlsausdruck, möglichst nirgendwo harte Ecken und Kanten

Westwerk Einer Basilika im Westen vorgelegter, selbständiger Bauteil mit unterschiedlicher Höhe von Mittelstück und Seitenteilen; über einer Eingangshalle mit Seitenräumen lag in der Regel ein Altarraum, früher als Taufkapelle oder für Laiengottesdienste genutzt; ein Zusammenhang mit der germanischen Königshalle wird vermutet

Wimperg Giebelartige Bekrönung von Fenstern und Portalen in der Gotik

Zentralbau Ein Bauwerk, dessen Teile sämtlich auf einen Mittelpunkt bezogen sind; Grundriß kreisförmig, vieleckig, meist achteckig oder auch elliptisch, der Unterbau häufig durch Anbauten erweitert

Literaturverzeichnis (Auswahl)

Adam, Ernst: *Baukunst der Stauferzeit in Baden-Württemberg und im Elsaß*, Stuttgart/Aalen 1977

Adam, Ernst: *Das Freiburger Münster*, Stuttgart 1968

Becker, Götz, Kannenberg, Schön: *Vinothek der deutschen Weinberg-Lagen – Baden*, Stuttgart 1979

Bock, Emil: *Schwäbische Romanik*, Stuttgart 1973

Boelcke, Willi A.: *Handbuch Baden-Württemberg. Politik, Wirtschaft, Kultur von der Urgeschichte bis zur Gegenwart*, Stuttgart 1982

Dehio, Georg: *Handbuch der deutschen Kunstdenkmäler (Baden-Württemberg)*, München 1964

Katzenberger, Rudolf: *Badische Küche*, Konstanz 1981

Krummer-Schroth, Ingeborg: *Alte Handwerkskunst und Gewerbe im Schwarzwald*, Freiburg 1976

Liehl, Ekkehard, und Sick, Wolf Dieter (Hrsg.): *Der Schwarzwald. Beiträge zur Landeskunde* (hier auch Ottnad, Bernd: *Zur Territorialgeschichte des Schwarzwalds*), Bühl 1980

Schefold, Max: *Der Schwarzwald in alten Ansichten und Schilderungen*, Konstanz 1965

Schilli, Hermann: *Das Schwarzwaldhaus*, Stuttgart 1977 (3. Aufl.)

Schöck, Inge und Gustav: *Häuser und Landschaften in Baden-Württemberg*, Stuttgart 1982

Stiefel, Karl: *Baden 1648–1952*, 2 Bände, Karlsruhe 1977

Tschira, Arnold, und Mitarbeiter: *Die ehemalige Benediktinerabtei Schwarzach*, Karlsruhe 1977

Uhlhorn, Friedrich, und Schlesinger, Walter: *Die deutschen Territorien. Handbuch der deutschen Geschichte* (Bruno Gebhardt), Band 13 in der dtv-Ausgabe, München 1974

Württ. Museums-Verband: *Museen in Baden-Württemberg*, Stuttgart und Aalen 1977

Periodica

Badische Heimat. Zeitschrift des Landesvereins Badische Heimat, Freiburg

Denkmalpflege in Baden-Württemberg. Nachrichtenblatt des Landesdenkmalamts, Stuttgart

Der Schwarzwald. Zeitschrift des Schwarzwaldvereins, Freiburg (alle vierteljährlich)

Abbildungsnachweis

Farbtafeln und Schwarzweiß-Abbildungen

Bildagentur Prenzel, Gröbenzell   Farbt. 44
Bildverlag Merten, Saarburg (G. Schäfer)
   Farbt. 45, 48
Fridmar Damm, Köln   Farbt. 31
Karlheinz Ebert, Waldbronn   Farbt. 1, 6, 36, 51,
   57; Abb. 7–14, 17, 20, 24, 26–29, 37, 38, 42, 43,
   45–47, 49, 55–57, 61, 62, 64, 76, 88, 89, 95–97
Foto Schlesiger, Karlsruhe   Abb. 3
Fotostudio Bauer, Karlsruhe   Abb. 2
Leif Geiges, Staufen   Umschlagklappe vorn,
   Farbt. 17, 18, 21–23, 30, 35, 37, 38, 40, 47, 49,
   50, 52; Abb. 30, 34–36, 39–41, 44, 48, 51–54,
   58–60, 69, 75, 78, 83, 86, 87, 90–94, 98–101,
   103, 104
Robert Häusser, Mannheim   Abb. 4, 50, 82, 106
Otto Kasper, Singen   Farbt. 24, 26
Joachim Kinkelin, Worms (T. Schneiders)
   Farbt. 46
Peter Klaes, Radevormwald   Umschlagrücksei-
   te, Farbt. 2, 10, 13, 14, 16, 32
Landesbildstelle Baden, Karlsruhe   Farbt. 4, 15,
   39, 41, 42; Abb. 1, 5 (Freigegeben durch
   Regierungspräsidium Karlsruhe Nr. 0/7168,
   1975), 23
Landesbildstelle Württemberg, Stuttgart
   Abb. 25, 63, 65, 66
Manfred Mehlig, Lauf   Farbt. 8, 19, 25, 27, 34,
   53–55
Willy Pragher, Freiburg   Abb. 72
Marco Schneiders, Lindau   Farbt. 11, 12
Toni Schneiders, Lindau   Farbt. 5, 7, 20, 29, 43,
   56; Abb. 16, 32, 33, 67, 68, 70, 71, 73, 74, 77,
   79, 81, 84, 105
Werner Stuhler, Hergensweiler   Umschlagvor-
   derseite, Farbt. 3, 9, 28, 33; Abb. 6, 15, 21, 22
Tschira/Interphot, Baden-Baden   Abb. 31
Edgar Türmer, Rastatt   Abb. 18
Manfred Vollmer, Essen   Abb. 80, 85, 102

Zeichnungen und Pläne im Text

(Die Zahlen bezeichnen die Seiten im Buch)

Augustinermuseum Freiburg   189
Archiv der Stadt Karlsruhe   20, 26 unten

Ernst Adam: Baukunst der Stauferzeit in Baden-
   Württemberg und im Elsaß, Stuttgart und Aa-
   len 1977   71
Ernst Adam: Das Freiburger Münster, Stuttgart
   1968   220
Cosmographey des Sebastian Münster, Basel
   1550   275
Fürstlich Fürstenbergisches Archiv, Donau-
   eschingen   187
Geiges/Krummer-Schroth: Oberrheinisches Mo-
   saik, Freiburg 1975   12, 163, 282
Badische Landesbibliothek Karlsruhe   21, 125
Generallandesarchiv Karlsruhe   16, 51, 57, 174, 235
Geschichte der Stadt Oberkirch von den Anfän-
   gen bis 1803, hrsg. von der Stadt Oberkirch
   1975   13, 121
Institut für Baugeschichte, Universität Karls-
   ruhe   107
Kreisbildstelle Ludwigsburg   185
Kunsthalle Karlsruhe   31
Karl List   166, 271
Matthäus Merian: Topographia Germaniae   28/
   29, 64/65, 114/15, 216/17, 262/63, 270, 281, 298
Öffentliche Kunstsammlung Basel   Frontispiz
Die Ortenau, 21. Heft, 1934   168
Reclam-Kunstführer Deutschland II: Baden-
   Württemberg. Stuttgart 1979
   26 oben, 128
Max Schefold: Der Schwarzwald in alten Ansich-
   ten und Schilderungen, Konstanz 1965   15,
   80, 102
Hermann Schilli: Das Schwarzwaldhaus, Stutt-
   gart 1977   14, 210, 211
Schweizer Chronik des Johannes Stumpf, 1548
   294
Schnell-Kunstführer
   Nr. 842, 1970   261
   Nr. 706, 1971   69
   Nr. 173, 1975   297
Universitätsbibliothek Basel   227
Hans Peter Vieser, Freiburg   219
Manfred Vollmer, Essen   191, 233, 273
Zollner/Stemmermann: Ettlingen in Wort und
   Bild, hrsg. von der Heimatgeschichtlichen
   Kommission Ettlingen, Karlsruhe 1966   55

Karte in der vorderen Umschlagklappe:
Ingenieurbüro für Landkartentechnik Ing.-Kart.
Arnulf Milch, Lüdenscheid
Karten und Pläne: DuMont Buchverlag

Register

Personen

Abt, Jörg 77
Alamannen **13**, 30, 97
Albiker, Karl 32, 324
Alexius, Hl. 177
Altenburger, Franz Bernhard 172
Amann, Wilhelm 110
Andlau, Grafen von 283, 284
Aristoteles 12
Arnold, Christian 269, 286
Arnold, Friedrich 258
Arnold, Klaus 63
Artario, Giovanni Battista 58
Asam, Cosmas Damian **32**
Aurelius, Hl. 70

Bach, Jörg von 116 (Abb. 38)
Baden, Markgrafen 16, 18, 30, 52, 60, 61, 63, 98, **103**, 175
–, Bernhard I, Markgraf 52, 103
–, Bernhard II. (sel.), Markgraf 59, 106, 222
–, Christoph, Markgraf 103
–, Hermann II., Markgraf 103
–, Irmengard, Markgräfin 104, 105, 106 (Abb. 34)
–, Karl II., Markgraf 18, 175
–, Karl Friedrich, Markgraf, Großherzog 20, 23, 105
–, Karoline-Luise, Markgräfin 23
–, Leopold, Großherzog 101
–, Leopold Wilhelm, Markgraf 99
–, Ludwig Wilhelm, Markgraf (Türkenlouis) 21, **55 ff.**, 101, 179, 191
–, Philibert, Markgraf 32
–, Rudolf I., Markgraf 59, 105
–, Rudolf VI., Markgraf 106
Baden-Baden, Markgrafen
–, August Georg, Markgraf 20
–, Georg Ludwig, Markgraf 119
–, Sibylla Augusta, Markgräfin 31, 32, **54 f.**
Baden-Durlach, Markgrafen
–, Ernst, Markgraf 31, 272
–, Karl Wilhelm, Markgraf 16, **18 f.**, 175
Baden-Hachberg(-Sausenberg), Markgrafen 16, 173, 224, 279, 287
–, Christoph III. 174
Bagnato, Franz Anton 288
Bagnato, Johann Kaspar 264, 265, 269, 288, 293, 294, 297, **300**, 303
Baldung gen. Grien, Hans 28, 218, **221**, 222, 229, 261
Bampi, Richard 286, 287
Barth, Gottlob Georg 74
Bätzner, Helmut 23
Baumgarten, Paul 28
Baumhauer, Leonhard 78
Beer, Franz 114, 115, 127, 161
Beer, Georg 72
Beer, Johann Michael 291, 303
Beer, Ulrich 114
Benazet, Edouard 104

Benz, Carl 49
Berckholtz, Freiherr von 162
Berckmüller, Joseph 23
Bergör, Johann 49
Bergschelklingen, Grafen von 73
Berwart, Blasius 77
Berwart, Martin 77
Biberstein, Freiherren von 240
Bicheler, Franz Xaver 169
Billing, Hermann 104
Birchtilo, Graf 270
Bissier, Julius 229
Bizer, Emil 302
Blarer von Wartensee, Wilhelm 222
Blasius, Hl. 290
Bossi, Luigi (Ludwig) 293, 300
Brigitta, Hl. 109
Brion, Friederike 116
Brückert-Vogelweith 125
Bucellin, Gabriel 274, 276
Bühler, Hans Adolf 259
Burkart, Albert 111

Calw, Grafen von 68, **72 f.**
–, Gottfried, Graf 122
Christian, Franz Joseph 276
Christian, Johann Joseph 172
Clerici, Johann Baptist 236
Codman, Mary 296
Colomba, Lucca Antonio 32, 50
Cranach d. Ä., Lukas 28, 60, 221
Crodel, Claus 63
Curiel, Robert 23

Dano, Philipp Johann 239
Dawson, R. 301
Dehio, Georg 32, 101, 123, 161, 215, 260
De Pigage, Nicolas 292, 293
De Prevostis, Michelangelo 276
Dernfeld, Karl 98, 111
D'Ixnard, Pierre Michael 230, 292, 293
Durm, Josef 281, 301

Eberhard der Greiner, Graf 79
Eberstein, Grafen von 51, 52, **54**, 68, 103
–, Konrad, Graf 52
Egeno, Graf 173
Egenolf von Staufenberg 163
Eiermann, Egon **66**
Eigler, Martin 59, 60, 108
Eisenlohr, Jakob Friedrich 104, 162, 166, 167, 282
Eitel, Christian 117
Ellmenreich, Domenicus 113, **118**, 119
Erasmus von Rotterdam 227
Erhart im Hof, Meister 209
Esperlin, Joseph 116
Ettiko II. 177
Etto, Bischof 177, 178

Falkenstein, Herren von 267
Falkenstein, Kuno von 231
Faller, Matthias 231, 232, 235, 236, 237, 267, 277
Faust 272, 273
Fechter, Johann Jakob 231
Federer, Ludwig Friedrich 185
Fehl, Heinrich 123
Felix, Abt 125
Ferdinand I. von Österreich 226, 227
Feuchtmayer, Johann Michael 298
Feuchtmayer, Joseph Anton 236, 264
Feuerbach, Anselm 28
Feuerbach, Joseph Anselm 230

Feuerstein, Valentin 63
Fischer, Friedrich 27
Fohmann, Johann Caspar 49
Franken 13, 14, 30
Franzosen 53, 113, 165, 173, 191, 264
Freiburg, Grafen von 16, 273
Fridolin, Hl. 296, 297, 298
Friedrich, Abt 128
Friedrich I., Kaiser 15
Friedrich II., Kaiser 30, 173, 179
Fritschi, Sebastian 294
Frommel, Karl 102, 286
Fuchs, Matthias 113, 114
Fürstenberg, Franz Egon von 178
Fürstenberg, Götz von 171
Fürstenberger 17, **170**, 188, 209

Gaiser, Heinz 53
Gambs, Benedikt 119, 237, 277
Geiges, Fritz 224
Gemmingen, Herren von 66, 67
Gemmingen, Uriel von 67
Gerhaert von Leyden, Nicolaus 53, 54, **99 ff.**
Gerhart, Meister 215
Geroldseck, Herren von 164, 167, 169, 179, 188
Geroldseck, Walter von 168, 175
Gertrudis von Ichtratzheim, Äbtissin 49, 51
Gerwig, Robert **190**
Gerungus von Allerheiligen, Abt 105
Geyer, Wilhelm 70
Gigl, Hans Georg 177, 268, 289
Gigl, Joseph Caspar 303
Giorgioli, Francesco Antonio 276, 277, 297, 298
Gitschmann von Ropstein, Hans 171, 218, 221
Glyckher, Johann Georg 191, 295

Gmelin, F. 15
Goethe, Johann Wolfgang von **116, 174**
Göser, Simon 232, 268, 272, 273, 277, 284
Götz, Johann Valentin 59
Götzenberger, Jakob 104
Greither, Sebastian 117
Grimmelshausen, Johann Jakob Christoph von 13, **120 f.**
Gruber, Johann F. 76
Grünewald, Matthias 28, 229
Guépière, Philippe de la 20

Habsburg, Rudolf von 73, 300
Habsburg, Rudolf III. von 296
Habsburger 17, 214, 292
Hajek, Otto Herbert 70
Hans von Basel 226
Hans von Gmünd 218
Hans von Heimsheim 77
Hans von Maulbronn 110
Hansjakob, Heinrich **170**
Häring, Johann Baptist **257**
Hartmann, Michael 231
Hattstein, Johann von 269
Haueisen, Albert 302, 324
Hauser, Anton Xaver 231, 239, 240
Hauser, Franz 231
Hauser, Franz Xaver 224
Hebel, Johann Peter 301, 326
Hedio, Caspar 30, 31
Hegenauer, Franz Anton 119
Heine, Erwin 281
Heinrich II., Kaiser 264
Heinrich VI., König 30
Heinrich VII., König 173
Heinrich der Leiterer, Meister 215
Hemmel, Peter 123
Hennhöfer, Major 179
Hermann, Franz Ludwig 277, 278, 283, 300
Hermann, Martin 172
Hertwig, Hans 123
Hesse, Hermann 72
Hiebel, Johann 58
Hildebrandt, Hansjörg 161

311

REGISTER: PERSONEN

Hofer, Carl 229
Hohenberg, Grafen von 77
Hohenheim, Georg von 269
Hohenstaufen 61
Hohenstaufen, Otto von 163
Hohenzollern-Sigmaringen,
Fürsten von 239
Holbein d. J., Hans 222
Hops, Joseph Anton 172
Hornberg, Werner von 267
Hornberger, Wilhelm 116
Hornstein, Anna Maria von
299
Hübsch, Heinrich 20, 23, **27**,
28, 99, 104, 281
Humpert, Klaus 281
Hürnheim, Fam. von 176

Irenicus, Franz 30

Jäger, Elias 303
Jakob I. 103
Jakobi, Johann Georg 230
Johann Nepomuk 32, 49
Johannes Magistri von Allerhei-
ligen 122
Johanniter **269**
Jörg, Aberlin 77
Julian, Kaiser 12

Kageneck, Grafen von 239,
265
Kaltenbach, Herren von 288
Kaltenbach, Joseph 170
Kämper, Herbert 105
Karg, Jakob 119
Kast, Johann Jakob **53**
Kelten 127, 261
Kempf, Jörg 224
Kern, Hans 98
Kerstan, Horst 286
Keßlau, Friedrich von 20
Kirchhofer, Werner 296, 299
Klenze, Leo von 104
König, Thomas 105
Konrad III., König 179
Konrad von Rötteln 300
Konradin, Herzog von
Schwaben 16, 179
Kretz, Victor 127

Kreuzhage, Albert 212
Krohmer, Ignaz Franz 58, 60,
111, 113, 119, 178
Kurz, G. M. 27

Lacroix, Emil 62
Laeuger, Max 286, 324
Landeck, Helena 232
Landeck, Snewlin von 232
Landolin, Hl. 178, 179
Leger, Johann Christoph David
von 80
Lehmbruck, Manfred 66
Lengelacher, Ignaz 20, 59
Lichtenauer, Franz 116
Lichtenberg, Graf Johann III.
von 105
Lihl, Heinrich 119
Linde, Horst 281
Lioba, Hl. 68
List, Karl **117**, 166, 271
Litschgi, Johann Baptist **269**
Lothringen, Herzog Karl V.
von 303
Lotzbeck, Fam. 166
Ludwig XIV., König 55, 264
Ludwig XV., König 265
Ludwig der Fromme,
Kaiser 117
Luitgard, Hl. 188

Mac Lean, Harry 99
Malterer, Johann 172
Margarethe von Greith,
Äbtissin 51
Martin II. Gerbert, Abt 292
Maulbertsch, Andreas 126
Maximilian I., Kaiser 221,
226, 228
Meid, Hans 324
Meinrad, Abt 288
Meissburger, Joseph 170
Meister HL (Hans Loi) 218,
259 f., 261
Meister der Madonna von
St. Ulrich **277**
Melling, Christoph 20
Merian, Matthäus 28, 64, 114,
216, 262, 270, 281, 298
Metternich, Freiherr von 162

Metz, Rudolf 11
Mirabeau, Vicomte de 230
Möckel, Johann Christoph
49, 58
Moore, Henry 228
Moosbrugger, Fridolin 286
Mooß, Josef 299
Morath, Anton 179
Moser, Carl 23
Moser, Lucas **66 f.**
Müller, Karl 24
Müller, Lienhard 226
Müller, Wilhelm Jeremias 23
Münster, Sebastian 275

Nagold, Grafen von 77
Napoleon I. Bonaparte 178
Neuhauser, Hermann 226
Neumann, Balthasar 20
Neumeyer, Fritz 269
Niesenberger, Hans

Oernster, Gottlieb
Emanuel 299
Oetinger, C. 75
Offo, Mönch 117, 118
Österreicher 264
Otto III., König 270
Ongers, Johann 58
Orsati, Carpoforo 276
Ottnad, Bernd 14
Otto der Große 30

Pedetti, Mauritio 20
Pelandella, Jakob 284
Peter von Basel 215
Peter von Koblenz 71
Pfeiffer, Johann Philipp 298,
299
Pfluger, Gabriel 303
Pfluger, Joseph 303
Pfunner, Johann 117, 118,
119, 163, 177, 178, 179, 234,
240, 257, 258
Philipp II. von Österreich 226
Pinot, François E. 240
Pirmin, Hl. 107, 117, 128
Poppel, Johann 213, 282
Pozzi, Franz 264
Preißler, Rudolf 60

Reber, Jakob   276
Rechberg-Rothenlöwen, Fam.
   285
Reich von Reichenstein, Fam.
   285
Reischach, Raphael von   171
Rengolstein, Lux   111
Retti, Donato Riccardo   32, 50
Retti, Leopoldo   20
Reuchlin, Johannes   61
Rischer, Johann Jakob   128
Rodt, Franz Christian von   221
Rohan-Guémenée, Kardinal
   178
Rohan, Louis de   110
Rohrer, Johann Georg   108
Rohrer, Johann Michael
   Ludwig
   30, 32, 54, **58**, 59, 99, 113
Rohrer, Johann Peter
   Ernst   31, 58, 59, 99
Römer   **13**, 30, **97**, 127, 261,
   279
Rösch, Joseph   240
Röselmeir, Nikolaus   229
Rossi, Domenico Egidio   29,
   56
Rotteck, Karl von   230
Ruedhart, Franz   176

Salzmann, Franz Anton   178
Salzmann, Franz Joseph   169,
   170, 178, 188, 209, 292, 303
Sauer   101
Schäfer, Alfons   113
Schauenburg, Hans Reinhard
   von   120
Schauenburg, Uta von   105,
   122, 124
Schaxel, Blasius   177
Scheffel, Josef Victor von   296
Schelling, Erich   20
Schenk, Christoph Daniel   276
Schickhardt, Heinrich   72, 183
Schilli, Hermann   **192**
Schilling, Georg   269
Schilling, Joseph   234
Schliengen, Herren von   283
Schlosser, Cornelia   174, 175
Schlosser, Johann Georg   174

Schmid, Joseph   78
Schmuzer, Johann   297
Schnewlin, Dietrich   267
Schnewlin von Bollschweil
   230
Schnöller, Joseph Michael   117
Schoch, Johannes   23, **31f.**, 53
Schönau, Herren von   296
Schönau, Maria Ursula von
   296, 299
Schongauer, Martin   **261**
Schongauer, Paul   67
Schreiber, Aloys   212
Schroth, Johannes   170
Schüchlin, Hans   **67**
Schupp, Johann   127, 209
Schupp, Joseph   190, 209
Schütz, Johann   101, 119
Schütz, Johannes   118
Schwab, Peter   127, 161
Schwanthaler, Ludwig   20
Schwendi, Lazarus von   258,
   267, 268
Schwind, Moritz von   28
Sickingen, Ferdinand von   230
Silbermann, Johann Andreas
   108, 179, 293
Sixt von Staufen, Hans   222, 226
Spiegler, Franz Joseph   236,
   264, 298
Sporer, Fidelis   161, 228, 267
Sprenzinger, Theo   32
Spryß von Zaberfeld, Hans
   63, 71, 101
Stahl, Leonhard   50
Stapf, J. S.   222
Stauder, Jakob Karl   268, 276
Staufen, Freiherrn von   273
Staufenberg, Ritter von   163
Staufer   15, 16, 162, 261
Storer, Johann Christoph   236
Stoß, Kaspar   187
Stourdza, Michael   104
Strabon   12
Stumpf, Johannes   294
Stürzel von Buchheim   230
Stürzel von Buchheim,
   Konrad   226
Sutor, Emil   27
Sutter, Hansjörg   170

Tegginger, M.   222
Thieme-Becker   101
Thoma, Hans   28, 229, **302**
Thomas von Endingen   218
Thouret, Nikolaus Friedrich
   74, 79
Thürheim, Benigna von   171
Thumb, Peter   **50**, 105, 106,
   107, 172, 178, 234, **236**, 258,
   274, 277
Trenkle, Hermann   322
Trübner, Wilhelm   28
Trudpert, Hl.   **274**, 276, 277
Tschira, Arnold   **107ff.**
Tübingen, Grafen von   73, 77
Türckheim, Freiherrn von   179
Turenne, Marschall   110

Uhland, Ludwig   72
Ulrich, Hl.   277
Ulrich gen. Scherer, Hans   99
Urach, Christoph von   116,
   176
Urach, Martin von   **71**
Urach, Grafen von   214
Urach-Fürstenberg, Grafen von
   16
Üsenberg, Herren von   175,
   258, 265
Üsenberg, Burkhard von   271

Vaihingen, Grafen von   76
Villinger von Schönenberg,
   Jakob   227
Vogel, Franz Anton   239, 268,
   277, 303
Vogelhund, Johann Jakob   58

Wachter, Emil   27, 67, 105,
   106
Wagner, Johann Peter   109
Waldeck, Tristram Truchseß
   von   73
Waldeck, Truchsessen von   73
Walner, Kaspar   109
Wechtlin, Jakob   221
Weinbrenner, Friedrich   20,
   21, 23, 24ff., 54, 97, **101, 103**,
   280, 285, 287
Weinhart, Caspar   102

313

REGISTER: PERSONEN/ORTE

Weiss, Emil Rudolf   229
Wenzinger, Christian   176,
  221, 222, 226, 230, 231, 232,
  236, 257, 265, 269, 293
Wiedemann, Michael   297
Wilhelm, Abt   69, 70
Wilhelm, Jodok Friedrich
  109, 269, 286
Wilhelm von Hirsau, Abt   236
William, Hans   277
Winterhalter, Johann Michael
  172, 177, 283
Winterhalter, Philipp   126,
  161, 169
Wölfelin von Rufach   106

Worms, H.   219
Wurmser von Vendenheim   117
Württemberg   72, 73, 185
–, Antonia, Prinzessin   75, 76
–, Friedrich, Herzog   181
–, Johann Friedrich,
  Herzog   76
Wydyz, Hans   218, 221, 222,
  229

Yselin, Heinrich   122

Zähringen, Herzöge   14, 15,
  16, 113, 162, 170, 175, 214,
  261, 273, 279

–, Berthold II., Herzog   15,
  122, 214, 236
–, Berthold III., Herzog   214
–, Berthold IV., Herzog   224
–, Konrad II., Herzog   214
Zea Bermudez und Colombi,
  Maria Gertrud von   228
Zieten, Carl Heinrich von   80
Zillgith, Rudolf H.   121
Zimmermann, Dominikus
  293
Zollern   14
Zwingmann, Friedrich   106

Orte

Achern   109
– Nikolauskapelle   **109**
– Pfarrkirche Unserer Lieben
  Frau   **109**
Albbruck   329, 330
  Birndorf   **295**
Albgau   13
Allerheiligen   105, 123, **124 f.**
  (Abb. 51)
Alpirsbach   14, 69, **184 ff.**, 329
– St. Benedikt   **184 ff.** (Abb.
  63, 66)
Altburg (Calw)   73
– St. Martin   73 (Abb. 28)
Altensteig   79 (Farbt. 6)
– Burg   79
  Altensteigdorf   79
  Berneck   78
Altwindeck (Bühl)   **111**
Appenweier   119
– St. Michael   119

Baar   10, 13, 15, 16, 17
Baden   17, 113
Baden-Baden   12, 18, 55, 56,
  97 ff., 324
– Alt-Eberstein   103
– Altes Schloß Hohen-
  baden   103
– Augustabad   98

– Badischer Hof   104
– Battertfelsen   103
– Brahms-Haus   **104**
– Evang. Stadtkirche   **104**
– Frauenkloster vom Heiligen
  Grab   **99**
– Friedrichsbad   98
– Hamilton-Palais   97
– Kloster Lichtental (Kloster-
  museum)   104 ff., 324 (Abb.
  34)
– Kurhaus   103 (Farbt. 3)
– Leopoldsplatz   97
– Lichtentaler Allee   104
– Neues Dampfbad   99
– Neues Schloß (Zähringer
  Museum, Stadtgeschichtl.
  Sammlungen)   101 ff., 324
  (Abb. 31, 32)
– Neue Trinkhalle   104
– Rathaus   101
– Römische Badruinen   97
– Russische Kirche   104
– St. Peter und Paul (ehem.
  Stiftskirche)   99 ff., 110
  (Abb. 30, 33)
– Spitalkirche   98
– Staatliche Kunsthalle   104
– Stadtmuseum im Baldreit
  324

– Stourdza-Kapelle   **104**
– Theater   104
  Neuweier   97, **111**
  Steinbach   97
  Umweg   97
  Varnhalt   97
Badenweiler   13, **279 ff.**
– Evang. Pfarrkirche   **281**
– Markgrafenbad   281
– Neues Kurhaus   281
– Ehem. Großherzogliches
  Palais   281
– Römerbad   **279**
– St. Peter und Paul   281
– Zähringerburg   280
Bad Bellingen   283 f.
– Rathaus   284
– St. Leodegar   284
Bad Griesbach   181
Bad Herrenalb   51 f., 54, 323
  (Abb. 12, 14)
Bad Krozingen   268 f.
– St. Alban   269
– St. Ulrichs-Kapelle (Ober-
  krozingen)   268 (Abb. 86)
– Schloß (Unterkrozingen)
  269
Bad Liebenzell   68
– Burg   68
Bad Säckingen   11, **296 ff.**

- Alter Hof 299
- Halwyler oder Commen-
  terhof 299
- Münster St. Fridolin 295,
  297ff.
- - Fridolinsschrein 298
  (Abb. 103)
- Rathaus 299
- Rheinbrücke 299
  (Abb. 105)
- Schloß Schönau (Hochrhein-
  Heimatmuseum) 296
- Stiftsgebäude 299
Bad Teinach
  (Bad T.-Zavelstein) 74ff., 323
- Pfarrkirche 74f.
  Kentheim 74
  Zavelstein 76
Bahlingen 240
Baiersbronn
  Heselbach 184
  Klosterreichenbach 181f.
Basel 13
Belchen 266, 267
Bernau 302
- Hans-Thoma-Museum 324
  Innerlehen,
  Thoma-Geburtshaus 302
Bernauer Hochtal 302
  (Abb. 100)
Berneck (Altensteig) 78f.
  (Farbt. 13)
- Burg 78
- Stadtkirche 78
  Besenfeld 61, 79
Beuggen, Schloß
  (Rheinfelden) 299f.
  (Abb. 104)
Biberach
  Prinzbach 169
Bickesheim
  (Durmersheim) 59f.
- Wallfahrts- und Pfarrkirche
  Unserer Lieben Frau 59f.
Birndorf (Albbruck) 295
Blansingen
  (Efringen-Kirchen) 284
- St. Petrus 284 (Farbt. 22,
  Abb. 87)
Blauen 282

Bollschweil
  St. Ulrich 277f.
Bonndorfer Graben 11, 12,
  238
Bötzingen
  Oberschaffhausen 240
Breisach 260ff., 329
- Breisgau-Museum für Ur-
  und Frühgeschichte 324
- Eckartsberg 261
- Münster 260ff. (Farbt. 21,
  Abb. 74)
- Rheintor 264
  Schloß Oberrimsingen 265
Breisgau 13, 15, 17, 112
Breitnau 232 (Farbt. 53)
- St. Johannes Baptist 232
Buchenberg (Königsfeld) 190
  (Farbt. 18)
Bühl 110f.
- St. Peter und Paul 110f.
  Altwindeck 111
  Kappelwindeck 111
Bürgeln, Schloß 288f., 324
  (Abb. 96)
Burkheim (Vogtsburg) 258f.
  (Abb. 78)
- Pfarrkirche 259
- Rathaus 259
- Schloß 258
Büttensteiner Wasserfälle 124

Calw 72f., 324 (Farbt. 15)
- Evang. Pfarrkirche 72
- Marktplatz 72
- Nikolauskapelle 72
- Rathaus 72
- Rau'sches Haus 72
- Vischer'sches Haus (Heimat-
  museum, Hesse-Gedenkstät-
  te) 72, 324
  Altburg 73
  Hirsau 68ff.
Cannstatt 13
Christophstal 181
Cluny 68, 69, 108, 185, 277
Colmar 228

Dreisam 192, 214
Durbach 162f.

- Schloß Grol 162
- Schloß Staufenberg 163
  (Abb. 44)
Durlach s. Karlsruhe-D.
Durmersheim
  Bickesheim 59f.

Ebersmünster 50, 236
Eberstein, Schloß 54, 103
Ebringen 267
- St. Gallus und Othmar 267
- Schloß 267
Effringen (Wildberg) 77
- Pfarrkirche 77
Efringen-Kirchen
  Istein 285
Ehrenkirchen
  Kirchhofen 267f.
  (Farbt. 34)
Elsaß 15, 17, 108, 112, 177, 299
Elzach 164, 171 (Farbt. 37)
- Altes Rathaus 171
- St. Nikolaus 171
- Wallfahrtskapelle 171
Emmendingen 11, 174f.
- Evang. Pfarrkirche 175
- Rathaus 175
- St. Bonifatius 175
- Schloß (Heimatmuseum)
  174f.
Endingen 240ff.
- Altes Rathaus
  (Kaiserstühler Heimatmu-
  seum) 257 (Abb. 75)
- Haus Biechele-Zimmer-
  mann 257
- Neues Rathaus 257
  (Abb. 75)
- St. Martin 257
- St. Petrus 170, 257
  Kiechlinsbergen 257
Ensisheim 176
Enz 61
Ettenheim 177f.
- Palais Rohan 178
- Rathaus 178
- St. Bartholomäus 178
  (Abb. 60)
Ettenheimmünster 13, 177,
  178f.

315

REGISTER: ORTE

- St. Landolin **178 f.**
(Abb. 61, 62)
Ettlingen 11, 15, 16, 30 ff., 56,
324
- Ettlinger Narr **31** (Abb. 9)
- Marktbrunnen **31**
- Martinskirche **30 f.** (Abb. 8)
- Rathaus 30, **31** (Abb. 6)
- Schloß (Albgau-Museum,
Albiker-Stiftung)
31, **32**, 50, 324 (Abb. 7)
- - Delphinbrunnen 31
- - Asam-Saal 31, 324
(Farbt. 1, Abb. 10)
Ettlingenweier 49
- Kirche (St. Dionysius) 49

Favorite, Schloß
(Rastatt/Niederbühl-Förch)
54 f. (Abb. 16)
Feldberg 11, 213
(Umschlagrückseite)
Feldsee 11
Frauenalb 49, **50 f.**, 236
(Abb. 11)
Freiamt 164
Tennenbach **173**
Freiburg 12, 97, 113, 175,
214 ff., 236, 325
- Adelhauser Kloster und
Kirche **229**
- Altes Rathaus **228**
- Alte Universität und Univer-
sitätskirche **229**
- Augustinermuseum 224,
229, 267, 325 (Farbt. 29,
Abb. 77)
- Basler Hof **226**
- Bertoldsbrunnen **229**
- Colombi-Schlößchen
(Museum für Ur- und
Frühgeschichte) **228**, 325
- Erzbischöfliches Palais **226**
- Fischbrunnen **226**
- Fischerau **229**
- Gerberau **229**
- Gerichtslaube **228**
- Haus ›Zum Kameltier‹ **230**
- Haus ›Zum Roten
Bären‹ **230**

- Haus ›Zum schönen Eck‹
(Musikhochschule) **226**
- Haus ›Zum Walfisch‹ **227**
- Haus ›Zur lieben Hand‹ **228**
- Insel **229**
- Kartoffelmarkt **227**
- Kaufhaus **226** (Abb. 82)
- Konviktstraße **230**
- Kornhaus **226**
- Martinskirche **227**
- Martinstor **229**
- Münster **215 ff.**, 277
(Farbt. 24, 26, 28,
Abb. 83, 85)
- - Hochaltar **221**
(Farbt. 25)
- - Schnewlinaltar **222**
(Abb. 84)
- Museen für Natur- und
Völkerkunde **229**, 325
- Neues Rathaus **228**
- Neue Universität **228**
- Oberlinden **230**
- Peterhof **229**
- Schloßberg 214, **230**
- Schwabentor **229**
- Schwarzes Kloster und
St. Ursula **228**
- Sickingen-Palais **230**
- Stadtgarten **230**
Ebnet, Schloß **231**
Munzingen **265**
Freudenstadt 181 f.
- Evang. Stadtkirche **183**
(Abb. 65)
Friedenweiler 234
- St. Johannes Baptist **234**
Friesenheim
Schuttern **117 f.**
Furtwangen 325

Gaggenau
Freiolsheim-Moosbronn **60**
Gengenbach 13, 112, **127 ff.**
(Abb. 47)
- Benediktinerkloster 126,
128
- Haus Löwenberg
(Heimatmuseum) **127**
- Löwenbergscher Park **161**

- Marktbrunnen **128**
(Farbt. 7)
- Rathaus **126**
- St. Maria **128 f.** (Abb. 48,
49)
- St. Martin **161**
- Wallfahrtskirche **127**
Reichenbach **161**
- Johann-Nepomuk-
Brunnen 161 (Abb. 45)
- Peterskapelle **162**
Gernsbach 53 f.
- Liebfrauenkirche **53**
(Abb. 13)
- Marktbrunnen **54**
- Ehem. Rathaus (Kast-Haus)
53 (Abb. 15)
- St. Jakob **54**
- Storchenturm **53** (Abb. 13)
Geschwend **302**
Glaswaldsee 11
Gottertal 214, 237
Griesheim (Offenburg) **118 f.**
- St. Nikolaus **118 f.**
Abb. 40)
Gutach 192
- Vogtsbauernhof **192**
(Abb. 69)
Gutachtal 181, 191 (Farbt. 12)

Harmersbachtal 125
Haslach 170 f.
- Hansjakob-Museum
›Freihof‹ **170**
- Kapuzinerkloster (Trachten-
und Heimatmuseum) **170**
- St. Arbogast **170 f.**
Hausach 190, **192 f.**
- St. Mauritius **209**
Hausen, Heimatmuseum und
Hebelgedenkstätte **301**
Heidelberg 32
Heilbäder, Heilklimatische
Kurorte und Kneippkurorte
323
Heitersheim 269 f.
- St. Bartholomäus **269**
- Schloß **269**
Herbolzheim 176 f.
- Kath. Pfarrkirche **176 f.**

316

– Wallfahrtskirche Maria-Sand
177
Herztal (Oberkirch-Nußbach)
163
Heselbach (Baiersbronn) 184
Hinterzarten 213, 232f.
– Pfarrkirche Maria in der
Zarten 233
Höllsteig,
St. Oswaldkapelle 233
Hirschsprung 213
Hirsau (Calw) 14, 66, 58ff.,
73, 183, 184, 186
– Aureliuskirche 69, 71
(Abb. 25)
– Eulenturm 68, 70 (Abb. 26)
– Marienkapelle 68, 71f.
– Schloß 68, 72 (Abb. 24)
– St. Peter und Paul 69, 70f.,
184
Hochsal (Laufenburg) 295
– St. Pelagius 295 (Abb. 101,102)
Hochburg 172f. (Farbt. 36)
Hofsgrund 266 (Farbt. 32)
Hohberg
Niederschopfheim 118
Hohengeroldseck 121, 168f.
(Abb. 56)
Höllental 12, 192, 213
Hornberg 191f.
Hornisgrinde 11
Hotzenwald 290ff. (Farbt. 52)
Hügelheim (Müllheim) 282f.
– Evang. Pfarrkirche 282f.
Hünersedel 164

Ibental (Abb. 68)
Inzlingen 285
– Wasserschloß 285 (Abb. 95)
Istein (Efringen-Kirchen) 285
(Abb. 92)
– Isteiner Klotz 285
– St. Michael 285

Kaiserstuhl 238ff. (Abb. 80)
Kandel 172
Kandern 11, 287
– Evang. Pfarrkirche 287
– Heimat- und
Keramikmuseum 325

Kappelrodeck 109
Kappelwindeck (Bühl) 111
Karlsruhe 16ff., 325f.
– Badisches Landesmuseum
20, 107, 127
(Abb. 35)
– Botanischer Garten 27
– Bundesverfassungsgericht
27
– Evang. Stadtkirche 23
– Fasanenschlößchen 20
– Jagdzeughaus 23
– Kleine Kirche 23
– Kunsthalle 28
– Landessammlungen für Na-
turkunde (Museum am Fried-
richsplatz) 23
– Lutherkirche 23
– Markgräfliches Palais 23
– Marktbrunnen 23
– Marktplatz 23
– Münzstätte 27 (Abb. 4)
– Obelisk 23
– Oberrheinisches
Dichtermuseum 326
– Orangerie 27, 28
– Prinz-Max-Palais (Stadtge-
schichtliche Sammlungen,
Städt. Galerie) 27
– Pyramide 23
– Rathaus 23 (Abb. 3)
– Schloß (Badisches Landesmu-
seum) 19f. (Farbt. 2,
Abb. 1, 5)
– Schloß Gottesaue 23
– St. Stephan 23ff., 293
(Abb. 2)
– Schwarzwaldhalle 23
– Staatliche Kunsthalle 27
– Universität 23
Durlach 16, 18, 28ff., 61
– Basler Torturm 28
– Evang. Stadtkirche 28f.
– Karlsburg
(Pfinzgau-Museum) 29
– Turmberg 29
Kentheim (Bad Teinach-Zavel-
stein) 74
– Gottesackerkirche
(St. Candidus) 74 (Abb. 29)

Kenzingen 175f.
– Oberrheinische Narrenschau
326
– Rathaus 176
– St. Laurentius 176
(Abb. 59)
Kiechlinsbergen
(Endingen) 258 (Abb. 79)
– St. Petronilla 258
– Schloß 258
Kinzig 11, 12, 13, 121, 125,
181, 188, 192
Kippenheim 179f.
– Pfarrkirche 180 (Farbt. 23)
– St. Mauritius 180
Kirchhofen (Ehrenkirchen)
267f. (Farbt. 34)
– Pfarr- und Wallfahrtskirche
Mariä Himmelfahrt 268
– Schloß 268
Kirchzarten 231, 266
– St. Gallus 231
Klosterreichenbach 14, 181f.
– St. Gregor 181f. (Abb. 64)
Königsfeld
Buchenberg 190 (Farbt. 18)

Lahr 11, 164ff.
– Altes Rathaus 165
(Abb. 54)
– Evang. Pfarrkirche 166
(Abb. 53)
– Museum für Ur- und
Frühgeschichte 326
– Museum im Stadtpark 326
– Neues Rathaus 165f.
– Storchenturm (Geroldsecker
Museum) 164 (Abb. 52)
– Stößersches Haus 165
Burgheim, St. Marien, Petrus
und Allerheiligen 166f.
Landeck 175 (Farbt. 35)
Laufenburg 15, 295f.
(Farbt. 38, 56)
– Fischerei- und
Flößereimuseum 296
– Schlößli 296
Hochsal 295
Lautenbach 122f.
– Wallfahrtskirche Maria

317

REGISTER: ORTE

Krönung 122 f. (Farbt. 19,
Abb. 50)
Liel (Schliengen) **288**
– St. Vinzentius **288**
(Abb. 94)
Lierbachtal **124, 125**
Loffenau 53
Lörrach 286
– Evang. Stadtkirche 286
– Museum am Burghof 286
Obertüllingen,
evang. Kirche 286
Rötteln **286 f.**
Stetten, St. Fridolin 286

Mahlberg 16, **179**
– St. Katharina **179**
– Schloß **179**
March
Neuershausen **239 f.**
Markgräflerland **279 ff.**
Marxzell 49 f.
– St. Markus **49 f.**
– Fahrzeugmuseum 49,
326
Maulbronn 63, 184
Meißenheim 116
– Pfarrkirche **116 f.**
Merdingen **264 f.**
– Haus Saladin **265**
– St. Remigius **264 f.**
(Abb. 76)
Moosbronn (Gaggenau-
Freiolsheim) **60**
– Mahlberg 60
– Wallfahrtskirche Mariä Hilf
60
Müllheim, St. Martin **282**
Mummelsee 11
Münstertal 214, 267, **274,**
326
– Bienenkundemuseum in
ehem. Rathaus Obermün-
stertal 326
– Schaubergwerk Teufels-
grund **274,** 326
Munzingen (Freiburg) **265**
– Schloß Oberrimsingen
(Breisach) **265**
Murg 54, 55

Nagold 77 f.
– Hohennagold **77**
– St. Remigius und Nikolaus
78
Nagold, Fluß 61, 69
Nagoldtalsperre 79
Neuenbürg 80
Neuershausen (March) **239 f.**
Neuweier (Baden-Baden) **119**
(Farbt. 9)
Niedereggenen (Schliengen) **288**
Niederrotweil (Vogtsburg)
259 f. (Farbt. 20)
Niederschopfheim
(Hohberg) **118**
(Abb. 42, 43)

Oberbergen (Vogtsburg) 240
(Farbt. 33)
Oberkirch 121 f.
– Schauenburg **121 f.**
(Abb. 46)
Gaisbach **120**
Herztal **163**
Oberried 232
Oberschaffhausen (Böt-
zingen) **240**
Offenburg 13, 112, **113 ff.,**
190, 214 (Farbt. 39)
– Ehemaliger Amtshof der
Landvogtei **113**
– Ehemaliges Ritterschafts-
haus **114**
– Einhorn-Apotheke **113**
– Fischmarkt **113**
– Hirsch-Apotheke **113**
– Kapelle des Andreasspitals
113
– Kloster Unserer Lieben Frau
114 f.
– Ölberg **116** (Abb. 37)
– Rathaus **113** (Abb. 41)
– Stadtpfarrkirche Hl. Kreuz
115 f. (Abb. 38)
Griesheim **118 f.**
Ortenau 13, **112 ff.**
Ortenberg 162 (Farbt. 10)
Käfersberg, Wallfahrtskapelle
Mariä Ruh **162**
Ottersweier 110

Pforzheim **61 ff.,** 327
– Franziskanerkirche 63
– Heimatmuseum in der
Brötzinger Kirche
– Leitgastturm 63
– Matthäuskirche 66
– Reuchlinhaus (Schmuck-
museum, Heimatmu-
seum) 66, 236
– Schloßkirche St. Michael
62 f. (Abb. 22)
– St. Martin 63 (Abb. 21)
– Stiftskirche 63
Präg (Farbt. 55)
Prinzbach (Biberach) **169**
(Abb. 58)

Rastatt **55 ff.,** 327
– Brunnen 59
– Einsiedeln-Kapelle 59
(Abb. 20)
– Evang. Stadtkirche 58
– Karlsruher Tor 56
– Kehler Tor 56
– Marktplatz 56
– Piaristenkloster 58
– Rathaus 59
– St. Bernhard 58
– St. Alexander 58 f. (Abb.
19)
– Schloß **56 ff.** (Abb. 17)
– – Erinnerungsstätte an die
Freiheitsbewegungen 56, 58
– – Wehrgeschichtliches
Museum 56, 58
– – Schloßkirche 58
(Abb. 18)
– Stadt- und Heimatmuseum
mit Schlackenwerther Mu-
seum 56
Ravennaschlucht 213
Reichental (Farbt. 5)
Rhein 18, 29, 238, 261, 295
Rheinfelden 303
Beuggen **299 f.**
Rheinmünster
Schwarzach **106 ff.**
Rohrdorf 78
Rötteln (Lörrach) **286 f.**
Rust, Europapark **322**

318

St. Blasien 185, 259, 267, 269,
  288, 290 ff., 302 (Abb. 98)
St. Christophorus (Autobahn-
  kirche Baden-Baden 106
St. Gallen 177, 231, 237, 267,
  269, 297
St. Georgen, Heimat- und
  Phonomuseum 327
St. Märgen 234 f.
  (Abb. 71–73)
– Wallfahrtskirche auf dem
  Ohmen 245 f.
St. Peter 50, 236 f., 277
  (Umschlagklappe vorn,
  Farbt. 31, 42)
St. Trudpert (Münstertal)
  269, 274 ff. (Umschlagvorder-
  seite, Farbt. 27)
St. Ulrich (Bollschweil) 277 f.
  (Farbt. 30, Abb. 88, 90)
Sasbach 109 f.
Sasbachwalden
  109 (Farbt. 14)
Sausenburg 287
Schauinsland 233, 266
  (Abb. 81)
Schenkenburg 188
Schenkenzell 188
  Wittichen 188
Schiltach 188 (Farbt. 16)
Schiltachtal 190 (Abb. 67)
Schliengen 283 (Abb. 89, 91)

Liel 288
Niedereggenen 288
Schluchsee 11, 213
  (Farbt. 54)
Schönau 302
Schönberg 267
Schopfheim 300 f.
Schramberg 190
Schuttern (Friesenheim) 117 f.
Schwarzach (Rheinmünster)
  106 ff. (Abb. 36, 39)
Schwarzwaldhochstraße 125,
  181 (Farbt. 8)
Schweighausen 164
Seelbach 167
  Wittelbach 167 f.
Sölden 278
Sponeck 259
Staufen 272 f. (Farbt. 40)
Steinach 169 f. (Abb. 55)
Straßburg 112, 121, 123, 215
Sulzburg 270 ff.
– Bergbaumuseum 272, 327
– St. Cyriak 270 ff. (Abb. 93)

Tennenbach 173 f. (Farbt. 50)
Tiefenbronn 66 ff. (Farbt. 4,
  Abb. 23)
Titisee 11, 213 (Abb. 99)
Todtmoos 302 f.
Triberg 190 f., 327
Tuniberg 238

Umkirch 239
Unterharmersbach 126
Urach (Vöhrenbach) 234
  (Farbt. 51)

Villingen 113, 214
Vogtsburg
  Burkheim 258 f.
  Niederrotweil 259 f.
  Oberbergen 240
Vöhrenbach
  Urach 234 (Farbt. 51)
Waldkirch 14, 171 f., 327
  (Farbt. 17)
Waldshut 293 ff. (Abb. 106)
Wehr 300 (Abb. 97)
Wildbad 79 f.
Wildberg 77
  Effringen 77
Wittelbach (Seelbach) 167 f.
  (Abb. 57)
Wittichen (Schenkenzell) 188
Wolfach 209
  Oberwolfach,
  St. Bartholomäus 209

Yburg 106, 111

Zavelstein (Bad Teinach-Z.)
  76 (Abb. 27)
Zell a. H. 126

Praktische Reisehinweise

Saison ist immer

Im Schwarzwald und am Oberrhein ist immer Reisezeit, auch wenn sich die Schwerpunkte im Laufe eines Jahres verlagern. Im Frühjahr verwandeln sich das Schwarzwald-Vorland und der Kaiserstuhl mit ihren ausgedehnten Obstkulturen in ein Blütenmeer, im Sommer wandert es sich in den Bergen am schönsten, im Herbst zaubert die Natur wahre Farbwunder in die Laubwälder der Talhänge und auf Hochflächen, die mit Heide, Preisel- und Heidelbeersträuchern bestanden sind, und im Herbst hat auch das Weinland seine hohe Zeit. Wenn sich das Jahr noch weiter seinem Ende zuneigt, ja überhaupt im Winter gibt es die vielen Tage, oft sogar lange Wochen, in denen die Sonne über den kalten Nebeln der Täler die Gipfel und Kämme des hohen Schwarzwalds mit Licht und Wärme umhüllt und eine glasklare Luft Fernsichten bis weit in die Zentralalpen hinein ermöglicht.

Mit dem Schnee bricht dann im Gebirge die zweite Saison an. Da bietet der Schwarzwald seinen Gästen alles Erdenkliche vom erholsamen Skiwandern auf gespurten Loipen und markierten Fernwanderwegen bis zur sportlichen Abfahrt. Wie überall in den Mittelgebirgen vermehrten sich freilich auch hier die Skilifte im Handumdrehen so, daß mittlerweile schon einige Kritik an dieser zweischneidigen, gewiß nicht im Interesse des Landschaftsschutzes liegenden Entwicklung laut wurde.

Unterkünfte zu finden, die individuellen Wünschen entsprechen, ist weder im Schwarzwald noch am Oberrhein ein Problem. In einer Landschaft, in deren Erwerbsstruktur der Fremdenverkehr eine derart dominierende Rolle spielt wie gerade hier, war es schlicht eine Überlebensfrage, mit der Zeit zu gehen. Vom Campingplatz, von Privatquartieren, Ferienwohnungen, Pensionen und Hotels aller Kategorien bis zur Luxusherberge steht ein breitgefächertes Angebot bereit. Hat man sich bereits für ein Reiseziel entschieden, informieren die örtlichen Verkehrsämter, Kur- und Gemeindeverwaltungen.

Allgemeine Auskünfte

Landesfremdenverkehrsverband Baden-Württemberg
Postfach 304
7000 Stuttgart 1,
✆ (07 11) 24 18 33

PRAKTISCHE REISEHINWEISE: ALLGEMEINE AUSKÜNFTE/KLIMA/MUSEEN

Fremdenverkehrsverband Schwarzwald
Postfach 5440
7800 Freiburg
✆ (0761) 31317

Gebietsgemeinschaft Nördlicher Schwarzwald
Marktplatz 1
7530 Pforzheim
✆ (07231) 17929

Verkehrsgemeinschaft Hochschwarzwald
Goethestraße 7
7820 Titisee-Neustadt
✆ (07651) 5041

Verkehrsgmeinschaft Südlicher Schwarzwald
Landratsamt
7890 Waldshut
✆ (07751) 86517

Klima als Heilfaktor

Mehr und mehr wird das Klima als natürliches Heilmittel neu bewertet und therapeutisch ebenso eingesetzt wie seit alters die Thermal- und Mineralwässer. Wie es damit im Schwarzwaldraum aussieht, war in jüngster Zeit Gegenstand einer Untersuchung von Dipl.-Meteorologe Hermann Trenkle, Freiburg, Direktor der Zentralen Medizinmeteorologischen Forschungsstelle des Deutschen Wetterdienstes. Das Ergebnis unterscheidet zwischen dem Rheintalklima (bis 300 m über NN), dem Klima der Vorbergzone (300–600 m) und dem Mittelgebirgsklima (über 600 m).

Das Rheintalklima, das auch die tieferen Lagen der Seitentäler beeinflußt, ist wärmebegünstigt. Im Sommerhalbjahr kommt es infolge starker Sonneneinstrahlung, relativ schwacher Luftbewegung und häufiger Zufuhr von Warmluft aus Süd und Südwest manchmal zu Wärmebelastungen. Wenn dazu noch am Abend die ›Fallwinde‹ aus den Bergen ausbleiben, kann diese Wärmebelastung u. U. bis in die Nachtstunden hinein anhalten.

In der Vorbergzone wirken sich gut ausgeprägte lokale Windsysteme günstig aus. Sie verhindern tagsüber eine zu starke Erwärmung und führen nach Sonnenuntergang und nach Übergang vom Tal- zum Bergwind rasch zu erfrischenden Temperaturen. Lagen zwischen 400 und 600 m haben in den Sommermonaten vielfach Schon-, im Winter mildes Reizklima. Sie bieten in den Monaten Mai bis September/Oktober besonders gute bioklimatische Bedingungen für Kranke mit größerer Ruhebedürftigkeit und ganz allgemein für ältere Menschen.

Höhenlagen zwischen 600 und 800 m sind selbst in extremen Hitzeperioden so gut wie frei von Wärme- und Schwülebelastung und außerdem sehr nebelarm. Sie bieten in der Sommersaison optimale Erholung und therapeutische Hilfe bei einer Reihe von Krankheiten. Die reine, mit Duftstoffen aus den Wäldern angereicherte Luft stimuliert die Atmung und wirkt heilend auf die Schleimhäute der Luftwege ein. In Höhen über 800 m herrscht im Sommer ein reizschwaches, in Gipfellagen zeitweise ein reizstarkes Klima. Im Winter nimmt die Reizwirkung in allen Höhenlagen zu.

Wegen der häufigen Quellwolkenbildung ist die Sonnenscheindauer im Luv des Schwarzwaldes niedriger als in der Rheinebene. Für die meisten Luftkurorte und heilklimatischen Kurorte des Hochschwarzwaldes liegt die jährliche Sonnenscheindauer zwischen etwa 1580 und 1710 Stunden. Auf der Leeseite des Schwarzwalds hinter dem Hauptkamm schwankt die Sonnenscheindauer pro Jahr zwischen 1715 und 1760 Stunden.

Heilbäder

Baden-Baden
Natrium-Chlorid-Thermen (68°C)
Badenweiler
Calcium-Natrium-Hydrogencarbonat-Sulfat-Akratotherme (26,4°C)
Natrium-Calcium-Chlorid-Hydrogencarbonat-Therme (34,1°C)
Bad Bellingen
Fluoridhaltige Natrium-Calcium-Chlorid-Thermen (38,4°C und 40,1°C)
Bad Herrenalb
Natrium-Calcium-Chlorid-Sulfat-Therme
Bad Krozingen
Calcium-Natrium-Sulfat-Hydrogencarbonat-Säuerlinge (40,2°C)
Bad Liebenzell
Natrium-Chlorid-Hydrogencarbonat-Thermen
Bad Peterstal-Griesbach
Calcium-Natrium-Hydrogencarbonat-Sulfat-Eisensäuerlinge
Bad Rippoldsau
Calcium-Natrium-Sulfat-Hydrogencarbonat-Säuerlinge
Bad Rotenfels (Gaggenau)
Natrium-Chlorid-Therme
Bad Säckingen
Natrium-Chlorid-Therme (32°C)
Bad Teinach
Calcium-Natrium-Hydrogencarbonat-Säuerling
Calcium-Natrium-Magnesium-Hydrogencarbonat-Säuerling

Wildbad
Thermalquellen, Akratotherme (35–41°C)

Heilklimatische Kurorte

Bühlerhöhe (Bühl)
Freudenstadt
Bad Herrenalb
Hinterzarten
Höchenschwand
Königsfeld
Lenzkirch
St. Blasien
Schluchsee
Schömberg
Schönwald (über Triberg)
Todtmoos
Triberg

Kneippkurorte

Friedenweiler
Königsfeld
Neustadt
Bad Peterstal-Griesbach
St. Blasien
Sasbachwalden
Schönmünzach-Schwarzenberg
  (Baiersbronn)
Waldkirch

Museen

Öffnungszeiten (ohne Gewähr)
In der folgenden Übersicht bleiben zahlreiche kleinere Museen unberücksichtigt, deren Bedeutung lokal begrenzt ist, die auch auf keinem Teilgebiet von allgemeinerem Interesse sammeln und/oder vielleicht nur eine oder zwei Stunden pro Woche – wenn überhaupt – geöffnet sind. Die von Fall zu Fall in Klammern beigefügten Hinweise ma-

PRAKTISCHE REISEHINWEISE: MUSEEN

chen nur auf besondere Schwerpunkte aufmerksam; sie besagen also nicht, daß sich
darin die ganzen Bestände eines Museums
erschöpfen.

Baden-Baden
Stadtgeschichtliche Sammlungen
im Neuen Schloß
1. April bis 30. September dienstags bis
sonntags 10–12.30 und 14.30–17 Uhr

Stadtmuseum im Baldreit
Küferstraße 3
Dienstags bis sonntags 10–18 Uhr

Zähringer Museum
im Neuen Schloß
(Abb. 32)
Mai bis Ende September montags bis freitags 15 Uhr (Führung); Gruppen nach be-
sonderer Vereinbarung, ∅ (07221) 25593/4

Kloster Lichtental
Klostermuseum
Montags bis samstags 9–12 Uhr und
14–17.30 Uhr,
sonn- und feiertags 15–17 Uhr; am 1. Sonntag jeden Monats geschlossen. Besichtigung
nur in Gruppen ab fünf Personen

Bernau
Hans-Thoma-Museum
Rathaus
Montags bis freitags 9–12.30 Uhr und 14–18
Uhr, samstags und sonntags 10–12 Uhr und
14–18 Uhr

Breisach
Breisgau-Museum für Ur- und Frühge-
schichte
(Funde der jüngeren Steinzeit aus der Höh-
lensiedlung von Munzingen)
Münsterbergstraße 21
Samstags und sonntags 14–16 Uhr

Schloß Bürgeln
(Abb. 96)
1. Februar bis Mitte November täglich außer dienstags Führungen 10.15, 11, 14.45,
15.30, 16.15, 17 Uhr, sonntags zusätzlich
14 Uhr

Ettlingen
Museum im Schloß
(Farbt. 1, Abb. 7, 10)
Albgau-Museum zur Geschichte der Stadt
und der näheren Umgebung; Karl Hofer-
Galerie (Gemälde, Zeichnungen, Lithogra-
phien, Radierungen); Karl Albiker-Galerie
(Werke von Albiker, Albert Haueisen, Max
Laeuger, Hans Meid u.a.); Ostasiatische
Kunst, Kunsthandwerk aus China und Ja-
pan (Zweigmuseum des Linden-Museums
Stuttgart); Musik- und Uhrenkabinett (au-
tomatische Musikinstrumente, Spieldosen
und Uhren); Asam-Saal
Dienstags bis sonntags 10–17 Uhr; Führungen durch Asam-Saal und Musikkabinett
samstags stündlich ab 14.15 Uhr, sonntags
10.15, 11.15 Uhr und stündlich ab 14.15
Uhr sowie nach Vereinbarung, ∅ (07243)
101273 und 101259

Schloß Favorite
(Abb. 16)
(u.a. große Sammlung Glas, Keramik, Por-
zellan; wertvolles Mobiliar, Prunkküche)
März bis September dienstags bis sonntags
9–12 Uhr und 14–18 Uhr; Oktober und
November dienstags bis sonntags 9–12 Uhr
und 13–17 Uhr; Führung stündlich, die
letzte jeweils 11 und 17 (16) Uhr

Freiburg
Augustinermuseum
(Farbt. 28, Abb. 77)
(Vorwiegend kirchliche Kunst am Ober-

rhein, Kunsthandwerk, Schwarzwälder Heimatkunst, badische Maler)
Augustinerplatz
Dienstags bis sonntags 10–17 Uhr, mittwochs bis 20 Uhr

Natur- und Völkerkundemuseum
Gerberau 32
Dienstags bis sonntags 9.30–17 Uhr

Museum für Ur- und Frühgeschichte im Colombischlößchen
Täglich 9–19 Uhr

Zinnfigurenklause im Schwabentor
(Zinnfiguren-Dioramen aus der Endzeit des Rittertums und vom Bauernkrieg in weiträumigen Landschaften)
Juni bis August dienstags bis samstags 10–12 Uhr und 15–18 Uhr, sonntags 11–12 Uhr; Mai und September bis November samstags und sonntags 10–12 Uhr und 15–18 Uhr

Furtwangen
Deutsches Uhrenmuseum
Gerwigstraße 11
April bis Oktober täglich 9–17 Uhr; im Winterhalbjahr montags bis freitags 10–12 Uhr und 14–16 Uhr

Gutach
Schwarzwälder Freilichtmuseum ›Vogtsbauernhof‹ (Abb. 69)
April bis Oktober täglich 8.30–18 Uhr

Haslach
Trachten- und Heimatmuseum im ehemaligen Kapuzinerkloster
April bis Oktober dienstags bis samstags 9–17 Uhr; sonn- und feiertags 10–17 Uhr; November bis März dienstags bis freitags 13–17 Uhr

Hansjakob-Museum ›Freihof‹
Hansjakobstraße 13
1. April bis 1. Oktober mittwochs 10–12 Uhr und 15–17 Uhr, sonst auf Anruf, ✆ (07832) 2618

Hausen im Wiesetal
Heimathaus des Dichters Johann Peter Hebel (Gedenkstätte)
Ecke Hebel- und Bahnhofstraße
Sonntags 10–12 Uhr, werktags Vorsprache beim Bürgermeisteramt

Kandern
Heimat- und Keramikmuseum
Ziegelstraße 20
Mittwochs 15–17.30 Uhr, sonntags 10–12.30 Uhr; Dezember bis März geschlossen

Karlsruhe
Badisches Landesmuseum im Schloß (Farbt. 2, Abb. 1, 5)
(Vor- und Frühgeschichte, Antike, Ägyptische Altertümer, Skulpturen, Kunstgewerbe, Münzen, Möbel, Glassammlung Heine)
Dienstags bis sonntags 10–17 Uhr, donnerstags bis 21 Uhr

Museum am Friedrichsplatz
Landessammlungen für Naturkunde
(Geologie, Mineralogie, Zoologie, Entomologie, Botanik. Eine der reichhaltigsten paläontologischen Sammlungen)
Dienstags 10–20 Uhr, mittwochs bis samstags 10–16 Uhr, sonntags 10–17 Uhr

Stadtgeschichtliche Sammlungen und Städtische Galerie im Prinz-Max-Palais
(Badische Malerei des 19. u. 20. Jh.)
Dienstags bis sonntags 10–13 Uhr und 14–18 Uhr, mittwochs auch 19–21 Uhr

325

PRAKTISCHE REISEHINWEISE: MUSEEN/FREIZEITANGEBOT

Staatliche Kunsthalle
(Malerei vom 14. Jh. bis zur Gegenwart, viele erstrangige Meisterwerke)
Hans-Thoma-Straße 2–6
Dienstags bis sonntags 10–13 Uhr und 14–17 Uhr

Oberrheinisches Dichtermuseum
(Manuskripte, Erstausgaben, Faksimiledrucke vom Mittelalter bis zur Gegenwart – Baden, Pfalz, Elsaß, Schweiz)
Röntgenstraße 6
Montags bis freitags 9–12 Uhr und 14–17 Uhr, samstags 10–12 Uhr

Pfinzgaumuseum im Durlacher Schloß
(Durlacher Fayencen)
Samstags 14–17 Uhr, sonntags 10–12 Uhr und 14–17 Uhr

Kenzingen
Oberrheinische Narrenschau
Alte Schulstraße 20
Mai bis Oktober dienstags, donnerstags und samstags 14–17 Uhr, sonn- und feiertags 10–12 Uhr und 14–17 Uhr; November bis April samstags und sonntags 14–17 Uhr; Gruppen nach Vereinbarung, Ø (07644) 79107 und 79139

Lahr
Geroldsecker Museum im Storchenturm
(Geschichte der Herrschaft Geroldseck)
In den Sommermonaten mittwochs und samstags 16–18 Uhr, sonntags 11–12 Uhr

Museum für Ur- und Frühgeschichte
(Funde aus der römischen Siedlung in Lahr)
Dinglinger Hauptstraße 54
Mittwochs und samstags 16–18 Uhr, sonntags 10–12 Uhr

Museum im Stadtpark
(Stadtgeschichte; vogelkundliche Sammlung)
Mittwochs und samstags 15–17 Uhr, sonntags 10–12 Uhr und 14–17 Uhr; im Winter nachmittags vorgezogene Öffnungszeit 14–16 Uhr

Lörrach
Museum am Burghof
Basler Straße 143
Mittwochs und samstags 14.30–17.30 Uhr, sonntags 10–12 Uhr und 14.30–17.30 Uhr

Marxzell
Fahrzeugmuseum
Albtalstraße 2
April bis September täglich 10–18 Uhr, Oktober bis März täglich 14–17 Uhr

Münstertal
Schaubergwerk Teufelsgrund
1. April bis 14. Juni und 16. September bis 31. Oktober dienstags, donnerstags und samstags 14–18 Uhr; 15. Juni bis 15. September dienstags bis sonntags 14–18 Uhr

*Bienenkundemuseum
im ehem. Rathaus Obermünstertal*
Mittwochs, samstags und sonntags 14–17 Uhr

Pforzheim
Reuchlinhaus – Schmuckmuseum und Heimatmuseum
(Schmuckstücke aus vier Jahrtausenden, moderner künstlerischer Schmuck, Ringsammlung Battke)
Jahnstraße 42
Dienstags bis samstags 10–17 Uhr, mitt-

326

wochs bis 20 Uhr, sonntags 10–13 Uhr und 15–17 Uhr

Heimatmuseum in der Brötzinger Kirche
Dienstags und donnerstags 14–17 Uhr, erster und dritter Sonntag im Monat 10–12 Uhr und 15–17 Uhr

Rastatt
Erinnerungsstätte für die Freiheitsbewegungen in der deutschen Geschichte im Schloß
(Abb. 17)
Dienstags bis sonntags 9.30–12 Uhr und 14–17 Uhr

Wehrgeschichtliches Museum im Schloß
Dienstags bis sonntags 9.30–17 Uhr

Stadtarchiv und Heimatmuseum mit Schlackenwerther Museum
(Geschichte der Revolution von 1848/49 in Baden)
Herrenstraße 11
Mittwochs, freitags und sonntags 10–12 Uhr und 15–17 Uhr

Bad Säckingen
Hochrheinmuseum im Schloß Schönau
(Vor- und Frühgeschichte des Hochrheintals; originale Hotzenstube)
Dienstags, donnerstags und sonntags 15–17 Uhr

St. Georgen
Heimat- und Phonomuseum
(Die Phonographie von Edison bis heute mit den entsprechenden Geräten)
Rathaus
Montags bis freitags 9.30–12.30 Uhr und 13.30–17.30 Uhr

Sulzburg
Bergbaumuseum in der ehem. evangelischen Kirche
dienstags bis sonntags 14–17 Uhr

Triberg
Heimatmuseum
(Modell der Schwarzwaldbahn bei Triberg; Uhrensammlung)
Wallfahrtstraße 4
In den Sommermonaten täglich 8–18 Uhr; im Winter täglich 9–12 Uhr und 14–17 Uhr

Waldkirch
Elztäler Heimatmuseum
(Kirchliche Kunst; Edelsteinschleiferei und Orgelbau)
Kirchplatz 17
Mittwochs 14–17 Uhr, freitags 17–20 Uhr, sonntags 9–12 Uhr

Das besondere Freizeitangebot

Der ›Ort der Handlung‹ fügt sich, auch wenn die Handlung selbst sich weit entfernt von der stillen Beschaulichkeit einer Kunstbetrachtung, dennoch passend in den Rahmen eines Kunst-Reiseführers. Denn es geht um eines der zahlreichen Schlösser im Lande, die allenthalben am Wege liegen, ohne daß man sich um jedes einzelne lang und breit kümmern könnte. Es steht in **Rust,** westlich von Ettenheim dem Rhein zu, ist ein Bauwerk der Renaissance aus dem 16. Jahrhundert und wurde damals an der Stelle einer zerstörten Burg errichtet. Jetzt ist es zu einem Restaurant umgebaut.

In dem zugehörigen 200 000 Quadratmeter großen Park wurde der ›Europa-Park

Rust eingerichtet, von dem behauptet wird, er sei der größte Freizeit- und Familienpark Süddeutschlands. Ein Riesenbetrieb, versteht sich, aber wer Spaß daran hat, der findet hier Märchenbahn und Märchenallee, Tiergehege, Delphin- und Seelöwenschau, Western-Eisenbahnen und Oldtimerbahn, elektronische Schießanlage und Mississippidampfer auf dem Parksee, ferngesteuerte Elektroboote und Erlebnisspielplatz, Spielhalle und noch vieles mehr.

Die Saison im Europapark beginnt jeweils eine Woche vor Ostern und endet am dritten Sonntag im Oktober. Er ist täglich 9–18 Uhr, im Juli und August bis 19 Uhr geöffnet.

Paradies für Wanderer

Auch wenn es unglaublich klingt: Im Schwarzwald gibt es 22 000 Kilometer Wanderwege, davon etwa 7000 Kilometer Hauptwanderwege, die mit verschiedenfarbigen Rauten gekennzeichnet sind und als Höhen-, Quer-, Zugangs- und Verbindungswege das Gerüst des Wegenetzes bilden. Daß es dieses Netz gibt, und daß sich in dem weiten Schwarzwald eigentlich niemand verlaufen kann, wenn er die Augen nur einigermaßen offenhält, ist das Verdienst des Schwarzwaldvereins mit seinen rund 230 Ortsgruppen und nahezu 90 000 Mitgliedern, seinen ehrenamtlichen Wegwarten und ungezählten anderen Helfern. Auch ohne seine Wanderheime und Hütten wäre der Schwarzwald nicht mehr denkbar.

Wandervorschläge für Tages- oder gar Halbtagstouren darf der Leser hier nicht erwarten. Wo immer er sich im Schwarzwald – übrigens auch im Kaiserstuhl! – befindet, hat er sie sozusagen auf dem Präsentierteller vor sich. Was wir ihm aber gern ans Herz legen möchten, falls er erst einmal Geschmack am Wandern gefunden hat, sind die Fernwanderwege, für deren längsten, den Westweg Pforzheim – Basel elf, mit seiner östlichen Variante ab Feldberg besser zwölf reine Wandertage zu veranschlagen sind. Mit Zwischenaufenthalten lassen sich auf diesen Wegen gut und gern ganze Urlaube produktiv für die Gesundheit und die Wiedergewinnung verlorener Spannkraft verbringen. Dabei ist der Wanderer keineswegs auf Wanderheime und Hütten angewiesen, um wie viel reizvoller auch diese einfacheren Unterkünfte gerade bei einer solchen Unternehmung sein mögen. Wandern gehört so selbstverständlich zum Schwarzwald, daß auch viele Hotels der oberen Ränge sich nie ganz ausbuchen lassen, damit sie immer noch ein paar Betten für Wanderer frei haben.

Fernwanderwege
Westweg Pforzheim – Basel
Mit einer Gabelung 348 km, 11/12 Wandertage

Mittelweg
Pforzheim – Waldshut
Mit Gabelungen 275 km, 9 Wandertage

Ostweg
Pforzheim – Schaffhausen
225 km, 10 Wandertage

Kandel-Höhenweg
Oberkirch – Freiburg
108 km, 4 Wandertage

Ortenauer Weinpfad
Baden-Baden – Offenburg
64 km, 3 Wandertage

Querweg Gengenbach – Alpirsbach
50 km, 3 Wandertage

Querweg Lahr – Rottweil
87 km, 3/4 Wandertage

Querweg Schwarzwald – Kaiserstuhl – Rhein
Donaueschingen – Breisach
114 km, 4 Wandertage

Hotzenwald-Querweg
Schopfheim – Waldshut
50 km, 2 Wandertage

Hochrhein-Weg
Rheinfelden – Albbruck
48 km, 2 Tage

Detaillierte Informationen (u. a. auch über Teilstrecken von Fernwegen oder über kleinere Wandergebiete mit organisiertem Gepäcktransport von Hotel zu Hotel) bei der Hauptgeschäftsstelle des Schwarzwaldvereins, Rathausgasse 33, 7800 Freiburg, ✆ (0761) 22794.

Informationen über *Naturfreundehäuser* beim Touristenverein ›Die Naturfreunde‹, Landesleitung Baden, Schützenstraße 12, 7500 Karlsruhe, ✆ (0721) 607490.

Auskünfte über *Jugendherbergen* beim Deutschen Jugendherbergswerk, Landesverband Baden, Weinweg 43, 7500 Karlsruhe, ✆ (0721) 615066.

Tips für Autotouristen

Die im Hauptteil dieses Buches vorgeschlagenen Rundfahrten auf den Spuren der Kunst schließen bereits einen beträchtlichen Teil besonders schöner Wege im Schwarzwald mit ein. Darüber hinaus gibt es natürlich noch viele landschaftlich reizvolle Strecken, von denen wenigstens ein gutes Dutzend hier noch vorgestellt werden soll – von den zahllosen kleinen Nebenwegen für Kenner und Genießer aus Gründen des Umfangs erst gar nicht zu reden:

Baden-Baden – Höhenkurorte oberhalb der Rheinebene und des Renchtals – Freudenstadt (Schwarzwaldhochstraße B 500)

Gernsbach – Freudenstadt (Murgtalstraße)

Baden-Baden – ›Rote Lache‹ – Forbach

Gutach (Schwarzwaldbahn) – Oberprechtal – Triberg

Triberg – Schönwald – Furtwangen

Hornberg – Fohrenbühl – Schramberg

Gutach/Bleibach (Elztal) – Simonswäldertal (das ›Bilderbuchtal‹ im Schwarzwald) – Furtwangen

Waldkirch – Kandel – St. Peter

Kirchzarten – Notschrei – Muggenbrunn – Todtnau

Todtnau – Feldberg – Titisee

Titisee – Lenzkirch – Schluchsee – St. Blasien

St. Blasien – Albtal (Hotzenwald) – Albbruck

Todtmoos – Murgtal (Hotzenwald) – Murg am Hochrhein

Todtmoos – Wehr

Münstertal – Wiedener Eck – Schönau

Badenweiler – Sirnitz – Neuenweg – Schönau

Ein Blick in Küche und Keller

Was Gastronomie-Führer sagen, ist so wenig als Evangelium zu nehmen wie die Auswahl, die ein Kunst-Reiseführer notgedrungen treffen muß, um überhaupt noch durch eine Landschaft voller Kulturdenkmäler hindurchzufinden. Es muß aber schon seinen Grund haben, daß in allen gastronomischen Führern, deutschen wie ausländischen, die für sehr gut und hervorragend befundenen Küchen sich in der deutschen Südwestecke häufen wie nirgends sonst. Das hängt damit zusammen, daß hier badische, schwäbische, vorderösterreichische, schweizerische und französisch-elsässische Kochkünste zu einer einzigartigen Harmonie zusammengefunden haben. Natürlich gibt es ein paar ganz eigene Schwarzwälder Spezialitäten: die Kirschtorte beispielsweise, den hausgeräucherten Speck, Kirsch- und Zwetschgenwasser, die Schwarzwälder Kartoffelsuppe und das Schneckensüpple, die feinen Forellengerichte, auch vielerlei Wildbret vom Hasen bis zum Hirsch, wobei es der ›Rehrücken Baden-Baden‹ zu internationalem Renommee brachte. Die Spätzle, die dazugehören, sind eher eine schwäbische Leihgabe – genau so wie die Maultäschle in der Brühe oder mit Butter und Bröseln abgeschmälzt.

In den Vorbergen und in der Oberrheinebene ist das Wildgeflügel zuhause, der Fasan, das Rebhuhn, die Wildente, die man hier auf vielerlei Arten zuzubereiten versteht. Aus dem Rhein, seinen stillen Nebenarmen und Binnenseen kommen Zander und Hecht, der letztere mit Vorliebe auf badische Art gebraten oder zu Hechtklößchen verarbeitet. Doch auch die ganz einfachen Dinge finden immer wieder großen Zuspruch, das Vesperbrett zum Beispiel, auf dem neben geräuchertem Speck oder Schinken die hausgemachte Wurst angeboten und zugleich mit einem beigegebenen ›Chriesewässerle‹ (Kirschwasser) für die Verdauung entschärft wird. Oder die Schlachtplatte mit einem Sauerkraut, das einen herben Schuß Weißwein beim Anrichten keineswegs übelnimmt, die gebackenen Froschschenkel, die sauren Leberle oder Nierle, die nicht weniger sauren Kutteln (Kaldaunen, Gekröse), das Freiburger Eiersalätle, der Bibeleskäs (angemachter Quark), die Schnitz mit Speck (süße Äpfel mit Speck gekocht), Öpfeldätschli (kleine Pfannkuchen mit Äpfeln), Ziewelewaihe (Zwiebelkuchen) oder Dummis (ein Schmarren aus Wecken).

Doch keine Sorge Fremdling, der Du hierherkommst: Am anderen Ende der reichhaltigen Palette konkurriert längst eine eigene Hierarchie von Meisterköchen erfolgreich mit den besten Kochkünstlern aus Frankreich und lockt damit scharenweise auch Schweizer und Elsässer, die nur mal schnell zum Essen herüberkommen, an ihre Töpfe. Kurz gesagt: es ist für alle alles da!

Auch der Wein natürlich, der zu einem guten Essen gehört. Er wächst hier ja, wie wir längst wissen, gleich vor der Haustür, und auch er holt sich, wie die Köche ihre roten Kochmützen und die diversen Sterne in den gastronomischen Führern, Jahr für Jahr den Löwenanteil bundesdeutscher Weinpreise. Bei dem hohen Weinadel dieses Landstrichs handelt es sich um eine recht weitläufige Familie, in der es neben eleganten, spritzigen Rieslingen (die in der Ortenau Klingelberger heißen), blumigen, süffigen Silvanern und milden Weißburgundern die würzigen Müller-Thurgauer, die schweren, fruchtigen Ruländer, die köstlich duftenden Traminer und Gewürztraminer gibt. Auch jüngere Emporkömmlinge wie Scheurebe, Kerner und andere sind in manchen Lagen sehr gut, wenn auch nicht in großen Mengen vertreten. Eine alte Spezialität des Markgräflerlandes ist der bekömmliche, mit einem feinen Mandelton von Zunge und Gaumen sich verabschiedende Gutedel. Auch die samtig-weichen Blauen Spätburgunder reifen vielerorts, vor allem am Kaiserstuhl und in der Ortenau, zu exquisiten Qualitäten heran, nicht zu vergessen den vollmundigen, herb-köstlichen Weißherbst, der aus der Blauen Burgundertraube gewonnen, aber im Gegensatz zum Rotwein von der Traubenmaische abgezogen wird, bevor er Farbe und Gerbsäure aus der Traubenhaut annimmt. Viele Freunde hat sich mittlerweile auch die jüngste badische Spezialität gewonnen, die als ›Badisch Rotgold‹ aus der Blau- und der Grauburgundertraube (Ruländer) gekeltert wird.

Nehmt alles nur in allem, so läßt sich wohl verstehen, was als Maxime nirgendwo geschrieben und von keinem laut verkündet, doch allenthalben merklich den Alltag der Schwarzwälder und der in die gesegnete Landschaft am Oberrhein hineingeborenen Menschen regiert: Leben und leben lassen!

Raum für Reisenotizen

Anschriften neuer Freunde, Foto- u. Filmvermerke, neuentdeckte gute Restaurants, etc.

Raum für Reisenotizen

Anschriften neuer Freunde, Foto- u. Filmvermerke, neuentdeckte gute Restaurants, etc.

Der Schwarzwald

Von Heinz-Josef Schmitz. Mit einem Text von Karlheinz Ebert. 176 Seiten mit 71 Farb- und 70 Schwarzweiß-Fotos, 12 Zeichnungen und einer Übersichtskarte, Leinen mit Schutzumschlag

»Der Bild/Textband ›Der Schwarzwald‹ gehört zu den Kronen der deutschen Landschaftsbücher. Es ist eine Meisterleistung der bildhaften Darstellung und der Beschreibung, die der Journalist Karlheinz Ebert ausgezeichnet besorgte.
Der Fotograf Heinz-Josef Schmitz hat nicht vergessen, nichts ausgelassen in seiner Darstellung.« *Badisches Tagblatt*

»Die Freude an dieser Landschaft wächst beim Blättern in diesem vorzüglich gestalteten Band. Hervorragend auch der Druck des Buches.« *Neue Osnabrücker Zeitung*

Von Karlheinz Ebert erschienen in unserem Verlag:

Das Elsaß

Wegzeichen europäischer Geschichte und Kultur zwischen Oberrhein und Vogesen
328 Seiten mit 43 farbigen und 148 einfarbigen Abbildungen, 58 Zeichnungen und Plänen, 15 Seiten
praktischen Reisehinweisen, Literaturhinweisen, Register, Ortsverzeichnis französisch/deutsch

Bodensee und Oberschwaben

Zwischen Donau und Alpen: Wege und Wunder im ›Himmelreich des Barock‹
332 Seiten mit 50 farbigen und 137 einfarbigen Abbildungen, 55 Zeichnungen und Plänen, 12 Seiten
praktischen Reisehinweisen, Literaturangaben, Register

Bitte beachten Sie auch folgende Veröffentlichungen:

Württemberg-Hohenzollern

Kunst und Kultur zwischen Schwarzwald, Donautal und Hohenloher Land: Stuttgart, Heilbronn,
Schwäbisch Gmünd, Tübingen, Rottweil, Sigmaringen
Von Ehrenfried Kluckert. 392 Seiten mit 37 farbigen und 118 einfarbigen Abbildungen, 135 Karten,
Plänen und Grundrissen, 8 Seiten praktischen Reisehinweisen, Glossar, Register, Literatur

Oberbayern

Kunst, Geschichte, Landschaft zwischen Donau und Alpen, Lech und Salzach
Von Gerhard Eckert. 400 Seiten mit 53 farbigen und 219 einfarbigen Abbildungen, 80 Plänen und
Zeichnungen, 24 Seiten praktischen Reisehinweisen, Literaturangaben, Register

Zwischen Neckar und Donau

Kunst, Kultur und Landschaft von Heidelberg bis Heilbronn, im Hohenloher Land, Ries, Altmühltal
und an der oberen Donau
Von Werner Dettelbacher. 268 Seiten mit 22 farbigen und 128 einfarbigen Abbildungen, 31 Zeichnungen, Karten und Plänen, 11 Seiten praktischen Reisehinweisen, Literaturauswahl, Register

Die Schweiz

Zwischen Basel und Bodensee – Französische Schweiz – Das Tessin – Graubünden – Vierwaldstätter See
– Berner Land – Die großen Städte
Von Gerhard Eckert. 328 Seiten mit 36 farbigen und 131 einfarbigen Abbildungen, 94 Zeichnungen und
Plänen, 28 Seiten praktischen Reisehinweisen, Register

»Richtig reisen«: Die Schweiz und ihre Städte

Von Antje Ziehr. 317 Seiten mit 50 farbigen und 183 einfarbigen Abbildungen, 36 Zeichnungen und
Karten, 45 Seiten praktischen Reisehinweisen, Register

Das Allgäu

Städte, Klöster und Wallfahrtskirchen zwischen Bodensee und Lech
Von Lydia L. Dewiel. 344 Seiten mit 42 farbigen und 118 einfarbigen Abbildungen, 88 Zeichnungen
und Plänen, 11 Seiten praktischen Reisehinweisen, Glossar, Literaturverzeichnis und Register

DuMont Kunst-Reiseführer

- Ägypten und Sinai
- Algerien
- Belgien
- Brasilien (Frühjahr '87)
- Bulgarien
- Bundesrepublik Deutschland
- Das Allgäu
- Das Bergische Land
- Bodensee und Oberschwaben
- Bremen, Bremerhaven und das nördliche Niedersachsen
- Die Eifel
- Franken
- Hessen
- Kölns romanische Kirchen
- Die Mosel
- München
- Münster und das Münsterland
- Zwischen Neckar und Donau
- Der Niederrhein
- Oberbayern
- Oberpfalz, Bayerischer Wald, Niederbayern
- Ostfriesland
- Die Pfalz
- Der Rhein von Mainz bis Köln
- Das Ruhrgebiet
- Sauerland
- Schleswig-Holstein
- Der Schwarzwald und das Oberrheinland
- Sylt, Helgoland, Amrum, Föhr
- Der Westerwald
- Östliches Westfalen

- Württemberg-Hohenzollern
- Volksrepublik China
- DDR
- Dänemark
- Frankreich
- Auvergne und Zentralmassiv
- Die Bretagne
- Burgund
- Côte d'Azur
- Das Elsaß
- Frankreich für Pferdefreunde
- Frankreichs gotische Kathedralen
- Korsika
- Languedoc-Roussillon
- Das Tal der Loire
- Lothringen
- Die Normandie
- Paris und die Ile de France
- Périgord und Atlantikküste
- Das Poitou
- Die Provence
- Savoyen
- Südwest-Frankreich
- Griechenland
- Athen
- Die griechischen Inseln
- Alte Kirchen und Klöster Griechenlands
- Tempel und Stätten der Götter Griechenlands
- Korfu
- Kreta
- Rhodos
- Großbritannien
- Englische Kathedralen
- Die Kanalinseln und die Insel Wight

- London
- Schottland
- Süd-England
- Wales
- Guatemala
- Das Heilige Land
- Holland
- Indien
- Ladakh und Zanskar
- Indonesien
- Bali
- Iran
- Irland
- Italien
- Apulien (Frühjahr '87)
- Elba
- Das etruskische Italien
- Florenz
- Gardasee, Verona, Trentino
- Die Marken
- Ober-Italien
- Die italienische Riviera
- Von Pavia nach Rom
- Das antike Rom
- Rom – Ein Reisebegleiter
- Rom in 1000 Bildern
- Sardinien
- Sizilien
- Südtirol
- Toscana
- Umbrien
- Venedig
- Die Villen im Veneto
- Japan
- Der Jemen
- Jordanien
- Jugoslawien
- Karibische Inseln
- Kenya
- Luxemburg
- Malta und Gozo
- Marokko

- Mexiko
- Unbekanntes Mexiko
- Nepal
- Österreich
- Kärnten und Steiermark
- Salzburg, Salzkammergut, Oberösterreich
- Tirol
- Wien und Umgebung
- Pakistan
- Papua-Neuguinea
- Portugal
- Madeira
- Rumänien
- Die Sahara
- Sahel: Senegal, Mauretanien, Mali, Niger
- Die Schweiz
- Tessin
- Das Wallis
- Skandinavien
- Sowjetunion
- Rußland
- Sowjetischer Orient
- Spanien
- Die Kanarischen Inseln
- Katalonien
- Mallorca – Menorca
- Südspanien für Pferdefreunde
- Zentral-Spanien
- Sudan
- Südamerika
- Südkorea
- Syrien
- Thailand und Burma
- Tunesien
- USA – Der Südwesten

»Richtig reisen«

- Ägypten
- Algerische Sahara
- Amsterdam
- Arabische Halbinsel
- Australien
- Bahamas
- Von Bangkok nach Bali
- Berlin
- Budapest
- Cuba
- Elsaß
- Ferner Osten
- Finnland
- Florida
- Friaul-Triest-Venetien
- Graz und die Steiermark (Sommer '87)
- Griechenland

- Griechische Inseln
- Großbritannien
- Hawaii
- Holland
- Hongkong
- Ibiza/Formentera
- Irland
- Istanbul
- Jamaica
- Kairo
- Kalifornien
- Kanada/Alaska
- West-Kanada und Alaska
- Kreta
- Kykladen (Frühjahr '87)
- London
- Los Angeles
- Madagaskar

- Malediven
- Marokko
- Mauritius
- Moskau
- München
- Nepal
- Neu-England
- Neuseeland
- New Mexico
- New Orleans
- New York
- Nord-Indien
- Norwegen
- Paris
- Paris für Feinschmecker
- Philippinen
- Portugal (Frühjahr '87)
- Rhodos

- Rom
- San Francisco
- Die Schweiz und ihre Städte
- Seychellen
- Sizilien
- Sri Lanka
- Südamerika 1, 2, 3
- Süd-Indien
- Texas
- Thailand
- Toscana
- Toscana und Latium
- Türkei (Sommer '87)
- Tunesien
- Venedig
- Wallis
- Wien
- Zypern